图版二 空首布

（1）尖肩空首布　　（2）平肩空首布面文"不"　　（3）斜肩空首布面文"卢"

（1）

（2）

（3）

（4）

图版三　平首布

（1）桥足布"安邑二釿"　　　（2）桥足布"安邑一釿"

（3）桥足布"陕一釿"　　　　（4）尖足布"晋阳"

（1）

（2）

（3）

（4）

（5）

（6）

（7）

（8）

图版四　平首小布

（1）尖足布面文"大阴"

（2）方足布面文"木邑"

（3）方足布面文"阳邑"

（4）方足布面文"祁"

（5）方足布面文"宅阳"

（6）方足布面文"平阳"

（7）方足布面文"铸"

（8）方足布面文"襄平"

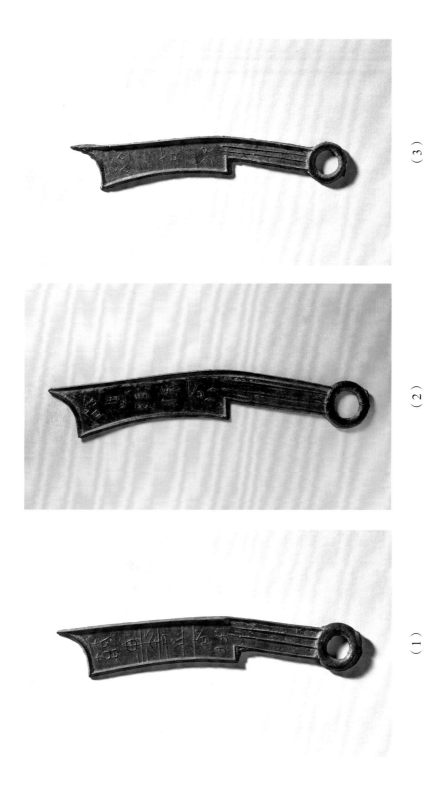

（1）　　　　　　　　　　　　　（2）　　　　　　　　　　　　　（3）

图版五　齐刀

（1）即墨之大刀　　（2）齐返邦长大刀　　（3）齐大刀

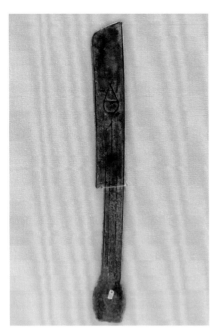

（1）

（2）

（3）

（4）

图版六　燕刀　赵刀

（1）赵直刀"白人"　　　　　　（2）燕"明"字刀（磬折）

（3）燕"明"字刀（弧背）　　　（4）尖首刀

（1）（2）（3）图片来源：视觉中国

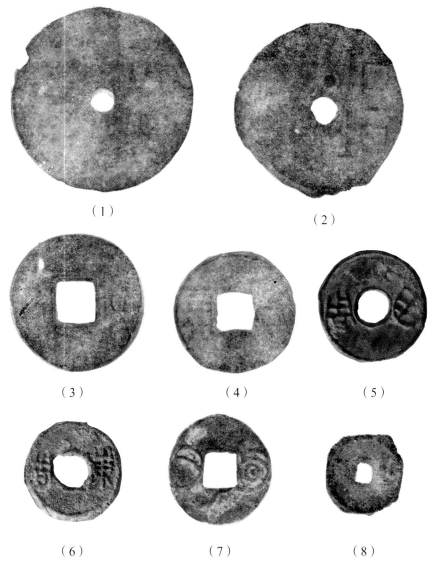

图版七　圜钱

（1）魏圜钱面文："共"　（2）魏圜钱面文："垣"

（3）齐"赒六化"圜钱　（4）齐"赒四化"圜钱

（5）"西周"圜钱　（6）"东周"圜钱

（7）燕"明化"圜钱　（8）燕"一化"圜钱

（1） （2） （3）

（4） （5）

（6）

图版八　秦、楚钱币

（1）秦"珠重一两十四"圜钱　　　（2）秦"两甾"圜钱

（3）秦"半两"钱　　　　　　　　（4）楚大布"桡比当釿"

（5）楚蚁鼻钱　　　　　　　　　　（6）战国晚期蚁鼻钱

（6）图片来源：视觉中国

图版九　楚金版

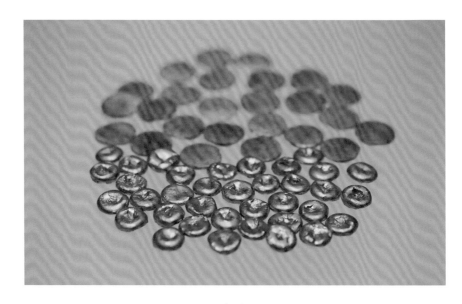

（1）

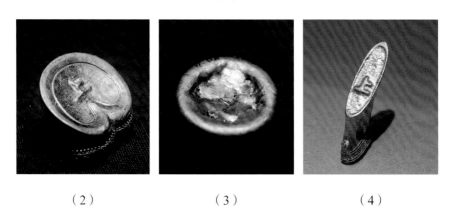

（2）　　　　　　　（3）　　　　　　　（4）

图版十　汉金饼及褭蹏金、麟趾金

（1）满城汉墓小金饼　　　　　　（2）"上"字大褭蹏金
（3）西汉金饼　　　　　　　　　　（4）麟趾金
（1）（2）（3）（4）图片来源：视觉中国

（1） （2） （3） （4）

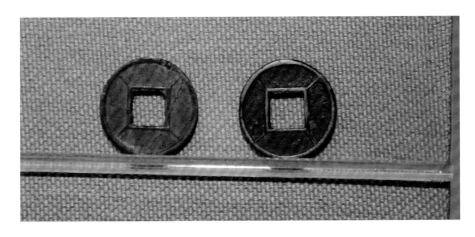

（5）

（6）

图版十一　两汉的钱币

（1）西汉"八铢半两"　　　　　　　　（2）西汉"四铢半两"

（3）西汉"五铢"　　　　　　　　　　（4）东汉"五铢"

（5）东汉"四出五铢"（背）　　　　　（6）"剪轮"五铢

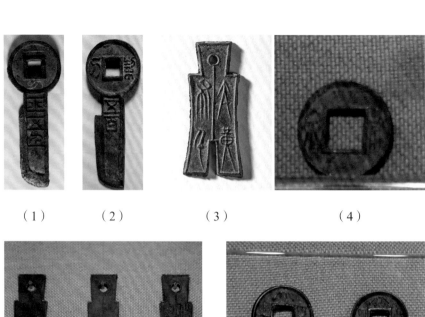

(1)　　　　(2)　　　　　　(3)　　　　　　　（4）

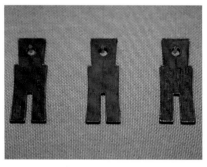

（5）　　　　　　　　　　　　（6）

（7）　　　　　　　　　　　　（8）

图版十二　王莽的钱币

（1）错刀　　　　　（2）契刀
（3）大布黄千　　　（4）布泉
（5）货布　　　　　（6）大泉五十
（7）小泉直一　　　（8）货泉

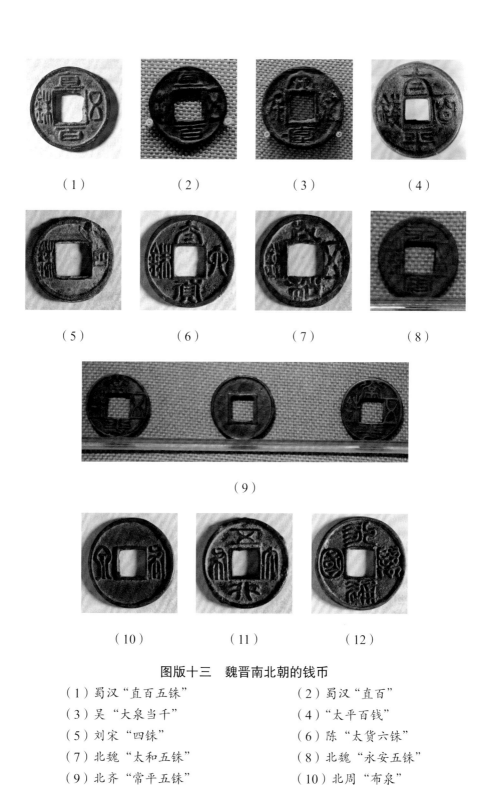

图版十三 魏晋南北朝的钱币

（1）蜀汉"直百五铢"　　　　（2）蜀汉"直百"

（3）吴"大泉当千"　　　　　（4）"太平百钱"

（5）刘宋"四铢"　　　　　　（6）陈"太货六铢"

（7）北魏"太和五铢"　　　　（8）北魏"永安五铢"

（9）北齐"常平五铢"　　　　（10）北周"布泉"

（11）北周"五行大布"　　　　（12）北周"永通万国"

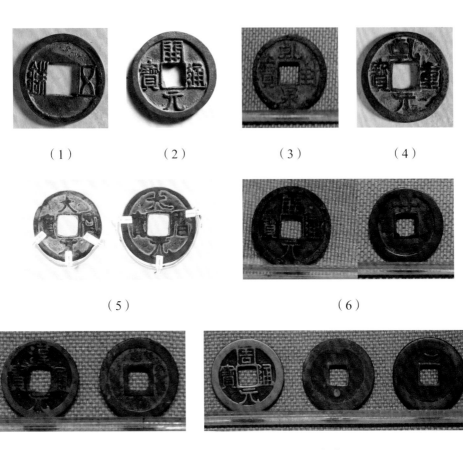

（1）　　　　（2）　　　　　（3）　　　　（4）

（5）　　　　　　　　　　　（6）

（7）　　　　　　　　　　（8）

（9）　　　　　（10）　　　　（11）

（12）

图版十四　隋唐五代十国的钱币
（1）隋"五铢"　　　　（2）唐"开元通宝"
（3）唐"乾封泉宝"　　（4）唐"乾元重宝"
（5）唐"大历元宝"（图片来源：视觉中国）
（6）唐会昌开元钱，背文"丹"
（7）后汉"汉元通宝"（8）后周"周元通宝"
（9）前蜀"通正元宝"（10）南唐"唐国通宝"（篆）
（11）南唐"唐国通宝"（真）（12）南汉"乾亨重宝"

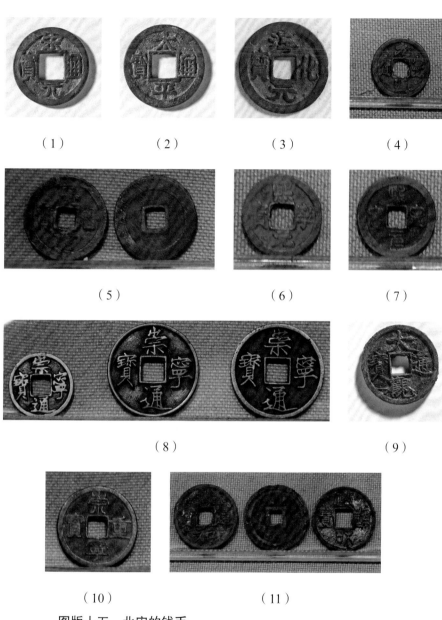

图版十五　北宋的钱币

（1）宋元通宝　　　（2）太平通宝
（3）淳化元宝　　　（4）元丰通宝（草）
（5）庆历重宝　　　（6）熙宁元宝（真）
（7）熙宁元宝（篆）　（8）崇宁通宝
（9）大观通宝（铁钱）（10）崇宁重宝（折三）
（11）政和通宝（铁钱）（12）宣和通宝

（1） （2） （3） （4）

（5） （6） （7）

（8）

（9） （10） （11）

（12）

图版十六　南宋的钱币

（1）建炎通宝　　　　　（2）绍兴元宝（折二，真）

（3）绍兴元宝（折二，篆）

（4）淳熙元宝（折二）

（5）淳熙元宝背文"十一"（折二）

（6）绍熙元宝（折二）

（7）嘉定元宝（铁钱）　（8）庆元通宝（铁钱）

（9）淳祐通宝（当百，背）（10）淳祐元宝

（11）景定元宝　　　（12）咸淳元宝

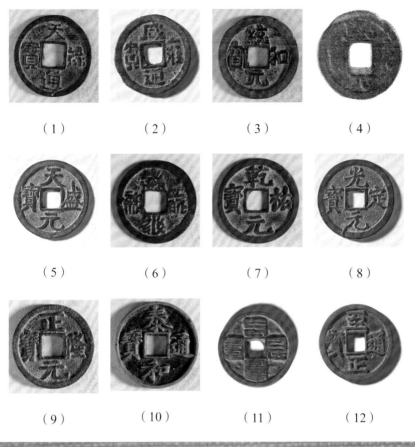

（13）

图版十七　辽西夏金元的钱币

（1）辽"天禄通宝"　　　　（2）辽"咸雍通宝"　　　　（3）辽"统和元宝"

（4）辽"乾统元宝"　　　　（5）西夏"天盛元宝"　　　　（6）西夏文"大安宝钱"

（7）西夏"乾祐元宝"　　　　（8）西夏"光定元宝"　　　　（9）金"正隆元宝"

（10）金"泰和通宝"　　　　　　（11）元"至元通宝"（八思巴文）

（12）元"至正通宝"（折二）　　　　（13）元"至大通宝"

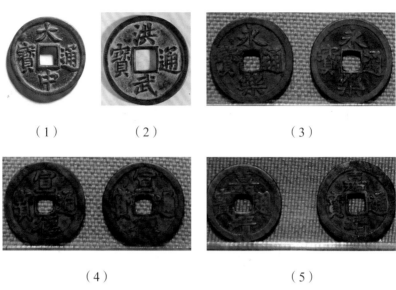

（1）　　　　（2）　　　　　　　（3）

（4）　　　　　　　　　　（5）

（6）　　　　　　　　　　（7）

（8）　　　（9）　　　（10）　　　（11）　　　（12）　　　（13）

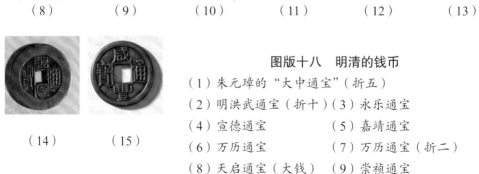

（14）　　（15）

图版十八　明清的钱币

（1）朱元璋的"大中通宝"（折五）

（2）明洪武通宝（折十）（3）永乐通宝

（4）宣德通宝　　　　　（5）嘉靖通宝

（6）万历通宝　　　　　（7）万历通宝（折二）

（8）天启通宝（大钱）　（9）崇祯通宝

（10）李自成的"永昌通宝"（11）张献忠的"大顺通宝"（12）南明永明王的"永历通宝"

（13）老满文"天聪汗钱"　（14）清"乾隆通宝"　　（15）咸丰通宝

图版十九　北宋的钱引

（1）

（2）

图版二十　南宋会子　金交钞

（1）南宋"行在会子库"钞版 壹贯文，高18.4厘米，宽12.4厘米（图片来源：视觉中国）

（2）金"壹拾贯"交钞（钞版拓本，原高21厘米，宽13.5厘米

（a）

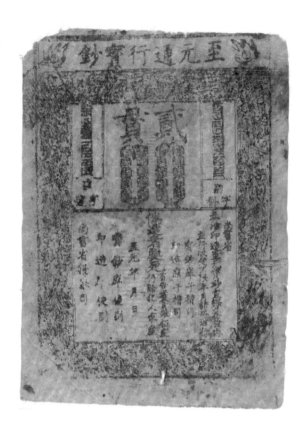

（b）

图版二十一　元代的纸币

（一）

至元通行宝钞 贰贯（正
背），高 30.3 厘米，宽 22.1
厘米

（a）

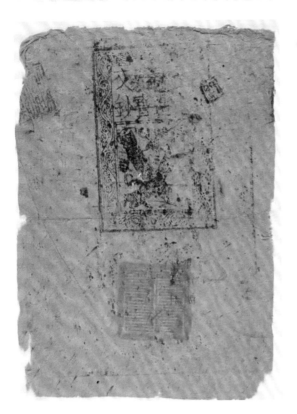

（b）

图版二十二　元代的纸币
（二）

中统元宝交钞 壹贯文（正背），高 29.6 厘米，宽 21.3 厘米。

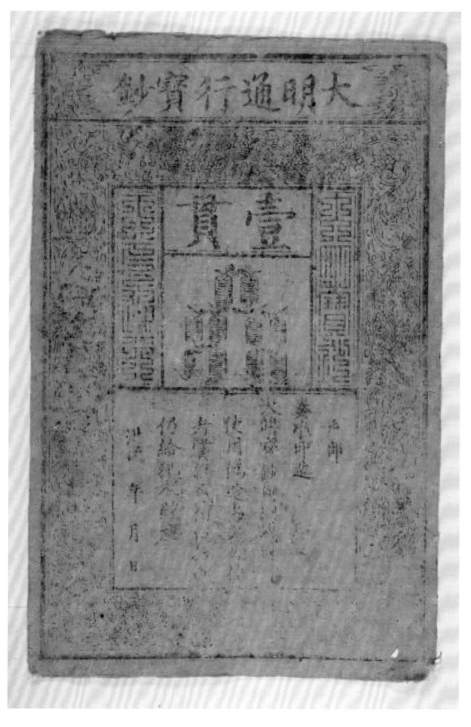

图版二十三 大明通行宝钞

壹贯 原高 33 厘米，宽 22.4 厘米

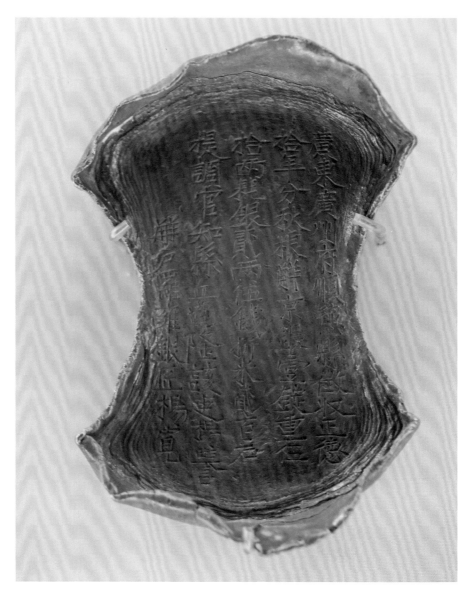

图版二十四　解秋银粮银锭

（图片来源：视觉中国）

中国古代
货币史

萧 清◎著

感谢中国钱币博物馆为本次图书再版提供的
拍摄机会及相关实物照片资料

人民东方出版传媒
People's Oriental Publishing & Media
东方出版社
The Oriental Press

图书在版编目（CIP）数据

中国古代货币史／萧清 著. —北京：东方出版社，2024.4
ISBN 978-7-5207-3612-1

Ⅰ.①中…　Ⅱ.①萧…　Ⅲ.①货币史—中国—古代　Ⅳ.①F822.9

中国国家版本馆 CIP 数据核字（2023）第 163365 号

中国古代货币史

（ZHONGGUO GUDAI HUOBISHI）

作　　者：萧　清
责任编辑：李　烨　李子昂
出　　版：东方出版社
发　　行：人民东方出版传媒有限公司
地　　址：北京市东城区朝阳门内大街 166 号
邮　　编：100010
印　　刷：万卷书坊印刷（天津）有限公司
版　　次：2024 年 4 月第 1 版
印　　次：2024 年 4 月第 1 次印刷
开　　本：660 毫米×960 毫米　1/16
印　　张：26.5
字　　数：265 千字
书　　号：ISBN 978-7-5207-3612-1
定　　价：79.00 元
发行电话：(010) 85924663　85924644　85924641

　　1991 年，我从中国人民大学清史研究所硕士研究生毕业，留校在财政金融系所属金融教研室任教，接替时年 65 岁刚刚离休的著名货币金融史学家萧清教授，主讲"中国货币金融史"课程。实际上，在我主讲该课程之前，学校还邀请过中央财经大学金融学系的许慧君教授主讲该课程，而她正是先前跟随萧清教授学习成长起来的货币金融史学者。2008 年萧清先生仙逝，迄今已经 15 年了。萧清先生的专著《中国古代货币史》，自 1984 年由人民出版社出版发行以来，影响了一代又一代学者，产生了长期而广泛的学术影响。此次萧清先生的心血之作由东方出版社再版，为让读者对萧清先生及其学术成就有一个更加全面清晰的认识，作为萧清先生创设的"中国货币金融史"课程接任者，在此我试就萧清先生的生平、学术成就，做一个简明的介绍和总结，并就货币金融史的学科意义，谈一些粗浅的看法。

一、　萧清的生平和学术成就

　　萧清 1925 年 10 月出生于江苏省徐州市。早年在家乡完成中学学业。1944 年—1948 年就读于北京辅仁大学社会学系。1948 年晋察冀解放区的华北联合大学和晋冀鲁豫解放区的北方大学合并，成立了华北大学（中国人民大学前身）。萧清 1948 年 12 月至 1949 年 3 月，在河北正定华北大学一部 27 班学习。1949 年 3 月至 1950 年 2 月，在华北大学担任副队长等职务。1950 年 2 月至 9 月，为中国人民大学财经研究室研究生。1950 年 9 月始，任中国人民大学教员。1955 年至 1957 年，任中国人民大学货币教研室副主任。1958 年 10 月至 1970 年 2 月，任中国人民大学财政银行教研室主讲教员、讲师。1970 年 2 月至 1972 年 11 月，在江西余江人大干校度过一段特殊岁月。1973 年至 1974 年 5 月，划归北京师范大学（代管）工作。1974 年 5 月至 1978 年 7 月，又任职于北京经济学院经济研究所。1978 年 9 月，中国人民大学恢复后，重回人民大学财政系任讲师，1980 年任副教授，1986 年任教授……

萧清先生在辅仁大学读书时，有部分课程采用英文原版教材，由外国人或华人教师用英语教授。当时他的英语基础较好，能够在英语环境下读书、听课，可以用英文作练习及考试答题。从 1948 年 12 月在河北正定参加革命工作起，萧清先生边工作边学习，在当时一切向苏联学习的形势下，萧清先生与黄达先生等人一道，开始学习俄语，以便听课和翻译。试译过专业文章并油印，文章被收入教研室编的译文集中。经过语言训练和学科积累，他成为学系的主力专业主讲教师。

从中国人民大学开办的 1950—1951 学年第一学期至"文化大革命"前，萧清先生先后讲授过"资本主义国家货币流通与信用""社会主义货币信用学""短期信用组织与分析""信贷组织与计划"

"信贷与结算组织"等课程，讲授对象包括本科、专修科、函授生以及外国（朝鲜、越南、美国、非洲等）留学生。其间，他与黄达先生等一起编写了《货币信用学》（中国人民大学出版社，1959）。

"文革"后期，萧清先生主要致力于经济史和经济思想史的研究工作，为他的教学科研生涯聚焦于中国货币金融史和货币思想史积累了丰厚的学术资源。其主要成果包括：1.《北京的人民金融事业》（北京出版社，1962年），专著，全书10余万字，执笔六七万字，并负责全书文字统一工作；2.《柳宗元集》（中华书局，1979年），古籍整理，全书15卷，约100万字，8人合作完成；3.《管子经济篇文注译》（江西人民出版社，1980年），古籍整理，集体著作，参与3人统编组工作；4. 参加1978—1985年全国哲学社会科学计划项目《政治经济学辞典》（许涤新主编，人民出版社，1980年），撰写《盐铁论》《钱神论》等10条词条。作为《政治经济学辞典》编审组成员，参加该书中卷《中国经济思想史》篇的统编及修改工作。作为巫宝三任组长的《中国经济思想史》编审组的成员，担负较多重要词条的撰写工作；5. 参加1981—1985年国家科研计划项目《中国大百科全书·经济学》（中国大百科全书出版社，1986年），作为巫宝三主编的《中国经济思想史》学科分支的编审组成员，担负该学科分支及《中国经济史》学科分支的一些重要综合性长条目的撰写工作，诸如《中国古代货币思想》《中国古代货币拜物教思想》《中国古代货币》《中国古代纸币》等条目。

在这些学术成果的基础上，萧清先生在中国人民大学复校后，就投身于"中国货币史"和"中国货币思想史"课程的建设和教学实践中。从1981年起，"中国货币史"为中国人民大学及其分校的金融专业开设，该课程也是中国人民大学建校以来首次开设。从当时全国高校的范围看，中国人民大学开设这门贯穿古代、近代，通史性讲授的课程，也应是仅有的学校。边教学，边撰著，萧清先生先后出版了《中国古代货币史》《中国近代货币金融史简编》两本专著。

在《中国货币思想史》方面，萧清先生先是在为中国社会科学院研究生院经济系硕士研究生开设"中国经济思想史"时，积累素材。从社科院经济系首届研究生起，历时五届，为每届学生讲授2—3个不同的专题，诸如《春秋时代的经济思想》《〈国语〉〈左传〉的经济思想》《中国古代的货币思想》《中国古代的货币拜物教思想与马克思的货币拜物教学说》等。这些专题，都是过去人们未曾讲授过的新专题。在此基础上，萧清先生撰著出版了具有广泛影响的《中国古代货币思想史》(人民出版社，1987年)，并据此给校内金融专业硕士研究生开设"中国货币思想史"课程，直至1990年离休。

二、 读本书的三点感受

本书和《中国古代货币思想史》，是萧清先生具有代表性的两部个人学术专著。这里仅就本书谈些读后体会。

本书首次于1984年由人民出版社出版。在学科性质上，本书是关涉领域包括历史学、考古学、经济史和经济思想史、经济学、货币学、金石学、钱币学等各方面知识的边缘学科。

正如先生自己所说，本书具有两个重要的特点：第一，吸收了

30 多年来我国考古发掘工作的成果，运用大量出土实物和发掘报告作为印证，对古代货币史上一些问题作了进一步的分析、研究，提出了新的观点和看法。既如第一、二章对于文献无征的早期货币史，纯粹利用考古材料来重建当时的货币表现，展示天然海贝的发现，金属货币的滥觞和最早的历史演进，最后形成春秋战国时期的刀币、布币和蚁鼻钱的三大货币体系，构建货币的区域格局和时代变迁。也如第七章与北宋并行的北方少数民族政权辽、西夏，由于传统修史的粗疏，当时的货币及其流通难以凭借文献知其原委，萧清先生便充分利用新中国成立后的考古发掘报告来构筑当时的货币图景，特别是论述辽朝的货币部分；第二，针对若干货币史上迄今未有定论的问题，诸如中国货币的起源，中国古代货币经济确立于何时、以何为标志，黄金的流通、衰落以至退出流通的原因，唐宋时期的"钱荒"——封建社会经济下的货币危机问题，古代纸币的产生、发展和理论，白银流通与我国资本主义萌芽的关系，等等，都重点地做了深入研究，提出了自己的见解和看法。

著名经济学家陶大镛认为，此书"功力深，观点新"，社科院考古研究所王世民副研究员则认为此书为中国货币史的研究，"为大家开一新路"。

巫宝三先生指出，该书"联系我国古代社会经济的发展和变化来考察各个历史时期货币制度和货币流通的情况，这样，既能说明货币制度和货币流通发展变化的原因，又能表明货币经济在社会经济发展中所起的作用。所以，这一著作不但为研究中国古代货币思想史提供了基本材料，并且也对中国古代经济史的专题研究做出了贡献"。

在时任中国经济思想史学会会长的上海财经学院教授胡寄窗先生看来，萧清先生的《中国古代货币史》是一部质量很高的多学科学术研究成果。"萧著是以马克思主义观点为指导进行分析，特别是在此书的绪论中对中国四千年来货币流通的历史发展过程，利用历史唯物主义观点进行了少而又明确的概括分析。故此书可算是我国第一部较系统的马克思主义中国货币史。第二是萧著以大量五十年代以来的中外新出土的货币文物为佐证，把本书的分析提高到一个新的而又更为可信的水平，例如，对古代刀、布、蚁鼻钱等的流通区域的较准确的论证，即为以往此类著作所不及的一例。此外，此书对我国最早行用的纸币——交子产生的根源，唐宋时代出现'钱荒'的原因等也提出了著者自己的独特见解。"

这些学术前辈的意见，十分中肯，突出申述了萧清先生的学术贡献和本书的特色。先生的著作已经问世40余年，我在学院执教也已32年。结合我的教学和科研经历，重读萧清教授的这部代表著作，感慨良多。

（一）文本转换的时代性

萧清先生写作《中国古代货币史》时，大多原始文献尚未整理正式出版。他的作业方法，是从线装古书中一字一字地摘抄到卡片上，自己标点引用。众所周知，这种基础的文献收集和抄录工作，今天已经为扫描和照片所取代。而且，就今天出版征引的页码要求而言，先生的征引绝难满足出版的要求，这是由当时文献状况决定的，当时的原始文献版本难以统一，多为黄旧的线装书，许多货币类古书由于极少翻阅，不少布满灰尘。资料的阅读、选取和摘抄这种苦力的活动，完全靠学者自己的初级劳动处理。不过，这也给他的冷静思考创造了条件。今天的学者搜寻资料和信息，尽管速度快捷，但是多有语义不清，断句不明，没有把握文献原有基本精神和内涵的所在。虽然这些工作由于技术的进步，节省了时间，加快了速度，但也因为没有抄录前的精心选择、抄录时的细细品味，使得年青一代的行为方式也显得跳跃轻忽，学术文稿的写作蜕变为既有学术文献的剪裁洗稿或散文创作。

萧清先生那一代人，正是不计名利，在那种"慢，思考"的平心静气中，将线装书没有标点的晦涩古文转换为现代语言的隽永文字。通读本书，资料翔实，语言精到准确，现代语言的准确表达和原始文献的引证文字实现了无缝结合，让该书读起来既轻快自如，又使读者易于把握不同时代货币形态的特征、货币制度的特点、社会经济发展的背景以及货币研究的趋向和规律。

（二）理论解读的思想性

诚如胡寄窗先生所说，萧清教授的这本专著，不像旧式著作进行简单的资料罗列。本书是萧清教授在新中国新的历史条件之下，深入学习历史唯物主义和辩证唯物主义，经过多年讲授金融理论相关课程，把握基本的经济金融概念及其框架后，就中国古代的货币现象、货币活动、货币制度变革的动因及其演进规律进行的透彻分析。

这里仅举出一例予以说明。关于王莽货币改革的历史教训的分析，首先，先生从时代变迁和技术进步的角度，指出了王莽将历史上已经淘汰了的货币形态——龟、贝，重新纳入货币体系，导致悲剧性结局的必然性。币材演进和货币铸币技术的发展，必然提出新的时代需要，货币形态的选择是技术、观念与制度同步发展相互作用的结果。其次，就王莽货币改制的理论依据和方法而言，由"五物六名"（五种货币材料，六大货币系列）组成的"宝货制"，破坏了货币作为价值尺度唯一性的基本原则。而各种各等货币之间比价不合理，在并非如同今天纸钞一样的面额关系的货币条件下，显示出在货币定值上的随意性和名目主义，使得王莽的货币改制必然失去公信力。再次，王莽的货币复古改制，从阶级实质和内容上来看，"则是对广大人民、也包括对一般地主和商人所进行的最露骨的搜括与剥削"。王莽总共 4 次的货币改制过程中，发行虚价货币是每次改制的共性，废弃旧的货币之时，不讲求新旧兑换的善后事宜，每一次改制实际上都是对货币持有者的一次剥削。这些分析和论述，充分体现出对辩证唯物主义和历史唯物主义的娴熟运用，鞭辟入里，切中肯綮。

（三）学术追求的科学性

萧清先生这本专著，尽管少有辨析的语言，多为平实正面的论断，然而实际上，他是在对既有的各种研究文献进行深入分析和比较选择的基础上，才做出自己的合理判断的。

这里不妨以"柜坊"的性质和交子的起源为例来看萧清先生的论述。我们知道，在唐代，柜坊是人们储藏铜钱的机构。日本学者加藤繁和日野开三郎都从西方的经验出发，大胆推测宋代"柜坊"开出"钱票"，是"纸币"诞生的源头。

戴裔煊先生在成稿于 1942 年前后的专著中，对加藤繁关于交了起源于柜坊的不当判断，进行了翔实有力的辨析。他明确指出，第一，柜坊在北宋时仍存在，且甚普遍。第二，经营柜坊之人，非无赖恶少，则贪官污吏。第三，柜坊经营之事，类多犯禁，如相聚蒲博，屠牛戮狗，私销铜钱为器用杂物，甚至以柜坊为禁房，擅行禁锢人犯。第四，因为柜坊所营之事，类多不法，所以自宋太宗以至徽宗，屡下诏严禁，不许开设。所以，"谓交子渊源于柜坊之票据，谓柜坊发展而为交子铺，实似是而非，不能令人置信"。

他经过深入分析文献，明确指出，"交引交子实皆同有取于唐代飞钱法。《宋史·食货志》所言，未尝有误。北宋初之便钱务，即循唐代飞钱之制。《通考》卷九《钱币考》太宗至道末（997）商人便钱一百七十余万贯，真宗天禧末（1021）增一百一十三万贯。飞钱事业，日见发达，为蜀中交子所取法。若谓取法于悬于厉禁之柜坊制度，虽至愚亦未敢信"。

加藤繁在 1945 年《交子的起源》的修订补注中，改正了他原来关于"柜坊"性质及交子产生于柜坊所开"钱票"的判断。他称：

"在昭和 5 年（1930）最初发表这篇论文的时候，认为'使交子产生成为可能的，是有以存放他人财物为业的商人的存在以及对他们的信用的形成'，由此推论，从益州的人户接受钱财的存放而发行交子的富商，是柜坊，交子最初也许是柜坊的存款证明，以后，又考虑这种情况：进入宋代后，柜坊堕落了，因此，真宗时，益州究竟有没有柜坊存在，不得其详，而且，纵使不是柜坊，只要有信用的商人，也可以发行交子，于是，在昭和 12 年（1937）东洋文库的讲演（《中国纸币的发展》）中，就撤回前说。

在这次整理时，削去了柜坊说，改写成本文［昭和20年（1945）7月记］。"

加藤繁还在《柜坊考》一文中，详细分析了唐代的"柜坊"，发展到宋代，性质发生了根本蜕变，以与《交子的起源》一文保持一致。他指出：

"宋代的柜坊，成为赌场一样，以它为据点，做种种的坏事，就地方行政上来讲，柜坊成为专门禁止和约束的对象。这也许是到了宋代以后柜坊的营业逐渐堕落的结果。"

然而，在这篇文章的结语中，他称：

"柜坊也许是中国银行业的开端。假如柜坊顺利地发展下去，的确可以成为银行，可是它不幸夭折了，于是银行业起源之名为贵金属商人占有。在中国的制度和习惯中，有很好的性质、很好的机能，而中途可惜消灭掉的东西，不在少数，柜坊也是其中一种。"

这里仍然残留着大胆牵强论述的痕迹。中文版此文后面注明的发表时间为大正11年（1922）12月《东洋学报》第12期第4分册，以"柜坊"认识的改变而论，这令人怀疑，应当是在戴裔煊先生主张的类似观点出现后，加藤繁才做出了相应的改正！

针对"柜坊"的性质，萧清先生在本书中，明确地说，"唐时经营存款或保管业务的柜坊，大概到宋代已经衰落或变质。因为，宋代的文献虽然仍可见到柜坊的名称，但性质上已不再是金融事业"。他的话语中没有一个字的辨析引证，但是我们深信，这种简单准确清晰的判断，是在详细地阅读既有文献进行合理辨识的基础上，方才做出。

三、 货币金融史研究对重塑当前货币金融理论具有借鉴意义

最后，我想就作为方法的货币金融史的学科意义谈点看法。历史是对过去人类实践活动的记录，而各个具体学科的历史不仅是在学术史上具有意义，而且作为一种思想方法和行为指南，对于从事现代学科的人来说绝不是可有可无的东西。由于人类行为方式的相似性，过往人类实践活动的经验和教训，在观念和实践层面，既为今天的政策设计提供想象的深度和广度，也为实践活动提供行动的逻辑。

第一，思维逻辑的借鉴意义。政策目标是由政策制定者的认识深度和思想观念决定。历史上特定的货币形态选择和货币制度的抉择，是当时政策制定者思想观念的体现，进而体现出当时社会经济形态的整体特色。以地中海为中心的贵金属货币发展道路，是在地中海各城邦国家以国际贸易为主要贸易内容的情形下的货币选择，这就必须超越由特定政权的政策意志决定的低贱金属铸币，选择具有天然优势的国际货币特质的金银。而在传统中国，铜钱主要服务于具有广大地域的国内贸易，而且主要用于日常支付，由中央政府垄断铸币权。这既是政府管理的工具，也体现出专制政府的统制经济以役使民众的意图。总之，货币史上货币形态的变化、货币制度的改革，皆体现了统治者关于价值基准的追求。这里反映出政策制定者是遵循市场规律和经济发展的要求，还是单纯从稳定统治出发，仅仅关心社会管制和统治利益，这样两种不同的价值取向。对于分辨今天货币行为的取向是否合理，货币史无疑是不断以过往的

事实提供检测坐标，让我们不断优化自身的价值基准。

第二，行为逻辑的借鉴意义。过去的货币形态的选择和货币制度，本身已经和今天面对的现实完全不同。但是，过往历史过程和实践中人们面临的货币困境和行为逻辑，与今天有极为相似之处。这是今天行为的重要指南，可以帮助我们矫正政策意向的指向。2023 年是人类最早纸币——成都"交子"——诞生 1 000 年，我们正在借此举办纪念活动，就"货币形态和货币本质"进行全方位的考察。"交子"诞生在人类货币文明史上，是"哥白尼式的革命"，它使货币的价值从依托币材或实体物资的价值，向由符号化货币的技术和制度的价值维持转化。这里，鲜明地体现出技术、观念与制度耦合改进，对新型货币形态诞生的意义。反过来，又让我们思考每一个时代的新型货币形态，其背后相应的技术、观念和制度的实际内容和相互作用，以及这种货币形态可能的功能边界。但就"交子"的民间自发产生和向"官方交子"转化而言，我们就可以看出今天"央行法定数字货币"的理据。民间交子是在北宋益州民间不满于政府的铁钱政策的自律创造。然而，依托于民间熟人社会和社区信任机制的民间交子，由于发行者受制于自身荣衰的"生存约束"，让使用者经常处于受损失的风险之中，最后不得不依赖 1023 年设立益州交子务并发行官方交子。尽管在该历史时期，官方交子因为政府的失职和掠夺意图反复失败和退场，但是，只要在超越社区和熟人社区的范围内发行纸币，就必须依赖公共权力和全国性法律。正是"交子"的演进历史，清楚地告诉我们，单个公司的数字货币只能是社区货币性质的东西，而不可能成为全国统一的价值尺度的真正货币。当代问题解决的历史方法，是一个不可替代的行动逻辑。

利用中国货币金融的历史和思想资源重建货币金融理论，是中国货币金融史研究的最终目标。萧清先生的著作为我们在实现这个目标的过程中，提供了重要的阶梯。自从 1991 年 7 月就职起，直至先生 2008 年仙逝，每一年的春节前后，我都到萧清先生朝阳区红庙家中探望，虽然曾以学院任务的名义，但我总是以学生和接棒者的姿态，感受萧清先生的关照。他晚年阅看大字体《参考消息》的情景，至今历历在目。在萧清先生这本重要著作再版之际，特写以上文字，向萧清先生致敬！同时，也特别向读者推荐这本好书，这是充满丰厚知识和中国实践智慧的佳酿！

中国人民大学财政金融学院货币金融系教授、金融学博士导师
中国金融学会金融史专业委员会副主任委员
何　平
2023 年 10 月 27 日于北京大学人文社会科学研究院 105 室

目录

第六章　宋元时期的货币与货币流通（上）

第七章·　宋元时期的货币与货币流通（下）

绪 论

第 一 节
灿烂多彩的先秦货币文化

中国是世界上著名的文明古国，是古代世界文化重要的发源地之一。货币在我国很早就产生了，并发展出光辉灿烂、受外来影响较少、长时期保持着东方独立体系特色的货币文化。

中国最早的货币是海贝，这在世界上不少国家和地区并不乏见。海贝在我国发展成为货币，可以上溯到夏商时期，即我国进入阶级社会、国家产生的时候。充作货币的天然海贝，产于南方暖海中，对于处在黄河流域夏、商国家中心地区而言，它是一种来自远方的外来交换品。在它作为流通中主要货币最盛行的商代晚期和西周时期，还出现了无文铜仿贝，成为我国金属铸币的滥觞；到春秋战国时期，在南方楚国广大地区，遂发展成为正式金属铸币形式：一种有铭文的铜贝"蚁鼻钱"。

可是在我国古代居于更为重要地位的、最早发生的金属铸币，则是源于人们内部交换的青铜农铲的另一重要金属铸币形式："空首布"。青铜铲是农业地区一种可让渡的重要财产，它在交换过程中曾担负起一般等价物的作用，进入春秋时期以后，在我国古代文化中心地区的关、洛、三晋地方，便发展成为被命名为"空首布"的铲形金属铸币。

我国古代货币起源的这两种具有代表性的历史事实，正与马克思在《资本论》中所指出的情形相符："有两种事情起着决定性的作用，货币形态或是固定在最重要的外来交换品上，那对内部各种产品的交换价值说，实际是原始的自然发生的现象形态。或是固定在家畜那样的使用品上，那在内部各种可以让渡的财产中是一个主要的要素。"[①] 但是在我国古代，在内部这种可以让渡的财产中，是青铜农铲而不是家畜，发展成为最重要的货币商品这一历史事实，与我国古代文明发源地的黄河中、下游地带，是最适于原始农业的地理环境有关。在我国广袤的土地上，在黄河中、下游地带，还在新石器时代原始公社时期，先民们已创造了以农业为主的仰韶文化、大汶口文化和与其相承的龙山文化，他们的文化发展水平一直高于北方草原地带的以畜牧业为主的游牧氏族部落和南方长江流域虽然也经营农业但渔猎经济仍占较大比重的诸氏族部落。这些处于经济先进地区的氏族公社，在发达的锄耕农业的基础上，以养猪业为主的畜牧业也均获得显著的发展。从仰韶文化、大汶口文化、龙山文化诸遗址中都曾较普遍地发现葬猪（猪头、猪颔骨、猪骨架）情形，特别是在进入父系氏族公社时期以后，出现葬猪数目多寡不均的现象，说明家畜猪曾是最早出现的重要私有财物之一；但

---

① 马克思:《资本论》第一卷，人民出版社 1963 年版，第 66 页。

是以铲形锄耕农具钱、镈充作交换等价物，并进一步发展为最重要的金属铸币形式"空首布"的事实，对于我国货币起源和发展的历史，显然是更带有我国古代文化特征的典型意义的历史现象。

春秋战国时期，是我国古代社会经济急剧变动的时代，也是我国货币经济急速发展并进而确立的时期。进入春秋时期，伴随贵族领主经济的动摇，"田里不鬻""工商食官"的局面开始残破，并出现了独立的商人资本。与此相应，在货币经济的发展方面，金属铸币流通的范围扩大了，并形成了不同的货币流通区域：北方周、晋、郑、卫为中心的布币区；滨海齐国为中心的刀币区和南方楚国的蚁鼻钱流通区域。及至战国，金属铸币流通的范围越发扩大了，北及长城内外，东北及辽东徼外，东抵海，西抵陇蜀，南至长江流域的吴越、襄郢、长沙等广大地区。这时，许多著名的城市出现了，如齐的临淄、周的洛阳、魏的大梁、韩的阳翟、赵的邯郸、燕的蓟、楚的郢和寿春等，它们都是一方的都会，四方商品的集散地。为适应商业发展与商品交换的需要，原来不同的金属铸币流通区域逐渐突破，燕、赵成为刀布并行流通区域，一种更便于人们授受使用的圆形金属铸币——圜钱，在周、魏、赵、秦和齐、燕地方出现了；秦国的圆形方孔的"半两"圜钱，在并灭六国后，成为全国统一的法定铸币形式。

贵金属黄金的流通，从春秋末期逐渐扩大起来，《战国策》一书记述"百斤""百镒""千斤""千镒"的事例，就不下三十处；南方的楚国还出现了"郢爰"金版，这是一种比较原始的但也是我国最早的黄金铸币。

随着货币流通的扩大，货币在一般人民经济生活中的作用也日益重要了。在一些城市中，店铺林立，有卖酒的、卖履的、卖兔的、卖马的，还有"鬻金之所"（金店）；农民们"余粟""余布"，包括五谷、丝帛、葛麻等也日益增多地被投入市场交换领域，从而扩大了金属铸币流通的范围。货币的作用，还逐渐扩及田地买卖；而劳动力的雇用，即所谓"买庸"，更是不乏见的事情；在财政税收方面，则有"刀布之敛"；作为商人资本孪生兄弟的生息资本——古旧形式的高利贷也盛行了。《管子·问篇》调查国内经济情况所提的问题，就包括"问邑之贫人贷而食者几何家？""问人之贷粟米有别券者几何家？"，说明高利贷现象在当时已是普遍的社会性问题。货币经济的发展与货币权力的扩大，使得货币拜物教现象也发生了，当时的民谚说："千金之子，不死于市"，所谓"人富而仁义附焉！"这种现象已是人们生活中所习见的了。凡此种种——铜铸币流通领域的扩大与趋向统一，贵金属黄金的广泛流通，货币作用扩及土地买卖及其他非商品流通领域，高利贷的盛行，货币拜物教现象的产生，都标志着货币经济在战国时期已经确立了。

从整个古代世界范围来看，中国古代货币经济的发展，不但非常早，而且所达到的程度也非常高。就金属铸币流通来说，西方世界至今尚未发掘到公元前八世纪以前的钱币，一般认为小亚细亚西部的吕底亚是最早铸造货币的国家，[①] 时间约在公元前七世纪，而这时，中国已有了刀、布等不同形式的金属铸币流通了。

---

① ［古希腊］希罗多德：《历史》Ⅰ（93）："据我们所知道的，他们是最早铸造和使用金银货币的人。"（按：吕底亚的金属铸币还是比较原始的。它系金银合金，尚未脱金银块条的形态，其形若圆卵，仅有一狭长面，反面铸有三种图记，于两旁者成方形，于中间者作椭圆形，中皆绘有兽形及其他饰物，所以严格说，无非是加盖图记的金银块条而已。）

中国货币的历史发展，脉络清楚，源远流长，尤其是在两千多年前的春秋战国时期，就已建立了古代世界高度发达的货币经济，创造出了灿烂多彩的先秦货币文化，它是中国光辉的古代文明的组成部分，为中国货币史书写下了弥足珍贵的篇章。

第 二 节
封建地主经济体系下的货币与货币流通

一、封建地主经济制前期的货币与货币流通

我国古代早期高度发展起来的货币经济，对原来旧的社会结构是一种巨大的破坏力量。马克思讲到货币的作用时就曾指出："古代社会斥责它，把它看作是破坏他们的经济秩序和道德秩序的东西。"[①] 事实上，货币经济突出而优势的发展，的确对我国古代社会结构形成了极大的冲击力，而且对其后的社会经济发展进程也发生了十分深远的影响。

我国自西周以来，以分封制为特点的贵族领主经济曾是占据支配地位的经济形式，它的基层劳动组织是农村公社。货币经济的迅

---

① 马克思:《资本论》第一卷，人民出版社 1963 年版，第 114 页。

速发展，则瓦解着贵族领主经济的这一基础，就如恩格斯所言："货币始终是其中影响公社的最有力的手段"；"商品形式和货币就侵入那些为生产而直接结合起来的社会组织的内部经济生活中，他们逐一破坏这个社会组织的各种纽带，而把它分解为一群群私有生产者"。① 所以，自春秋以来，贵族领主经济制度便趋于它的瓦解过程：一部分贵族领主把他们的世袭领地变为私有财产，逐渐向地主阶级转化；而公社农民则或者成为这种新的地主的依附农民，或者成为拥有小块土地的自耕农。到了战国时代货币经济确立以后，地主土地占有形式便逐渐成为支配形态；而相对应我国古代土地制度的这一巨大变革，在政治上层建筑方面的变化，便是结束了战国时代已发展成为少数大诸侯称雄的封建国家割据局面，而建立起中央集权制的统一的多民族的秦、汉封建大帝国。

秦、汉封建帝国的建立，标志着以地主土地占有形式为主要内容的封建生产关系的确立，这一地主经济体系在中国取得了长达两千多年的绝对支配地位。

封建地主制经济是高于封建领主制经济的形态，它显然在一定程度上相对削弱了农民的人身依附关系，这对发展封建经济内部的商品货币关系是有利的，所以，就整个世界范围看，我国在封建社会时期，与欧洲在以领主制为基础的中世纪封建制度时期比较，我国货币经济的发展程度一直居于更高的水平。然而我国长期封建社会中的货币经济发展的具体过程，则是曲折迂回地向前发展的，这在从秦帝国到唐中叶的我国封建地主经济制的前期表现得最为突出。

---

① 恩格斯：《反杜林论》，人民出版社 1970 年版，第 306—307 页。

在货币经济的发展方面，西汉王朝建立后，国家的统一为商业活动和货币流通创造了有利条件，所以《史记·货殖列传》记述说："汉兴，海内为一，开关梁，弛山泽之禁，是以富商大贾周流天下，交易之物莫不通，得其所欲。"

可是继短暂的秦王朝而起的西汉王朝，尚处于我国封建地主经济体系的最初阶段，从经济基础到上层建筑均有待于进一步的发展与巩固，当时它所面临的历史任务是从各方面排除经济、政治上的分裂因素，以巩固刚建立起来的封建地主阶级的统一政权，因而，如何稳定货币、建立统一的货币制度，就成为汉初的一个重要经济课题。这一任务，前后经过七八十年，即经过高后、文帝、景帝以至武帝时，钱制更改了八九次，官铸、民铸亦数有更张，最后才由汉武帝统一了全国的铜币铸造权，建立了"五铢钱"制度而最终完成。

这一任务的实现，促进了西汉经济的繁荣与政权的巩固，也使货币经济与货币流通得到快速的发展。这时，黄金流通承继战国时代的盛行又有发展：《史记》《汉书》二书所载"赐金""馈金"的数目，动辄数万斤，少者亦有数百斤、数十斤，其赏赐次数之多，简直难有准确的统计。到王莽统治时期，封建中央政府库藏的黄金就达 70 万斤。全国铜铸币流通的情形，在汉武帝建立统一的五铢钱制以后，《汉书·食货志》记述说："自孝武元狩五年三官初铸五铢钱，至平帝元始中，成钱二百八十亿万余云。"这一货币经济发展程度在古代社会显然是异常之高的。

在巩固地主阶级的统一政权这一历史任务基本实现以后，新的社会矛盾，即新兴的大地主阶级对独立农民土地的兼并所引起的矛盾日益突出了。土地是封建生产方式下最根本的生产手段，是土地所有者财富的主要的或唯一的来源。我国地主经济制的主要特点是：土地私有以及土地成为商品而可以自由买卖，于是因土地兼并而造成的"富者田连阡陌""贫者亡立锥之地"的情形，便成为必然趋势和反复出现的历史现象。

马克思说："在东方各国，我们经常看到这种情形：社会基础不发生变动，同时将政治上层建筑夺到自己手里的人物和种族则不断更迭。"① 这一情形在我国，就是由于地主阶级对农民的残酷剥削，以及源于这一基本阶级矛盾所招致的天灾人祸，包括灾荒、饥馑、疫疬、兵祸，及落后民族内侵的大破坏等，而造成了整个社会经济巨大波动，以致多年来经济发展的成就和文化积累毁于一旦，使得社会经济发展进程中断，甚至是大倒退。它的具体表现之一就是在我国秦汉以后，以豪族大地主结合政治权力与经济权力的剥削为特征的地主经济制前期的两次大战乱。一次是在两汉之间新莽统治末爆发的赤眉军等的农民大起义；另一次是以东汉末期黄巾军大起义为肇始的、后来转化为魏晋南北朝持续三四百年，其中包括西晋短暂统一后的十六国长达 136 年（公元 304—439 年）的各民族统治集团间混战的、长时期的国家分裂和大混乱。这两次大动乱均使得整个社会经济受到严重破坏，尤其是第二次，是我国历史上国家分裂的最长时期，所遭受的破坏程度也更是异常严重。

社会结构的强烈震荡，经济的破坏，对货币经济的发展进程当然也同时产生巨大的影响。在这方面的主要表现是：

---

① 马克思：《中国事件》，载《马克思恩格斯论中国》，人民出版社 1953 年版。

（一）战国、西汉以来盛行的贵金属黄金的流通，从东汉时期便开始显著衰落，到魏晋南北朝时期，便基本上退出流通领域，从而失去了货币资格。

（二）铜铸币的流通也遭受重大的破坏，在两次动乱时期，均曾发生过"钱货不行""谷帛为市"而呈现经济交换实物化的情形。尤其是魏晋南北朝时期，由于长时期处于国家分裂及持续的战乱状态，因而在不同的时候和地方，"谷帛为市"的实物交换状况曾经不同程度地持续着，进而最后发展为唐代的"钱帛兼行"的货币流通制度。

黄金在我国古代战国及西汉时期流通盛行，但从东汉时期开始骤然减少，并且它的货币作用也衰退了，终至于退出流通而失去货币资格。这一现象，在一些古人及学者的著作中早有论述。如北宋太宗赵匡义就曾询问臣下："西汉赐予，悉用黄金，而近代为难得之货，何也？"当时的大臣杜镐及后来的学者顾炎武、赵翼等人，也曾从不同方面试图作出解释。[①] 对于我国古代货币流通的这一历史现象，如果联系整个社会经济发展过程看，黄金在古代一度盛行，意味着这是我国古代货币经济的一种异常早熟现象。马克思曾指出："商人资本的独立发展，是与社会的一般经济发展成反比例的。"[②] 这对于我国古代货币经济过早发展的情形也是适用的。同时，我们还可注意到，黄金在我国古代充作货币，主要是作为赏赐、馈赠之用，它是社会上层统治阶级使用的货币，而不是广泛通

---

① 参见《宋史·杜镐列传》；顾炎武：《日知录》卷十一《黄金》；赵翼：《廿二史札记》卷三《汉多黄金》。

② 马克思：《资本论》第三卷，人民出版社 1963 年版，第 367 页。

行的货币。所以，在传世的《居延汉简》等所载关于物价的一些资料，都是以铜钱计算，而无以黄金计价的。这说明它还不是普及民间上下通行的货币，真正与一般人民日常经济生活密切相关的还是铜钱。在我国古代以自然经济为基础的早期封建社会中，黄金流通一度有独立的和优势的发展，而后又骤然衰落下去，以至退出流通进而失去货币的资格的原因是什么？从基本意义上看，在当时社会生产力及总的经济发展水平的状况下，客观上并不必然需要黄金这种贵金属作为上下普遍通用的货币，所以，黄金在当时地主经济制前期的两次社会经济动荡的影响下，而终于退出流通，这一历史事实，实际正是对我国古代货币经济脱离一般经济发展的异常早熟现象的一种反映与自然调整。当然，说明我国古代货币史中黄金盛行及其骤然衰落并退出流通这一特殊问题，不但要联系我国古代社会生产的发展，以及与之相适应的交换水平来考察，还要对黄金的生产和消费等方面的原因和情况，作更为具体的分析与阐述。如我国并不是一个盛产黄金的国家，当内地较易开采的黄金生产逐渐减少以后，在古代的生产技术水平下，想要更多地开采黄金就要困难多了；在社会消费方面，随着封建经济的向上发展，不但上层统治集团，以至一般的地主、富商的生活也都日益趋于奢靡，因而有限的黄金供给量除充作宝藏对象外，在工艺方面的需要也更多地增加了；还有魏晋南北朝以来，由于佛教的传播，更使大量的黄金被消耗于塑像涂金、泥金写经上，这种佛事的消耗被许多治史者斥为"耗金之蠹"。凡此种种，也都是促使黄金的货币作用衰退的原因。

铜铸币是上下普遍行使的、与人们日常经济生活更为密切联系的金属货币，它的流通状况也更能反映出古代货币经济发展的程度和水平。

两汉更替时的战乱状况为时较短，虽然中原经济中心的一些地区所受到的破坏是严重的，尤其是京城长安一带，曾处于"布帛金粟"杂用的状况；可是在东汉统一的地主阶级政权重新建立以后，随着封建经济的恢复与社会生产的进一步发展，以铜铸币流通为主的货币经济也获得迅速的恢复与发展。新莽政权覆灭以后，王莽的"大泉五十""货泉"等铜钱仍在流通，而且民间私铸还一直在继续着，这从地下发掘出土的莽钱实物材料可以获知。东汉光武帝建武十六年（公元40年），重新恢复了五铢钱制度，其实也只是将当时民间流通的莽钱"货泉"换个名称而已，因为二者的标准重量是相同的。

关于东汉经济恢复和发展的状况，东汉人口在光武帝初期不过一千余万人，而末年已增至二千一百余万人，到和帝末则增至五千三百余万人，与西汉人口最高峰的平帝时的五千九百多万人比较，已相差不多；而这时全国垦田数字也达到七千三百余万顷。在铜铸币的铸造和流通方面，史书对东汉时期的铜钱铸造数量没有明文记载，但从地下发掘的钱币实物出土情形看，东、西汉钱币出土的数量并无显著的差别；而且墓葬瘗钱的数目，在东汉还有明显的增加，一墓埋数百者屡见不鲜，有的甚至达千数以上。根据1957—1958年洛阳西郊217座汉墓的发掘情况（其中179座出钱币），各期汉墓瘗钱的平均数是：西汉为40枚，新莽期为74枚，而东汉则达143枚。[①] 这说明东汉时期，货币经济的发展仍是保持在相当高的水平的。

---

① 参见《洛阳西郊汉墓发掘报告》，《考古学报》1963年第2期。

魏晋南北朝长达三个半世纪的国家长期分裂局面，持续的战祸连接与社会经济的动荡不安，确实使得我国的封建经济受到异常严重的破坏，发展速度大为延缓，所以这一时期也是我国货币经济相对衰退、货币流通的混乱时期。当时的货币经济与货币流通状况是：经济交换呈现实物化的倾向，金属铸币流通混乱，流通范围和流通量均明显缩小，这无论从史书记载，还是从地下发掘材料中均可得以验证。

但是，过分低估当时货币经济发展的水平也是不适宜的。正是处在这个货币经济相对衰退的时期，公元四世纪中叶却出现了突出反映人们生活中货币拜物教现象的鲁褒的《钱神论》，最早见于鲁褒文中的"孔方"一词，出现在人们的社会生活中，"孔方"至今犹被作为"钱"的同义语。而且，鲁褒的《钱神论》是发挥了成公绥（公元231—273年）之作，在三世纪中叶到四世纪中叶近百年间，就出现了两篇《钱神论》，这不能说是偶然之事，它是我国古代货币经济长期发展的产物。从秦始皇的"半两"方孔圆钱统一了我国货币制度开始，秦、汉至西晋历五百年，货币经济又有了长足的发展，尤其是两汉数百年五铢钱的使用，毕竟早已深入人们的经济生活之中，因而不能低估当时货币经济发展的程度和原有的基础。

这一时期谷帛在交换中曾被广泛使用。曹魏于魏文帝黄初二年（公元221年）至明帝初年（公元227年）短期间还一度明令废止五铢钱，使人民以谷帛相交易；关于"废钱用谷帛"的主张也不时出现。如桓玄（公元369—404年）于东晋安帝元兴元年辅政时，就提出过废钱用谷帛之议；南朝的沈约（公元441—513年）也提出"荡涤圜法"，罢除金属货币，专用谷帛的主张；但是这些建议却无法获得人们的支持。应该指出，在自然经济为基础的封建社会早期，"实物论"思想往往是一再出现的现象。早在西汉时期，贡禹（公元前124—前44年）在汉元帝时就率先提出过废钱用谷帛的建议，在他死后四十余年，又有人上书汉哀帝建议取消钱币，可见，"废钱用谷帛"之议的出现，自有其不同的社会背景及具体原因。魏晋南北朝时期出现的"实物论"思想，实质是在长期的政治、军事混乱局面下，剧烈的货币贬损、物价波动所产生的现象。南北朝时期，在南北方经济都有所发展的情况下，南朝、北朝都发生了关于货币问题的争议，争议本身，说明了货币流通与人们的社会经济生活各方面密切相关。在货币问题争议中，南齐孔𫖮的《铸钱均货议》所言"不惜铜""不爱工"之语，长时期被人们援引为稳定货币、反对封建统治者铸币贬损政策的有力论据。一个非常值得人们关注的事实是：在货币经济相对较为发达的南朝，反而不时有废钱用谷帛的主张，而北朝的思想家在货币问题的争议中，却从来无人主张恢复谷帛为币。所以，仅据这一时期出现的"实物论"思想，就过分低估其时的货币经济的水平，是不妥当的。

谷帛货币性的增强与广泛使用，确实是魏晋南北朝时期货币经济衰落的明显标志。但从这一时期总的发展趋势看，在它的后期，布帛，特别是绢帛已呈现出排除其他实物，逐渐成为与铜钱兼行为币的趋向。这是因为绢帛的价值较高，用途亦广，而且历代均有定式；当贵金属黄金退出流通以后，由于铜钱的单位价值毕竟太低，商品和货币经济的发展，客观上在铜钱以外就仍需要有一种单位价值较高之物充作货币，于是"钱帛兼行"在唐代遂成为一种法定的正式制度。虽然绢帛这种非金属物品被充作货币商品，与铜钱并行，在古代货币经济的发展过程中，也仅仅是在特定的情形下的一种带有明显过渡性的货币流通制度罢了。

二、封建地主经济制后期的货币与货币流通

隋唐统一的多民族封建帝国的重新建立，结束了魏晋南北朝时期长期国家分裂的局面，使封建地主经济在全国范围内得到较长期稳定的发展，于是整个封建社会的经济和文化均呈现出繁荣昌盛景象，我国封建社会达到了成熟阶段。

这时，庶族大大小小的地主代替了世族大地主的绝对支配优势，土地租佃关系广泛流行并逐渐发展成为农业生产中的支配的形式。这种经济关系一直支配着唐以后的封建时期，以此为标志，我国的封建地主经济制进入了后期。

在地主经济制后期，虽然由于地主阶级对农民的残酷剥削这一基本矛盾仍然继续着，农民大起义、落后民族内侵而发生的改朝换代也迭次出现，并一再使封建经济的发展受到破坏；但是在货币经济方面，古代过度发展而早熟的货币经济，经过地主封建制前期发生的两次巨大社会经济震荡而强制调整以后，改朝换代所加于货币经济的巨大损害情形已不再突出，伴随封建经济的发展，在我国地主经济制后期，货币经济发展进程中所出现的、对整个社会经济影响最大的问题则是：

（一）唐宋时期的"钱荒"；

（二）我国封建社会中纸币的产生及其流通；

（三）贵金属白银发展成为普遍通用的货币及"银荒"问题。

隋、唐二代封建帝国建立以后，都重新建立了全国统一的铜铸币制度，尤其是唐"开元通宝"钱制的创立，它是我国古代货币史上继秦半两钱制、汉五铢钱制之后又一带有划时期意义的新钱币制度，这一"通宝"钱制一直延续到清朝之末。铜钱以宝为名，说明我国金属铸币制度已脱离以重量为名的量名钱体系，反映着人们"货币即财富"这一财富观的增强与货币权力的扩大；而唐代中叶两税法改革后所开始出现的"钱荒"，则更清楚地表明，货币在整个社会经济中作用的增强，标志着我国封建社会货币经济的发展，进入一个新的阶段。

所谓"钱荒"，是我国封建社会货币经济发展过程中，因流通中铜钱相对不足而引起的一种货币危机现象。它的最初出现，正值唐代中期唐政府实施两税法改革的时候。改变以"丁身为本"的租庸调，实行"以资产为宗"的两税法，是我国封建赋税史上的大事；这一课税基础的变化，使封建人身依附关系有所削弱，而采取"以钱定税"的原则，更是直接推进了货币经济的发展。

但是由于两税法的施行，促使了通货紧缩，遂使安史之乱以来的"物重钱轻"，一变而为"钱重物轻"的情形。建中元年（公元780年）初定两税时，当时绢一匹价格为铜钱三千数百文，米一斗为钱二百文；而四十年后，则绢一匹不过八百文，米一斗不过五十文，因而"钱荒"过程中广大农民的负担明显加重，致使农民的生活更加困难，遂一时发展成为带有广泛性的社会问题。其时一些著名的思想家、政治家如陆贽、白居易、元稹、韩愈、李翱、杨於陵等人，纷纷发出议论，这从侧面也说明我国封建社会中货币经济的发展，从此又开始进入了新的阶段。

虽然两税的货币交纳，事实上只推行了三四十年即逐渐被放弃，但到两宋以后，封建财政征收货币的范围又复逐渐扩大，田赋形成了夏税秋粮的征收制度，宋以后广大农民完粮纳税所习称的"钱粮"一语，则一直到后来赋税征银以后，仍然被人们使用着。

唐中叶开始出现的"钱荒"，到两宋时期，更为频繁出现，而成为带有长期性的货币问题。如在北宋，正是铜产量和铜钱铸造量都处于高峰的神宗熙丰时期，而钱荒现象也最为显著。《宋史·食货志》记述说："比年公私上下，并苦乏钱，百货不通，人情窘迫，谓之钱荒"；宋朝南渡后，仍是钱荒之声屡闻。关于"钱荒"问题，它的发生，从基本原因上来说，还是由于铜这种价值较低的金属充作币材，已不能满足我国封建社会后期经济及商业交换发展的需要，致使流通中货币数量明显地感到不足。

在两宋时期，人们对于造成钱荒的原因，往往归咎于"边关重车而出，海舶饱载而回"的铜钱外流情形。基于与邻近国家地区经济和对外贸易交往的需要，在宋代确实有相当数量的铜钱被输往海外，但是更为大量的还是流往辽、西夏、金等国内少数民族统治的国家和地区，从这些地区考古发掘的钱币出土情形绝少自铸钱币一事，可以很容易地见到。这些少数民族政权，与两宋政权虽然在政治上互为敌国，但在经济上则仍为一体，边关重车输出铜钱到这些地方，即使一再申令禁钱出境也无济于事，正说明国内各地区、各民族经济的紧密结合的事实，而这种现象，其实仍是整个国内封建经济发展过程中表现于货币流通方面的合理之事。

唐宋时期以"钱荒"为明显标志的铜钱不足现象，说明流通界客观上需要贵金属充作货币，以满足我国封建社会后期商品货币关系日益发展的需要，因而在唐末五代时贵金属白银便开始有正式进入流通的趋势。然而贵金属白银在我国发展成为普遍通用的流通中的主要货币，却经历了一个曲折而漫长的过程。

"钱帛兼行"是整个唐代法定的货币流通制度。绢帛主要以匹计，可用于大额交易与支付，但绢帛并不是良好的币材，一经割截，价值便要遭受减损，久藏会变质，短狭、薄绢之弊更是在所难免，所以一俟社会生产以及商业和货币经济有了进一步的发展，金属货币便会排斥绢帛的流通和使用。还在盛唐之时，绢帛已开始显示出被铜钱流通所排挤的迹象。其时，政府诏令一再申明绢帛使用的合法性，就正好从反面证实绢帛在流通中遭受排挤的事实。中唐钱荒期间，政府更一再申令绢帛的使用，然而绢帛货币作用的衰退，显然不是政府一纸命令所能左右的，而实际情况则是"钱、帛不兼于卖鬻"，所以，进入宋代以后，绢帛便基本上退出流通界了。

绢帛退出流通，使得流通界缺乏大额货币充作交易支付手段的矛盾突出了。可宋朝是我国历史上"积贫积弱"的朝代，自始就未能实现国家的统一。在赵宋政权统辖区内，也未能重建统一的铜铸币制度，而是继承了五代十国货币流通方面铜、铁钱流通的事实，在国内不同地方发展成为铜钱区和铁钱区的流通。铁钱的价值更低于铜钱，因而流通界缺乏大额货币充作支付手段的矛盾也就更加尖锐，于是就在当时经济上已富庶起来的最大铁钱区四川，最先产生了纸币——交子。

早在十世纪末，在我国封建社会中产生了纸币，使我国成为世界上纸币流通最早的国家，这在世界货币史上也是一件崭新的大事。

四川的交子最初产生于民间，在四川成都民间自发流通的交子，曾发展为十余家富商联合发行的制度，它可以随时兑现，因而是信用兑换券性质。交子作为信用货币而产生的事实，是与当时封建社会中商品货币关系的发展，已超出于简单商品流通水平，一种商业信用"赊"的关系已有较广泛发展的事实相联系的。时人苏轼说："商贾贩卖，例无现钱，若用现钱，则无利息，须今年索去年所卖，明年索今年所赊，然后计算得行，彼此通济。"①

正是因为宋代封建经济中的信用关系，已发展到一定的水平，所以才首先在铁钱流通的四川，产生了交子这种比较高级的信用货币形式。每年丝、蚕、米、麦将熟之时，商民需要较多的流通手段与支付手段，而这时也正是交子发行最多的时候，所以，交子的产生与流通，也是我国封建社会后期商品货币关系的发展程度达到了一个新的阶段的标志。

宋仁宗天圣元年（公元1023年），四川交子被改为封建官府专营，而成为具有法定支付能力的货币。到南宋时，纸币已进入广泛发展的时期，当时纸币的行使已遍及东南诸路、两淮、荆湖及四川各地，而以"行在"杭州为中心的东南诸路行使的"会子"，则是南宋最主要的纸币。

北方的金国，于海陵王贞元二年（公元1154年）采用了纸币制度，发行了"交钞"。

元朝统一中国以后，更在全国范围建立了统一的纸币流通制度，先后发行了"中统钞""至元钞""至正交钞"等纸币。在其盛

---

① 苏轼：《论积欠六事并乞检会应诏所论四事一处行状》，载《苏东坡奏议集》卷十一。

时，中国纸币北穷朔漠、西贯中亚皆通行无阻，欧洲的马可·波罗来到中国，就曾以惊异的眼光看待纸币流通的事实，把发行纸币一事，看作中国皇帝的"点金术"。

然而，封建政府并没有化纸为金的神奇能力，纸币发行权自从为封建政府专有以后，它的性质便逐渐由信用货币而纸币化，以至成为完全的政府纸币。这是与封建政府利用纸币发行弥补财政亏空的事实相联系的。早已习惯于实行铸币贬损、发行虚价大钱的封建政府，从纸币发行中发现了更为便捷的剥削途径，甚至以为纸币可以造千则千，造万则万，而操有了不涸的财源，因而与纸币流通相伴生的通货膨胀现象，也就是必然发生之事了。

但是封建政府的这种权力，正如马克思所言，"纯粹是个表面现象。国家虽然可以把任意数量的纸票印着任意的铸币名称投入流通，可是它的控制同这个机械动作一起完结，价值符号或纸币一经为流通过程所掌握，就服从于它的内在法则"[1]。也就是说，要按照纸币流通的法则，"价值符号不论带着什么金招牌进入流通，它在流通中总是被压缩为能够代替它来流通的那个金量的符号"[2]。因而超过流通必要量的过度发行的纸币，就要贬值。其结果，纸币流通发展为恶性通货膨胀而最终趋于崩溃，便是我国封建社会纸币流通史的无例外的现象。南宋分界发行的东南会子，到后来"十八界二百（贯）不足以贸一草屦"[3]；而北方金国的纸币通货膨胀则更具有典型性。当金宣宗贞祐二年（公元 1214 年）发行百贯、千

---

① 马克思：《政治经济学批判》，人民出版社 1955 年版，第 85 页。
② 马克思：《政治经济学批判》，人民出版社 1955 年版，第 87 页。
③ 方回：《桐江集》卷六。

贯大钞时，其时已是"钱货不用"，人们把交钞急骤贬值的现象谓为"坐化"，而最后遂至于"万贯唯易一饼"。[①] 元朝的纸币流通，在其末年，也是"物价腾踊，价逾十倍""京师料钞十锭，易斗粟不可得"，人们均视纸币若"弊楮"，所以当时的民谣说："人吃人，钞买钞，何曾见？贼做官，官做贼，混贤愚，哀哉可怜！"[②]

宋元时期纸币的产生及其流通，缓和了我国封建社会后期因铜铸币单位价值低、流通中需要贵金属充作货币，以满足商品货币关系发展需要的矛盾。可是在封建社会条件下，封建政权的政治、经济贪婪剥削的本质，决定纸币流通不可能长期保持稳定，而必然走向恶性通货膨胀的道路，使纸币制度最后趋于崩溃。所以，自身无价值的作为货币符号的纸币，也与自身有价值的作为非金属实物货币的绢帛一样，在流通中充作大额支付手段，从我国古代整个货币经济与货币流通制度的发展过程看，它们皆带有暂时过渡的性质。马克思说："商品交换越是打破地方的限制，商品价值越是发展成为人类劳动一般体化物，货币形态也就越是归到那种天然适于担任一般等价物这种社会职能的商品，那就是贵金属。"[③] 因而，流通中的主要货币，从贱金属铜铸币向贵金属白银的过渡，乃是历史的必然。

从历史事实来看，自从唐末五代贵金属白银开始有正式进入流通的趋势以来，在两宋时期，白银的货币性更有所增强，白银在政府收支中的地位已日趋重要；而在民间，用银的习惯也显著超过了

①　参见《金史·食货志》;《元史·耶律楚材传》。

②　《元史·食货志》;陶宗仪:《南村辍耕录》卷二十三。

③　马克思:《资本论》第一卷，人民出版社1963年版，第66页。

前代。北方的金朝，金人原来就有使用白银的习惯，而且金章宗承安二年（公元1197年）还曾铸造过"承安宝货"银币，当金末纸币制度濒于崩溃之时，民间则更普遍以银市易了。

元朝时，白银使用又前进了一步，元世祖忽必烈在中国建立了统一的纸币制度，最初就是"以银为本"的。后来，为了推行纸币制度，扩大纸币流通，虽曾明令禁止民间金银的流通，可是实际上在民间使用白银的情形还是很多的。这不仅可从较多反映民间生活的元人杂剧中获知，而且从地下发掘出土的实物看，元代的银锭往往有多处官押和私家戳记，这表明一块银锭往往已经过多次检验，并曾经长期在市面上流通过。所以，我国白银的使用，到宋元时期，已处于取得流通界正式货币地位的前夜了。

以汉族为主体的统一的封建专制主义的明王朝的建立，使我国封建经济又一次获得较长期发展的机会。明朝前期的农业、手工业生产较快的恢复和发展，都市及商业日趋繁荣，商品货币关系日趋活跃，更为我国封建经济内部，在明中叶以后出现资本主义的萌芽，以及货币经济方面贵金属白银与铜钱并行，并开始成为流通中的主要货币准备了条件。

在明朝建立之初，封建政府也曾打算恢复纸币流通，重新建立统一的纸币制度，于是从洪武八年（公元1375年）开始发行了"大明宝钞"，而且这一"大明宝钞"制度在名义上，还曾一直持续下去，直到明末；然而这时我国封建社会中纸币流通制度已接近于尾声了，它已不能遏止贵金属白银之进入流通。时仅二十年，由于纸币贬值，一些地方就出现了"不论货物贵贱，一以金银论价"的情形。明朝政府为了维持纸币制度，先是停用铜钱，继而申严交易使用金银的禁令，以及实施"户口食盐法"回笼纸币等措施，但是均已无济于事，终于在英宗正统元年（公元 1436 年），正式弛用银之禁。"于是朝野率用银，其小者乃用钱，……钞壅不行"，而"金花银"之征收，开启了封建赋税"正赋"用银之例，于是白银也就获得了合法支付手段的地位。这样，到嘉靖元年（公元 1522 年）则"钞久不行，钱已大壅，益专用银矣"①。从此，封建经济周转中的货币支付，大数用银、小数用钱的货币流通制度形成了，白银不但获得了合法的货币地位，而且成为流通中的主要货币。

贵金属白银在我国封建社会后期的明中叶，终于发展成为流通中普遍通用货币的时候，也正是我国封建经济内部出现资本主义萌芽的时候，事实上，二者当时存在着互为表里的关系。也如马克思所言："资本主义生产方式……要在国内已经有一个货币总额，为流通的目的以及因此而一定要有的货币贮藏（准备基金等）的目的都已经足够的地方，方才能够以比较大的规模和比较完全的程度发展。这是一个历史的前提，虽然我们不能把这件事理解为，必须先有充足的贮藏货币，然后资本主义生产开始。宁可说，资本主义生产是与其条件的发展同时发展的。其条件之一，便是贵金属的充分供给。"②

我国明中叶以后，在商品经济发展的基础上，封建经济内部在一些地区和生产部门已开始稀疏地产生了资本主义的萌芽，标志着我国的封建社会已进入它的最后阶段了。然而资本主义因素在当时我国封建社会条件下的发展，却表现为一个迂缓而困难的过程。马

---

① 《明史·食货志》。

② 马克思：《资本论》第二卷，人民出版社 1963 年版，第 367 页。

克思说："十六世纪以来贵金属供给的增加，在资本主义生产的发展史上是一个重要的因素。"① 就我国的情形看，十六世纪中叶以来，在货币经济发展的刺激下，国内银矿的开采也在增加，尤其是从海外更不断有大量的白银流入，因而国内白银的供给量还是充分的，这从整个明代白银购买力的下降趋势可资证明。

在这一有利条件下，明政府于十六世纪后半期实行了一项重要赋役改革，即在全国范围普遍推行"一条鞭法"。这一改革的重要内容和特点是：把丁役、土贡等项通通归并于田赋之内，而"计亩征银"，这样，便更加使白银成为各阶层人民所普遍需要之物了。因而它对进一步促进商品、货币经济的发展，推广白银的使用非常重要；同时也有利于促进封建经济结构内部资本主义因素的发展。但是，明代后期严重的土地兼并所造成的日益尖锐的社会危机与民族矛盾交织，又一次爆发了农民大起义和国内战争，最后以满洲贵族为首的清王朝代替了明朝而重建起统一的封建国家。在这一过程中，国内社会经济又一次遭受重大的破坏，明中叶以来封建经济结构内部发展起来的资本主义萌芽也受到了严重摧折。

在货币经济方面，由于明朝末期政府的财政危机，促成了明清之际的"银荒"，这是我国发展为用银国家以后首次出现的银荒。

银荒出现以后，改变了白银购买力长期下降的趋势，明末崇祯时银价就骤然上升了。在明末短短十余年间，江南一带的银价和米价皆上涨了二倍多；而与一般平民日常生活直接相关的铜钱的价格，却大为跌落了。

清王朝建立之初，由于国内战争仍在继续，仍然面对着严重的

① 马克思：《资本论》第二卷，人民出版社 1963 年版，第 367 页。

财政问题，银荒也仍在继续；整个社会经济在遭受长时期的农民战争和国内战争的破坏以后，银荒所加于经济与人民生活的影响，也就更显得突出。当时江南等原来经济发达的地区，由于战火的破坏，更加上海禁的影响，因而呈现了严重经济萧条的情形。时人唐甄就叙述说："清兴五十余年矣，四海之内，日益困穷，农空、工空、市空、仕空"，"当今之世，无人不穷，非穷于财，穷于银也"[①]。而北方经济比较落后的广大地区，则因田赋征银，更使得广大农民陷于非常困难的境地。顾炎武言及关中一带的情形说："自鄠以西，至于岐下，则岁甚登，谷甚多，而民且相率卖其妻子，至征银之日，则村民毕出，谓之人市。"[②]

明清之际出现的"银荒"，直接导源于封建政府的财政危机。在国内经济备受战争破坏的情形下，清朝封建政权自始仍坚持奉行以银为主、钱银兼行的货币政策，政府财政收支始终都是采用银两为计算标准，说明在当时国内货币经济发展的水平下，贵金属白银作为流通中主要货币的地位已经确立。在清康熙中叶以后，遭受严重破坏的经济终于恢复了，国家财政状况也开始充裕起来，到康熙末年（公元 1722 年）国库存银已有 800 多万两，这时，海禁早已解除，国外的白银也开始流入，于是持续半个多世纪的银荒也缓和下来。此后，在国内政治、经济比较安定的情形下，社会经济又获得一个较长时期发展的机会，到乾隆末年（公元 1795 年）国内存银已近 7 000 余万两。同时，在国内商品货币经济发展的基础上，封建经济结构内部的资本主义因素又复发展了，而且超过了前代的

---

① 唐甄：《潜书》下篇《存言》《富民》。
② 顾炎武：《亭林文集》卷一，《钱粮论》。

水平。这些都说明："如果没有外国资本主义的影响，中国也将缓慢地发展到资本主义社会。"①

十七、十八世纪，欧洲的先进国家开始进入了资本主义社会，可是东方的中国，这时依然是一个古老的封建帝国。到十九世纪清王朝的嘉庆（公元 1796—1820 年）时，特别是道光（公元 1821—1850 年）以后，社会危机及财政危机又复显著，而且日趋严重。嘉庆年间的白莲教起义运动，致使国库存银耗费殆尽；而正是这时，西方资本主义对中国的侵略开始了，可耻的鸦片走私贸易导致数千万两白银流往海外，使得国内流通界的银货骤然减少，促成银贵钱贱和银钱比价的巨大波动，而形成又一次超越前代的货币危机"银荒"，又给整个国民经济和人民生活带来极大的损害。就这样，在鸦片毒雾弥漫、白银滚滚外流的"银荒"情形下，揭开了我国近代史的篇章，而中国则从此一步步地走向半殖民地半封建的社会。

三、货币购买力

对中国古代货币与货币流通的研究，货币购买力问题是一个重要的方面。可是史籍保存下来的这方面的材料却很不完整，而且时代愈早愈是这样。尤其是史书所载的材料，往往多是历朝盛世某些特大丰收时的数字，或者是水旱灾荒时的数字，更或者是朝代更替时兵燹战乱中的畸形物价数字，这些数字由于缺乏代表性，因而对说明货币购买力正常变化情形的意义就很不足了。但是，从史籍保

---

① 《毛泽东选集》（四卷合订本），人民出版社 1966 年版，第 620 页。

存的现有材料，结合各时期的社会经济和货币流通状况，有选择地将一些代表性较大的材料加以综合排比，对于我国古代货币购买力变化的总的轮廓和趋势，各朝代物价的水平和差异状况等，仍是可以予以相对准确的说明的。

从我国古代货币购买力变化的长期情形看，购买力有逐渐降低的趋势，这是中外货币史的共有现象。铜钱是古代经济生活中长时期的最重要的计价和流通手段，而粮食则是关系民生的最重要的商品，所以考察古代货币购买力的变化，首先可以从用铜钱表示的谷物价格上获知。战国时期是我国货币经济开始确立的时期，从此时起，大体上战国、秦、汉的正常谷价，每石是 30—80 钱，而可以《秦简》所记谷价"石卅钱"为标准价格。但这时全国度量衡很不一致，货币单位重量比较大，谷石卅钱应是当时通用的重钱计算的价格。

西汉武帝建立了统一的五铢钱制度，这一新价格标准的成功确定，使得用铜钱表示的价格，在可比性上准确多了。相较而言汉代是我国古代社会经济有较长稳定时期的朝代，大致西汉的谷价，一般水平为每石百钱左右，而东汉时期则应在百钱以上。汉代一升以 200 毫升计，以谷二石折米一石，汉代米价按今每石计算，则为铜钱二三百文。魏晋南北朝时期，货币混乱，缺乏代表性。唐代建立了开元通宝钱制度，标准的开元钱与五铢钱的重量其实差异不多，而且长时期被奉为后来铜钱轻重大小的楷模。从唐代的货币购买力情况看，盛唐时是一个低物价时期，米每石铜钱价格约是 200 文；而安史之乱及其后时期物价便抬高了；中唐时两税法改革后，因通货紧缩使物价回跌，但其后的正常米价每石则保持着四五百文的水平。① 在北宋神宗熙丰时期，米每石为四五百文，但这是北宋物价较低的时候，在此以前和以后，一般的水平皆为五六百、六七百文。北宋末、南宋初，社会动荡不安，米每石在年成丰稔时，亦皆在千钱以上。②

南宋及元代、明初使用纸币，但从明代以来，物价的表示便逐渐发展为以银为主了，因而研究明清时期的货币购买力问题，既要注意到银和铜钱表示的价格，还要注意到银、钱比价的变化；而且，以铜钱计的价格，在很大程度上是要受使用白银的大额交易的趸售价格，以及银、钱比价变动所制约的。

就银、钱比价的变动看，明初，银一两值钱千文；成化以后约800文；弘治以后约700文；到万历时则为五六百文；天启时回升至六百数十文。明末崇祯时发生"银荒"，银价骤然高涨，不过从整个明代银、钱比价总的趋势看，银价是趋于下降的。

明代以银计的米价情形，也是这样。在宣德年间米每石值银二三钱，但成化以后米价就提高了，米价由每石值银三四钱逐渐涨至明代后期的五六、七八钱；明末崇祯时，因战乱关系，米价就更为上涨了。③

进入清朝以后，直到乾嘉时期，银、钱比价在多数时候，白银一两合制钱皆在千文以下，但一般说，二者仍可说是保持着千钱一两的比价关系。至于米价以银计的情形，康熙时从清初的数两回落到五六钱以内；以后一个相当长的时期米价都比较平稳。但总的趋

---

① 据吴承洛：《中国度量衡史》，唐代一升合 594.4 毫升。
② 宋代一升合 664.1 毫升。
③ 明代一升合 1 073.7 毫升。唐至清代，每两均为 37.30 克。

势，米价是上涨的；尤其是从乾隆十年以后，米价到乾隆末，每石已为二两左右。从以铜钱计的米价看，在乾隆时的六十年间，银、钱比价方面，多数时候的钱价皆偏高，因而米价按常价言是每石为铜制钱一千四五百文。①

所以，综观明清时期的货币购买力，不论从银、钱比价，还是从米价看，由于白银的供应充分，直到乾嘉时期，白银购买力是一直呈现下降的趋势的。

对于古代货币购买力的考察，不但要研究它的长期趋势，而且要注意其短期的变化，后者在一定的场合甚至更具有重要的意义。如中唐时期两税法改革后，因通货紧缩使得原来"钱轻物重"情形，一变而为"钱重物轻"局面，四十年内绢价及米价都下跌到原水平的20%—25%，因而给广大农民带来极大的痛苦，而使"钱荒"问题成为社会性的人们所关注的中心经济问题。明清时期，贵金属白银发展成为流通中的主要货币，白银购买力从长时期看，本来也是呈现下降的趋势，可是明清之际封建政府财政危机而引起的"银荒"，尤其是进入我国近代史的鸦片战争前后，因西方资本主义侵略、鸦片走私贸易而造成的白银外流、银贵钱贱的"银荒"，更给整个国民经济和社会各阶级人民生活带来极大的消极影响。

除此，对于古代货币购买力问题，还要从货币购买力变化的不同情况和原因予以分析。在我国长期封建地主经济制的社会中，改朝换代时因战火巨大破坏，主要是经济与军事、政治原因引起的货币购买力的巨大变动，如自汉以来，物价涨至万倍以上的至少有五六次，以致黄金一斤"易豆五升""谷一斛至数十万"，乃至"卖一

---

① 清代一升合 1 035.5 毫升。

狗得钱二十万""一鼠亦值数百"等特殊情形，史书往往不乏记载；而水旱等自然灾荒引起的谷价上涨，更是史不绝书。还有封建政府基于明显财政剥削目的，采取铸小钱、发行"虚价大钱"的铸币贬损和膨胀政策，如汉末董卓铸"小钱"、三国刘蜀的"直百五铢"、孙吴的"大泉当千"、唐代安史之乱期间的"重轮乾元钱"等，都促成了物价腾踊。尤其是宋以来封建政府利用纸币发行，实行恶性通货膨胀政策，更造成物价飞涨。如南宋十八界会子二百贯还不够买一双草鞋；金人交钞万贯才可买一张饼；直至于纸币成为"敝楮"而为人弃置不顾，这些现象，皆易为人所注意。

　　然而也有一些尚不足以严重破坏整个货币流通稳定的，由货币方面的原因而引起的物价波动问题。如盛唐高宗至玄宗时的恶钱及私铸问题；明中叶弘治、正德、嘉靖、隆庆时的私钱流通和钱价波动问题；清康熙、乾隆时的铜钱私铸、私销和钱价波动问题等。这些涉及货币购买力稳定的问题，皆发生在社会经济相对稳定，甚或是所谓"太平盛世"之时，由于铜钱流通与一般平民生活联系密切，因而对这些问题也就不应忽略。所以，作为中国古代货币史一个重要方面的货币购买力问题，实际上是一个需要从多方面予以全面考察、研究和分析的综合性问题。

第一章

————

中国货币的起源

第 一 节
我国货币的起源

一、我国最早的货币：贝

我国有悠久的文化，是世界上著名的文明古国，货币很早就产生了。

关于我国货币的起源，在我国古代史籍中，有不少的叙述或记载，比较重要而值得注意的有如下几则：

《管子·国蓄篇》中"先王……以珠玉为上币，以黄金为中币，以刀布为下币"。

《史记·平准书》中"农工商交易之路通，而龟贝金钱刀布之币兴焉，所从来久远。自高辛氏之前尚矣，靡得而记云。……虞夏之币，金为三品，或黄（金），或白（银），或赤（铜），或钱，或布，或刀，或龟贝"。

《盐铁论·错币第四》中"弊（币）与世易，夏后以玄贝，周人以紫石，后世或金钱刀布"。

除上述所列之外，《汉书·食货志》《通典》《通志》《通考》等书，也记述有货币的起源问题，可是，除去一些荒诞无稽的说法，则多半是辗转传抄，甚少新义发明。

从以上所引几条关于我国货币起源的记载来看，可以知道，我国最早的货币有金、银、铜、贝、玉、龟甲等物；在金属货币中还包括人们普遍使用的铲形农具：钱或布（镈），以及铜刀。刀、布的意义，不但指作为实物货币的铜铲、铜刀，也指仿照铜铲、铜刀形式的金属铸币：布币和刀币。从货币发生的最早时代看，则称"虞夏"、"夏后"或"禹汤"，即主要说是起于夏代（约公元前2070—前1600年）。

司马迁在《平准书》中，把货币的起源与商业、交换联系起来，并且指出三代以前的事都不足征信，是近乎科学的严谨态度；而桓宽在《盐铁论》中，认为"币与世易"，并且指出我国最早的货币是"贝"，而最初产生货币的时代则为夏代，是一个很值得注意的提法。

但是，这些古史籍的记述太简略了，都是后人对于殷周以前事实的追述，而且带有很大的传说性，很显然，我们据此来说明我国货币的起源是不够的。因此，在阐述我国货币的起源问题时，就不仅要根据古史籍的记述，而且还需要以出土的实物以及可靠的殷商当时传留下来的文献来互相印证。

从地下发掘出土的实物来看我国货币的起源，可以明显地发现，我国最早的货币是贝。

贝产自南方海中，对于北方的夏、商、周族来说，它是一种外来物品。在商品交换发展的早期，贝壳与金属比较起来，不用分割，本身即可成为天然的计算单位，是充作货币的良好材料，因而，贝是可能成为最早的，或最重要的实物货币的。

根据现在所知的地下发掘材料，在河南偃师二里头文化遗址发现了贝。二里头类型文化是介于龙山文化与郑州二里冈商代前期之间的文化，这里地望与年代都可能是夏代的遗址，偃师二里头遗址除天然贝外，还发现有骨贝、石贝；① 时代与此相近，属于夏末或商初的遗址，如河南陕县（今陕州区）七里铺、郑州上街遗址或墓葬中，也发现有骨贝。② 这些仿贝的发现，说明当时贝的使用已应是比较广泛的了。

进入商代（约公元前 1600—前 1046 年），特别是殷商晚期，贝的使用明显地普遍与增多了。在郑州商代前期遗址（即成汤建立商王朝至盘庚迁殷前的约三百年期间），贝就多有发现，一座商代中期墓葬（属于二里岗上层的自家庄墓）出土的贝达 460 枚之多。③

在商代后期的安阳殷墟，最近（1976 年）发掘的一座罕见的保存完好的墓葬——应是殷王武丁的配偶"妇好"的墓中，出土的

---

① 参见《河南偃师二里头遗址发掘简报》，《考古》1965 年第 5 期。
② 参见《河南陕县七里铺商代遗址的发掘》，《考古学报》1960 年第 1 期；《河南郑州上街商代遗址发掘报告》，《考古》1966 年第 1 期。（按：上街文化遗址时代上限晚于龙山文化，而下限则早于郑州洛达庙下层文化，所以时代也应属于夏代。）
③ 参见《郑州商代遗址的发掘》，《考古学报》1957 年第 1 期。

海贝竟达 7 000 枚之多；① 1959 年发现的安阳圆形殉葬坑，坑中发现有三堆海贝，其数当以百计。除此，坑中的人骨架中发现有贝饰和随葬贝的七具，贝数多少不一，少者一枚，多者达 300 枚。② 值得注意的是一些殷代小墓的发掘。1953—1954 年间，安阳大司空村曾发掘了 165 座殷墓，其中出贝的有 83 座，共出贝 234 件，多者十余枚，少者数枚，而只有一个贝的为数最多；1958 年在大司空村一带又发掘了 51 座殷墓，其中出贝的有 9 座，共 116 枚，除一座墓葬出贝 83 枚外，其余出数均仅数贝；出贝一枚者亦为数最多。③ 这一现象反映贝的使用已深入平民的生活之中。

除去出土的实物贝，在殷墟历年出土的许多甲骨卜辞中，则常有"囚（俘或获）贝""锡（赐）贝""取贝"的记载，许多传世或新出土的商代青铜彝器铭文中也不乏"商（赏）贝""锡（赐）贝"的记载。

在殷墟甲骨卜辞中关于贝的记载如：④

"取ㄓ贝"（铁 104.4，武丁卜辞）

"缶ㄓ其囚贝"（前 5，10，4）

"易（赐）多母ㄓ贝朋"（下 8，5）

"其盾用舊贝一叀贝十朋"（甲 777，康丁卜辞）

---

① 参见《安阳殷墟五号墓的发掘》，《考古学报》1977 年第 2 期。

② 参见郭沫若：《安阳圆坑墓中鼎铭考释》，《考古学报》1960 年第 1 期。《1958—1959 年殷墟发掘简报》，《考古》1961 年第 2 期。（按：墓主人据推测可能是一个名为戊嗣子的犯罪贵族。）

③ 参见马得志等：《一九五三年安阳大司空村发掘报告》，《考古学报》1955 年第 9 册；《1958 年河南安阳市大司空村殷代墓葬发掘简报》，《考古通讯》1958 年第 10 期。

④ 参见陈梦家：《殷墟卜辞综述》，科学出版社 1956 年版。

"遘取贝百——□取贝六百" （侯17）

"光取贝二朋，才正月取" （侯17）

这些卜辞，早、晚期都有，说明在殷墟时期是始终如一的。
贝作为货币，单位以朋计，一朋十贝。①
在传世的殷彝铭文中，也不乏关于贝的记载。如：

齋卣（贞·八·三一）"子光商（贶赏）齋贝一朋"。

辛巳彝（贞四·四七）"麗易（赐）贝二朋"。

中鼎（殷上·七）"侯易（赐）中贝三朋"。

宰椃角（殷上·二三）"王各、宰椃从易（赐）贝五朋"。

豕爵（攈二之二·四）"子商（赏）豕贝十朋"。②

在传世的殷彝中，赐朋之数无过十者；值得注意的是，1959年

---

① 王国维《说珏朋》云："余意古制贝、玉，皆五枚为系，合二系为一珏，若一朋。"（《观堂集林》卷三）郭沫若同志认为：最初，天然贝作为装饰品，一朋之数原无一定，一朋十贝，应是贝发展为货币以后，才形成固定的单位。（郭沫若：《释朋》，载《甲骨文字研究》，科学出版社1962年版）

一朋十贝，在殷彝铭文中也有例可证：三代13，42，2—3所录殷卣，曰"商（赏）某贝二朋"，又曰"贝隹廿"，二朋为廿贝，可见一朋为十贝。卜辞"侯17"云："取贝百""取贝六百"，也是以十为单位，贝百，即十朋。（陈梦家：《卜辞综述》）又，关于考古发掘出土的天然贝，1959年5月在安阳后冈发现的圆形殉葬坑中有三堆海贝，其中有一堆可以看出确是十贝为朋，联成一组；郭沫若同志于1959年6月30日参观后，有诗记此事云："宝贝三堆难计数，十贝为朋不模糊"（《安阳圆坑墓中鼎铭考释》附录一）。

至于1932—1933年河南濬县（今浚县）辛村卫墓曾出土大量天然贝，其中有成系出土的，每系数目有22枚、24枚、26枚者，这些贝是作为车马饰，故"常二系或三系并列，缀在柔带上作装饰用"，（郭宝钧：《濬县辛村》，科学出版社1964年10月版）用途不同，所以与贝作为货币以"一朋十贝"为单位，应是两回事。

② 郭沫若：《卜辞通纂》，文求堂书店版。

发现的安阳圆形殉葬坑中曾出土鼎一件，其铭文记述赏贝之事云：

"王商（赏）戍嗣子贝廿朋"。①

在殷彝中此鼎为记述赏贝之数达廿朋的仅有的一例。

对于贝的这些地下出土材料，还可以和我国现存的可靠殷代文献《尚书·盘庚篇》的记述相印证。在这一古文献中，盘庚斥责他的贵族臣僚们贪求贝玉，而不忠诚；并且告诫他们要"无总于货宝"。可见，贝在当时（公元前1300年）早已为人们作为"货宝"所贪爱了；因而，可以认为，贝早已不是简单的装饰品或珍贵物，而应是一种具有特殊经济功能之物——货币了。

但是，单纯地征引古史书、甲骨卜辞、钟鼎金文，或仅从天然贝的形状、数量着眼，而脱离了当时社会发展阶段，经济发展和交换状况，那是无法正确地阐明货币的起源，判定货币产生的年代的。贝这种外来物品，究竟是怎样，以及何时在我国社会中成为货币的呢？

我们知道，货币的产生与交换发展的历史密切相关，有怎样的交换发展水平，就有与它相适应的价值形式，或交换的等价物。

交换的历史可以追溯到很久远的时候，夏商以前，即我国原始公社时期。那时生产力水平还处在石器时代，最早在旧石器时代晚期已有交换发生的迹象了。如在山顶洞人居住的洞内，发现有海蚶壳上钻孔刻成的装饰品，据研究，蚶壳产于渤海湾，这对居于北京周口店的山顶洞人来说是比较遥远的地方了；然而这一类自然物的发现，在当时，只可能是作为珍奇的采集品而辗转流传下来的，并不足以构成具有经济意义的交换产生的证据。

---

① 见前引郭沫若《安阳圆坑墓中鼎铭考释》文。

黄河中下游是我国古代文化的中心地区，在这一地区属于新石器时代晚期的许多仰韶文化和大汶口文化的遗址中，开始出现一个很引人注意的现象，即用家畜猪——主要是猪头或下颚骨随葬的现象。如 1959 年 6 月在山东大汶口遗址的发掘中，在 133 座墓葬中，有 43 座墓出土随葬猪头 96 个，其中一座早期的大型墓中出土猪头 14 个。这些猪多是成年的猪，而且母畜占有一定的比例①。而一些仰韶文化遗址随葬的猪，则多为幼年的猪。家畜猪的饲养与大量繁殖，反映了原始农业的发展。而用猪殉葬的事实，还说明家畜猪已是人们的私有财产了。这些都说明交换的发生已有其一定的经济基础了。

可是当时的交换发展水平，并未超出"物物交换"的阶段，这一时期就是我国古老传说中的神农氏"日中为市"的时期。《易经·系辞》描述这一交换情况说："日中为市，致天下之民，聚天下之货，交易而退，各得其所"，就是一幅生动写照。显然，氏族社会时期的物物交换（包括部落间、家族间，以及各个生产者间的交换），只具有偶然的和扩大的价值形式，还不能有货币。

夏商时期（夏代约在公元前 2070—前 1600 年；商代约在公元前 1600—前 1046 年，包括殷代公元前 1300—前 1046 年）我国已进入了奴隶制社会时期。在此以前，我国黄河中下游地区直接继承仰韶、大汶口文化之后的龙山文化，不仅农业、畜牧业已都有了很大发展，手工业也更有明显的发展。山东、河南、河北的龙山文化遗址中出现了陶轮，这是制陶业发展的一个新标志；而蛋壳黑陶就是当时新制陶工艺的典型代表。龙山文化晚期种种迹象已说明当时已存在铜冶炼手工业了。进入夏商时期，已是我国历史的"青铜时

---

① 参见山东省文管处、济南市博物馆编：《大汶口》，文物出版社 1974 年版。

代"，特别是到了商代后期，我国"青铜时代"到达了一个新的高峰。著名的"后母戊"大方鼎，重达832.84千克，形制雄伟，突出表现了我国古代青铜工艺的高超制作水平。关于青铜器，我们从商代遗址的发掘中，可以看到大量的礼器、武器和一些青铜工具，包括鼎、鬲、尊、爵、戈、矛、刀、镞、斧、斤、锯、铲等。除青铜工业外，制陶业中还有釉陶、硬陶和泥质白陶的制作。其他手工业也有了较细的分工，如玉、石、骨、牙、竹木、纺织、缝纫等。这都说明，到了商代，手工业与农业的分工已经有了相当长的历史了。

与此相关，夏商时期，尤其是商代，交换的范围也扩大了。如前述偃师二里头遗址，在出土贝的同时，还有绿松石的串珠、绿松石片、长条形玉饰、玉琮、玉玦等；著名的安阳殷墟周围的商代墓葬中，不但普遍地发现了海贝，而且还有大量的龟甲、海蚌、鲸鱼骨、鲟骨、玉等，它们有的产于东海和南海，有的产于新疆，有的来自东北，都是远方交换或贡献来的，就是釉陶也不产于安阳，而是长江下游的产品。所以这时，第三次社会大分工，即商业的出现也很显著了。我国历史上"商人"（作买卖的人）之名的产生，就是和商人的商业行为相联系的。① 对于这些事实和情况，我们再联系甲骨卜辞和商代金文中的许多"囚贝""取贝""赐贝""赏贝"的记载，以及《尚书·盘庚篇》中人们贪求贝玉，把贝视为"货宝"的记述，便能判定贝已经是货币了。除此，我们还可以引述一

---

① 相传商族也是长于畜牧业的部落，还在"先公时期"，即在夏代，他们就蓄养了牛、马等大牲畜，赶着牛马与周围部落进行交易，所以《管子·轻重戊》言："殷人之王，立皂牢，服牛马，以为民利"；《山海经》《竹书纪年》等书，则记载汤的七世祖王亥赶着牛旅行到有易地方（今河北易县）从事交易的故事。

个周初的青铜彝器铭文："遽伯睘乍（作）宝隮彝，用贝十朋又三（四）朋。"① 这一铭文言制作宝彝用去十四朋贝。在这里，贝既表现为价值尺度，又是流通手段；而贝作为二者的统一，毋庸置疑，已经是货币了。

商王朝的疆域及殷商文化所及地区是很广阔的，根据近年考古发掘材料，殷人活动的范围北到内蒙古克什克腾、辽宁喀左，西到陕西汉中地区，南到湖南、江西境内，东至海。在这广大范围之内，不少地方的商文化遗址，如山东益都、河北曲阳等地均有海贝出土；② 1973 年在辽宁喀左县北洞村先后发现了两处窖藏商代铜器坑，其中一件铜方鼎的铭文则有赐贝 "朋二百" 的记载。③ 所有这些说明在这广大范围之内，都是以贝为流通中的主要货币的。

贝是我国古代流通中最早的主要货币已是没有异议的了；然而关于贝币使用年代的上、下限则迄今未有定论。殷商后期及西周墓葬中出土的贝，往往与其他装饰品无清楚界限可分，尤其是许多殉葬人或奴隶身份的人也多有贝殉葬，甚至殉葬狗及车马饰也用贝，如殷墟和西周车马坑中常发现用贝作为马络头，用贝往往数以十百计，有的学者基于这一事实，因而判定殷及西周时期，贝已不是货币，而是一种并不珍贵的装饰品了。其实，关于贝作为货币与作为装饰品，二者事实上本来就无清楚的界限可分，贝作为货币，它是

---

① 阮元：《积石斋钟鼎彝器款识》卷五。（按：周初生产和文化水平均低于商，周人在许多方面都承商制，所以周人以贝作为货币，事实上即可视为商代的情形。）

② 参见《山东益都苏埠屯第一号奴隶殉葬墓》，《文物》1972 年第 8 期。安志敏：《河北曲阳调查记》，《考古通讯》1955 年第 1 期。

③ 参见《辽宁喀左县北洞村出土的殷周青铜器》，《考古》1974 年第 6 期。（按：北洞村出土的铜器，也可能是周初北方燕地的商族奴隶主贵族之物。）

财富的社会表现，即社会财富的结晶；然而贝作为货币，它自身又首先是商品，而有其固有的使用价值，作为装饰品就是它作为特殊的自然财富的存在形式。当贝在流通中仍居于主要货币地位的时候，即使是作为装饰品，它依然是一般财富的体化物。所以，贝是否作为殉葬的装饰品，并不能构成判断贝是否为货币的充分依据。至于为一些殉葬人或奴隶身份的人殉葬的贝，以及作为犬马饰物殉葬的贝，在一定意义上，其实也是墓主人财富与权势炫耀的表现。

重要的是殷及西周青铜彝器铭文中关于赏贝、赐贝的大量记载，清楚反映着贝在当时流通中作为主要货币的事实，特别是上述周初《遽伯睘彝铭》，这是传世青铜器铭文中仅有的一件非君赐之贝（或上级赐予下属）；而仅记用贝作器之例，它不仅表明贝是货币的事实，而且也记述了当时贝作为货币的购买力。从殷周墓葬中贝的出土情况，也有清楚地反映贝作为货币的例证。如1976年发掘的安阳殷墟"妇好"墓，在棺内西侧出有大量海贝近7 000枚；山东益都苏埠屯一号大墓于椁室内及扰土中出土贝3 790枚。这样大量的贝作为殉葬物，显然不是装饰品，而是作为"货宝"炫耀的货币。

关于贝币的价值或购买力，在殷商时期古文献及出土文物中，尚未发现如周初《遽伯睘彝铭》所记载的那样较确切的材料。天然贝有大有小，一般的小海贝，大者寸余，小者尚不足一寸，其价值亦应有异。作为实物货币，古人的价值观念可能不若后人要求的精确，但有种大海贝，如殷墟"妇好"墓中就曾出土过一枚，它的价值，即作为货币的购买力显然要大于一般的小海贝。这种大贝，在殷彝铭文中也有记述，如《戊辰彝》："戊辰弜师锡肆鲁廿卣、啻贝"；又，《庚午父乙鼎》亦有"作册友史锡啻贝"语。郭沫若同志云："畐贝之㒭，余以为乃𧴪之本字；𧴪贝疑是大贝。"[1] 另，《尚书·大传》亦有"大贝百朋"之语。所以，"妇好"墓出土之大海贝，应即所谓商贝或大贝，它的价值则大于一般的小海贝。

综上所述，贝这种外来物品，可以判定为我国最早的货币。我国有关财货的许多字都从"贝"，如贮、宝、赏、赐、财、货、贸、买、责、贾等，就正反映着贝在很早年代已是货币的历史事实。关于贝币使用的上限，它在我国原始公社末期就曾较长时期地充作一种交换的等价物，而在夏商时期，即我国进入奴隶制社会时期以后，它则开始获得了最早的流通中主要货币的地位了；至于它的下限，则应在春秋时期以后我国金属铸币开始广泛流通的时候。这时它便逐渐退出流通而回到单纯装饰品的地位，一直到秦始皇统一我国货币的时候，贝才在法律上正式失去了货币的资格。[2]

二、金属货币的滥觞

商代后期，不但天然贝已被作为货币获得广泛的使用，而且又出现了金属货币。

1953 年，安阳大司空村有两座商代墓葬出土了三件铜铸的贝[3]；1971 年，山西保德县林遮峪村的一个殷代墓葬出土了铜贝 109 枚，另有海贝 112 枚[4]。这都是铜仿贝，但也可被作为货币，

---

① 郭沫若：《戊辰彝考释》，载《殷周青铜器铭文研究》，人民出版社 1954年版。
② 参见《史记·平准书》。
③ 参见马德志：《1953 年安阳发掘报告》。
④ 参见吴振录：《保德县新发现的殷代青铜器》，《文物》1972 年第 4 期。

因为它不仅是当时流通中的主要货币——天然贝的仿制品，而且金属铜块本身也是具有相当价值之物，在流通中也是一种交换的等价物。所以，铜仿贝既可以是装饰品，同时又具有很大的货币性。这种铜仿贝作为货币的使用，进入周代以后又有所发展，主要是在南方楚国地区，到春秋战国时，就发展成为正式的铜铸币——一种有固定形制、有铭文的铜贝"蚁鼻钱"了。从天然贝而铜仿贝（无文铜贝）而蚁鼻钱，它们发展、演变的过程是一脉相承的，所以，我们可以认为殷周之际出现的铜仿贝，是我国最早的原始金属铸币。

商代后期，在黄河中游的一些地区，青铜铲形农具钱或镈（布）也开始执行一般等价物的作用了，这是我国货币的另一重要起源（见图1-1）。

黄河中游的关洛、三晋地区，是我国古代农业最发达的地方，农具钱、镈（布）是农业地区居民内部可以转让的财物，因而它也与外来的天然贝一样，随着交换的发展，就成为我国另一种转化为货币的典型物品。在我国西周的青铜器铭文里，如《作册䰠卣》，就有"贝布"并举的例子。[①] 除此，我们还可以联系一些古史籍所记载的周武王克商后"振（发）鹿台之钱，散钜桥之粟"的故事，[②] 可以认为在殷周之际，钱、镈也已发展成为货币了。农具钱、镈作为实物货币，与西周时期出现的另一种金属铸币"原始布"（又像农铲，又像"布币"的东西）和春秋时期的"空首布"也是

---

① 《作册䰠卣》："夷伯宾䰠贝布"。邹安：《周金文存》卷五，1916年版。（按：该器系周初成王六年时器。）

② 《逸周书·克殷解》；又关于商纣王鹿台贮钱事，《吕氏春秋》《淮南子》《史记》等书均有记载。

图1-1　商代、西周的青铜铲

左：1953年河南省安阳殷墟出土的青铜铲（原长22.3厘米）

右：1976年陕西临潼县（今西安市临潼区）零口街西周遗址出土的青铜铲（右上完整者，原长24厘米）

一脉相承的。

　　总之，关于我国货币的起源，到了殷商时期，由于农业、手工业的社会分工已经有了相当长的历史，交换日益发展，商业的出现也已很显著，因此，不但天然贝已成了流通中主要的货币，而且在黄河流域的关洛、三晋农业中心地区，农具钱、镈（布）则逐渐发展为最重要的金属实物货币。外来的天然贝，以及作为内部可转让的财物——农具钱、镈，成为我国最早发生的最重要的货币的事实，则与马克思在《资本论》中所指出的货币发生的两种类型正相契合。

第 二 节
西周及春秋时期的货币

一、西周时期的货币

西周（约公元前 1046—前 771 年）是我国历史上继殷商而建立的一个兴盛王朝。这时，经济、商品生产及交换都有了进一步的发展。

周族本来就是以农业著称的民族，周朝建立后，周王把土地分封给诸侯及百官，发展了以井田制为主干的土地国有制，农业种植及灌溉事业都有显著发展，黍、稷、稻、粱、麦、粟、菽，以及桑、麻、瓜果等这些后世的主要作物，这时都已经基本具备了。所谓"十千维耦""千耦其耘"，仓庾"如坻如京""万亿及秭"，就是当时农业经营制度及丰年收获时的兴盛景象。西周的手工业，在青铜器的制造上，成康时期（约公元前 1042—前 996 年）以后，就开始超过了商代，到西周后期，青铜器无论在数量上、种类上、铭文字数上都超过了前期，而有了更大的发展。手工业的分工也更细了，因而有"百工"之称；商贾的职能也发展了。西周的商贾与"百工"都是隶属王室和贵族领主的，即所谓"工商食官"[①]。在"国"与"都"中，已经出现了市场，用来买卖的商品有奴隶、牛马、兵器、珍宝等[②]。因此，货币的作用在西周时期，比较以前是愈加显得重要了。

我们从周代前期的文献和考古材料来考察，贝货（天然贝、铜贝）和块状金属都是当时重要的一般等价物。在关洛、三晋农业发达地区，还出现了"原始布"币。

天然贝在西周仍然是重要的货币。在西周青铜彝器的铭文中，关于赐贝、赏贝、宾贝的记述很多，而且赐贝的数目大为增加，其著朋数者，则多在十朋以上。如：

小臣单觯（武王克商时器）"周公易（赐）小臣单贝十朋"。

令毁（成王东伐淮夷践奄时器）"王姜商（赏）令贝十朋"。

庚嬴卣（康王时器）"易贝十朋"。

小臣静彝（穆王时器）"王易（赐）贝五十朋"。

吕鼎（穆王时器）"王易吕贝三十朋"。

剌鼎（穆王时器）"王易剌贝三十朋"。

---

① 《国语·晋语四》。
② 参见《周礼·质人》。

师遽殷（懿王时器）"易师遽贝十朋"。

效卣（孝王时器）"王易公贝五十朋"。

敔殷（夷王时器）"贝五十朋"。①

此外，周初量鼎（武王东征时器）记载"公赏贝百朋"②。《诗经·小雅·菁菁者莪》也有"既见君子，赐我百朋"的章句。

除此，根据考古发掘材料，周代墓葬中也常常出土天然贝。

今陕西省西安市长安区沣河两侧是西周都城丰、镐的所在地，1955—1957年，在这一带发掘了182座西周墓葬，其年代包括整个西周时期，出贝之墓共95座，贝数总计则在千枚以上。③

陕西岐山、扶风一带是周族文化的发祥地，在这一带，1957年发掘了六座西周墓葬，共出土贝60枚；④ 1960年清理了29座西周墓葬，各墓皆出贝，有的成堆放在椁内及棺里。⑤

甘肃灵台，在1972年发掘的八座西周中期以前的墓葬，出贝的墓有5座，共出贝120枚。⑥

在河南浚县，1932—1933年，在该县西境靠近淇水北岸的辛村，曾四次共发掘了西周卫国墓葬82座，墓葬的时代早自成、康，晚至幽、平时期，各墓共出土海贝3 472枚。其中一座西周中期大型墓葬椁顶未被盗掘处就出土2 915枚海贝；许多小型墓也多有出

———————————

① 以上均参见郭沫若：《两周金文辞大系图录考释》，科学出版社1957年12月版。

② 吴阁生：《吉金文录》卷一，中华书局1963年版。

③ 参见《沣西发掘报告》，文物出版社1963年版。

④ 参见《陕西岐山、扶风周墓清理记》，《考古》1960年第8期。

⑤ 参见《陕西扶风、岐山周代遗址和墓葬调查发掘报告》，《考古》1963年第12期。

⑥ 参见《甘肃灵台白草坡西周墓》，《考古学报》1977年第2期。

土，有一座小墓出土多至44枚。①

在北方燕国地区，1973年、1974年，曾在北京西南郊的房山区琉璃河镇附近，发掘了一批西周成、康时期的墓葬，七座西周贵族墓均有贝出土，共有数百枚，还出土有带"匽（燕）侯"等字样的有铭文铜器，一件铜器的铭文记载有作器者得到燕侯贝三朋的赏赐。②

这些实物材料都说明贝仍是西周时期的重要货币，而且较之商代后期更有了发展。

金属货币的广泛使用，是西周时期货币作用扩大的另一重要表现。

在西周青铜彝器铭文中，还有许多关于赐"金"（铜）、罚"金"、孚（俘）"金"等的记载；而且值得注意的是，到西周中期，大致是恭王以后，用"金"（铜）之例就多于用"贝"了。关于西周青铜器铭文中赐"金"、罚"金"事之例：

> 禽殷（成王时器）"王易（赐）金百孚"。
>
> 师旅鼎（成王时器）"罚得矞三百孚"。
>
> 员卣（成王时器）"员孚（俘）金"。
>
> 过伯殷（昭王时器）"过伯从王伐反荆，孚金"。
>
> 趞鼎（穆王时器）"取遣五孚"。
>
> 稽卣（穆王时器）"易贝卅孚"。
>
> 臤觯（穆王时器）"易赤金（铜）"。

① 参见郭宝钧：《浚县辛村》，科学出版社1964年10月版。

② 参见《北京附近发现的西周奴隶殉葬墓》，《考古》1974年第5期。

智鼎（孝王时器）"用倗诞买兹五夫用百爰"。

扬毁（厉王时器）"取遗五爰"。

虢毁（厉王时器）"取遗五爰"。

番生毁（厉王时器）"取遗廿爰"。

毛公鼎（宣王时器）"取责卅爰"。

戡毁（宣王时器）"取徽五爰"。①

　　大致西周时，铜是以块状或饼（钣）状，并以"爰"② 为单位的称量货币。上引金文"金""赤金"，均为铜；至于"易贝若干爰"铭文中的"贝"，则应指的是铜贝。从西周中期以后的铭文中多见"取遗若干爰"的记载，"遗"字从辵、从贝，或作"徽""责"，有流通之意，以爰计，当指金属铜贝；它反映着这时金属货币在流通中的地位日益重要了（见图1-2）。

　　在西周时期，青铜铲形农具钱、镈在关洛、三晋农业发达地区，也正完成向金属铸币的转化过程。所谓"原始布"，或称"古布""大铲币"，这种又像农具（铲）、又像货币（布币）的东西，即可视为我国古代最重要的金属铸币——"布币"的最初形态。

　　这种"原始布"币，有的币面上还有铭文，它们的铭文有的也见于后来春秋时期出现的"空首布"币上。如《古泉汇》载有

---

① 参见郭沫若：《两周金文辞大系图录考释》。

② "爰"，金属重量单位名，重量说法不一，主要有两种说法。《说文》："锊，十一铢二十五分之十三"，即半两略小；《周礼·冶氏》："重三锊"。郑玄注："许叔重《说文解字》云，锊，锾也；今东莱称（秤）或以大半两为钧，十钧为环，环重六两大半两，锾、锊似同矣，则三锊为一斤四两"。环、锾音近，即三爰为20两。

图 1-2　西周铜饼及青铜块

上：1976 年陕西临潼县（今西安市临潼区）零口街西周遗址出土的铜饼（径 20 厘米）

下：1975 年江苏金坛县（今常州市金坛区）鳖墩西周墓葬出土的青铜块

"⊥""山""岕"字铭文者。《古钱大辞典》载有"益（嗌）"字铭文者，[1] 其出土地点据说多在洛阳、安阳、郑州一带。这种原始大布，已不再是工具或实物货币，而是金属铸币了。

综上所述，西周时期货币的作用已有显著的扩大，贝币及金属货币均较商代有了明显的发展，人们已习于用贝作为价值尺度或计价的工具。除周初《遽伯睘彝铭》言及铸器费用"用贝十朋又三（四）朋"外，1975 年陕西岐山董家村出土的一批西周铜器和一件

---

① 参见李佐贤：《古泉汇》元集卷十；丁福保：《古钱大辞典》上编，830 号。

恭王三年的卫盉铭文记载："堇（瑾）章（璋）才八十朋，毕（厥）宾"；"赤虎（琥）两、麂奉（韐）两、奉（贲）韐一，才廿朋"。[①] 即瑾璋值贝八十朋；两件赤琥、两件麂韐、一件贲韐共值贝十朋。这是最早有确切年代记载的重要物价资料。在西周中期，用金属货币计价的物价资料也有了，如曶鼎就记载有五个奴隶的价格是百寻铜贝。凡此，也包括许多锡贝、锡金、罚金的记述，均说明货币的作用日益深入人们的经济生活了。然而也应说明，在当时"工商食官"的情形下，货币还主要是为贵族的商业服务，至于一般平民间的交易，大都还是物物交换，而交换的商品也只限于日用必需之物。

二、春秋时期的货币

春秋时期（公元前770—前476年）是社会结构急骤变动，社会经济发展迅速的时代。这时，农业已开始使用铁器，并使用了牛耕；手工业方面，新的手工业部门煮盐、冶铁业等开始产生了，原来"工商食官"的局面已经残破，出现了私营手工业和独立的个体手工业。

商业的地位和作用显著地增大了。东方齐国滨海，早在公元前七世纪中叶，因有渔盐之利，遂致富强；卫文公（公元前659—前635年）实行"通商惠工"政策；晋文公（公元前636—前628年）实行"轻关、易道、通商、宽农"政策，也都使国家强盛起来。

---

① 《陕西省岐山县董家村西周铜器窖穴发掘简报》，《文物》1976年第5期。

因而，商业博得了与农业、手工业并重的现象，所以司马迁引《周书》说："农不出则乏其食，工不出则乏其事，商不出则三宝绝，虞（山林、川泽）不出则财匮少"，并且认为农、工、商、虞四者为人民衣食之源。商业发展的同时，私商也出现了，子贡、陶朱公等都是春秋时最有名气、家累千金的大商人。

货币流通与商品生产、商业的发展有着密切联系。到春秋时期，金属铸币已在全国范围内开始逐步代替贝币及各种实物货币，并形成了几个具有明显特征的货币体系和货币流通区域，这就是黄河中游关洛、三晋地区的"布币区"，东方的"刀货区"，以及南方楚国的"蚁鼻钱"，即铜贝区域。

黄河中游关洛、三晋地区，是我国古代的主要农业区，所以钱、镈这种农具在殷周之际即曾被作为交换的等价物，以后在此基础上出现了最初的铸币形态的布币——原始布（大铲币），而进入春秋时期以后，则发展为"空首布"。

所谓"空首布"，就是有銎的布币，是人们按照这种铸币形状的特征而取的习惯名称。其实这一名称并不确切，因为原始布也有銎，所以，它主要是与后期各种布币的形状相比较而言的。铸币的上端"空首"，保留着更多原来作为农具铜铲的遗痕，说明这种布币也还是比较原始的。

空首布一般均有文字，或为数字、干支字，或为天象、事物、城邑名，以及一些不易确定其意义的字或符号，如一、五、六、八、甲、丙、午、戌、日、云、雨、雪、土、工、屮、行、金、贝、王、禾、公、古、益、高、智、郍、斤等。从现存空首布已知的出土地点来看，其范围主要为河南、陕西、山西等地区，所以，空首布主要是周、郑、晋、卫等国的金属铸币。

洛阳地区，是自周平王东迁洛邑以来东周五百多年中的政治中心，而且也是繁荣的商业城市。1970年12月在洛阳以南约35公里的伊川县富留店村出土了一瓮空首布，共重28.5公斤，计有大型平肩空首布604枚，斜肩"武"字空首布149枚。这些货币，钱身叠压，首部朝外，整齐地放在瓮内。另外，1976年群众还捐献了新中国成立前夕，在洛阳北约7.5公里的孟津县后海资村（今孟律区朝阳镇）出土的大型平肩空首布72枚；1971年3月在洛阳以西约30公里的新安县牛丈村也出土了装在陶罐内的空首布，计重9.3公斤，共401枚，均为小型平肩"安臧"空首布（只有一枚可能为"戈"字者）。出土的大型平肩空首布，通长9.3—10.1厘米，选用的标本经去泥修整，一般重30克左右，最重的有35.5克，最轻者为22.5克，钱面皆有铭文，多为一个字，种类众多，有近百种。这种空首布的铸行年代一般认为属春秋早期。斜肩"武"字空首布，通长8.5—8.8厘米，一般重19.3克；小型平肩"安臧"空首布，通长6.3—7.4厘米，一般重15.3克。这两种空首布的铸行年代，一般认为属春秋中晚期。① 这些空首布的出土地点，均位于当时的交通要道上：伊川是洛阳通往南阳的门户，新安是洛阳通往关中的要道，孟津则是洛阳北渡黄河的渡口。位于这些重要交通线上窖藏货币的出土，正反映着当时商业与货币流通发展的历史事实（见图1-3）。

晋国是春秋时期的重要大国，而三晋又是古代农业发达的重要地方，因而也是我国布币最早流通的重要地区。近年，如1964年在晋南地区得一西周原始布，通长13.2厘米，重191.5克。这枚

---

① 参见《洛阳附近出土的三批空首布》，《考古》1974年第1期。

图1-3　1976年河南伊川县富留店村出土的空首布
左：贮藏空首布的陶瓮；中、右：空首布在瓮内放置情况。
（中：平视；右：俯视。）

原始布与1961年侯马上马村一个墓葬中出土的青铜农铲，其形制和大小都极为类似。[①] 另，晋南闻喜文化馆也保存一枚原始布，较上述布稍小。在晋中寿阳、晋南侯马等地还曾出土不少空首耸肩尖足大布。如1959年在侯马"牛村古城"，可能是晋国都城新田遗址的发掘中，就出土了空首布12枚，均耸肩、尖足，稍有大小不同，一般通长16.5厘米，素面，无铭文。但其中有一枚带有文字，铭文共有五字，可辨识"黄""釿"二字，意即衡釿、当釿。该布通长12厘米，右下足尖稍残，连同銎内泥土重量为30.7克，比一般素面大布稍小、稍轻。此外，还出土大量的空首布内范。[②] 凡此，皆说明晋国的金属铸币流通已有一定的自身发展的历史，而以后三晋地区较晚期的各种"平首布"的不断大量出土，可印证布币在三晋地区之普遍流通，显然不是偶然的事情（见图1-4）。

关于空首布的流通情形，1935年在春秋时卫地、今河南卫辉市

---

① 参见《山西省博物馆鉴选一批历史文物》，《文物》1965年第5期。
② 参见《1959年侯马"牛村古城"南东周遗址发掘简报》，《文物》1959年第8、9合期。

山彪镇一座战国初期的魏国墓葬中，还曾出土约 674 枚空首耸肩尖足布，这些布币通长约 11.7 厘米，均素面，无铭文。[①] 此外，也有一些地方有零散空首布的出土。所有这些，已可说明在春秋时期，以关、洛、三晋地区为中心，即主要是周、晋、郑、卫等地，已形成了一个布币流通区域。

东方的齐国，在春秋前期也摹仿一种生产工具铜刀（"削"）的形状铸造货币，就是所谓"刀化（货）"（见图 1-5）。

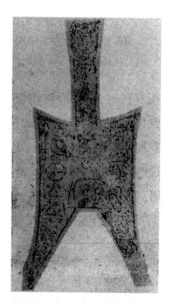

图 1-4　1959 年山西侯马晋新田遗址出土的耸肩尖足多字空首布拓本

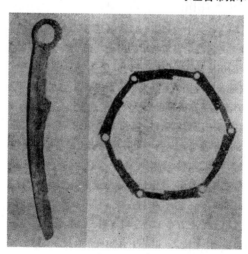

图 1-5　古青铜削及齐刀币合六成规图
左：1953 年河南安阳殷墟出土的青铜削（原长 24 厘米）
右：齐刀币合六成规图（《周礼·考工记》"筑氏为削，长尺，博寸，合六面成规"。）

---

① 参见郭宝钧：《山彪镇与琉璃阁》，科学出版社 1959 年 9 月版。

齐国是东方经济上最先进的富强国家。齐地滨海，从周初建国，就利用当地条件注重发展布帛鱼盐之利，到齐桓公时，管仲相齐，"通轻重之权、徼山海之业"，遂使国家富强，出现了"齐冠带衣履天下，海岱之间敛袂而往朝焉"的商业与物资交流的繁荣景象。这时的齐国早已成为东方手工业、商业的中心，而且出现了齐都临淄等一些重要的商业、手工业城市。显然，齐国在山东半岛的古封国中，是最具备铸造金属货币经济条件的国家；而齐国采取刀（削）的形式铸币，则可能与原山东半岛古东夷国家的习俗有关。

传世和近年齐地出土的早期刀币有以下几种：

一、"齐造（？）邦𰀁（长）法化"，或称"造邦"刀，一般长18—18.5厘米，精整的每枚重46—47克。

二、"齐之法化"，即"齐"刀，一般长17.5—18.5厘米，重44—45克。

三、"節墨之法化"，即"即墨"刀，长约19厘米，重量53.5—55克，有在56—57克的。

四、"安易之法化"，即"安阳"刀，一般长17.5—18.5厘米，重约48克。

这些刀币，背文有"⊙""上""工""𝒮""杏甘"等字样，大"即墨"刀背文还有作"开封（邦）""安邦"者。

另外还有一种"籚（莒）邦"刀，或作"簟（谭）邦"刀，只残存一个断头，拓片见于方若：《药雨古化杂咏》。

这些刀币是春秋齐国都城及重要城邑的铸币。造邦刀、齐刀之"齐"，是齐国都城临淄，即齐城；即墨是与临淄相并称的齐国重要城邑；安阳则可能为原莒国五阳地之"安阳"。

刀币的流通，在当时已发展至一定的规模，因而至今山东各地不断有各种刀币出土。如 1956 年莒南县西铁沟崖村出土齐造邦刀一件，齐之法化一件，即墨刀、安阳刀各二件；1958 年山东平度出土齐造邦刀一件，齐之法化五件，即墨刀七件；1960 年，济南市区五里牌坊出土齐之法化二件，即墨刀三件，安阳刀二件；[①] 1966 年 8 月济南郊区历城县（今济南市城区）邢村公社出土齐之法化二件，即墨刀三件；同年秋，济南东郊平陵西北王第后庄出土即墨刀三件；1968 年 12 月，青岛市郊女姑口出土即墨刀一件等。[②]

由于齐国在东方一直是一个强大的经济发达的国家，影响所及，使刀货流通的区域也日益扩大，遂使刀货体系与周晋郑卫地区的布币体系相并行，成为我国北方——当时经济、文化中心地区的两大货币体系。

南方的楚国，虽然在经济上要比北方诸国落后些，可是在春秋中期前后，也出现了仿制贝货的有铭文的铜贝"蚁鼻钱"。

最早的楚国有铭文铜贝应是"咒"字铜贝，此字一般释为"贝"是可信的。这种钱币，人们因阴文"咒"的字形，或称"鬼脸钱"。还有一种"宀"字铜贝，也较常见，但数量较"咒"字铜贝少些，其铭文似为纪重之字，有释为圣桼（降率）或"五朱""□六朱"者，应晚于"贝"字铜贝。由于"宀"字难识，形似蚂蚁，而"咒"字铭文又像人鼻，因而对楚国的这种铜贝，通常皆习称为"蚁鼻钱"。

---

① 参见朱活：《谈山东济南出土的一批古代货币——兼论春秋战国时期有关齐国铸币的几个问题》，《文物》1965 年第 1 期。
② 参见朱活：《从山东出土的齐币看齐国的商业和交通》，《文物》1972 年第 5 期。

　　蚁鼻钱的出土地区非常广泛，几乎遍布于楚国各地，近年在湖北、湖南、河南、安徽、江苏等地均有大量发现。如 1963 年 12 月湖北孝感野猪湖就发现一批窖藏铜贝，约 21.5 公斤，数量 5 000 枚左右。这批铜贝，形制基本上是一致的，铭文均系阴文"咒"字，但轻重大小不一，平均每枚约重 4.75 克，但有重至 5.4 克和轻至 3.5 克的。[①] 蚁鼻钱分布地区广、数量多，说明它的流通时间久，那些大而重的"咒"字铜贝，应是早期的铸币，可以上溯到春秋时期。

　　为什么楚国的铸币采用铜贝形式？这可能是因为楚国地处南方，天然贝的来源较易，而经济又较落后于中原，因而贝币使用的时间较长；除此，楚国又是商的与国，所以周灭商后，楚国却将商代使用贝的制度保留下来了。于是就在此基础上，于春秋中期前后，发展成为"蚁鼻钱"，即所谓铜贝货币体系及铜贝流通区域。

　　在我国的古史籍中，记载有齐桓公（公元前 685—前 643 年）铸钱于庄山（《管子·轻重戊》），以及楚庄王（公元前 613—前 591 年）和周景王（公元前 544—前 520 年）铸钱的故事（《史记·循吏传》《国语·周语》）。如果将这些传闻与空首布、齐刀及蚁鼻钱这些金属铸币的铸造和流通的事实联系起来，显然可以反映出春秋时期已是我国金属铸币在全国范围开始广泛流通的时期了；而布币、刀货、蚁鼻钱这三大货币体系以及流通区域的形成和发展，遂使我国的货币经济于进入战国时期以后，便确立起来了。

---

　　① 参见《孝感县发现的楚贝整理完毕》,《文物》1965 年第 12 期。

三、古代贝币流通的衰落；仿贝

随着金属铸币的发生，以及金属铸币流通的扩大，天然贝的流通相应衰落，而逐渐退归装饰品之用。至于铜仿贝、包金铜贝以及金属铜、银块等，虽也仍继续流通了一段时间，但也逐渐退出流通界。

这个过程是逐渐的，事实上并无截然界限可分。在春秋时期以至后来进入战国时期，天然贝在一些墓葬中的出现，仍是常见的现象，但是性质却不同了，即从货币而逐渐被作为单纯装饰物殉葬了。一些墓葬也有铜贝、包金铜贝出土。如 1963 年 12 月，在山西侯马上马村一座春秋时的墓葬中，就出土了铜贝 1 600 多枚，以及 32 枚包金铜贝，另外，还同出海贝 8 枚、骨贝 100 枚等；[①] 又，1953 年，在辉县（今辉县市）琉璃阁的一座战国墓中，曾出土了满满一箱包金铜贝，数 1 000 多枚；同年在汲县山彪镇的一座战国魏墓中，有 3 000 多枚天然贝与大量空首布同出。[②] 这一时期的铜贝、包金铜贝，以及天然贝，其货币性已处于逐渐衰退的过程，有的实际已成为只是"冥币"意义的东西了。

还在天然贝最初作为装饰品为人所珍爱的时候，特别是后来天然贝成为货币以后，曾出现了各种仿贝，其中，铜仿贝最后发展成为有铭文的铜贝——蚁鼻钱。其余各种仿贝有骨贝、石贝、玉贝、蚌贝、陶贝等，骨贝是最多见的仿贝，还在早商时期的郑州上街等

---

① 参见《山西侯马上马村东周墓葬》，《考古》1963 年第 5 期。
② 参见郭宝钧：《山彪镇与琉璃阁》。

遗址就有发现。郑州上街遗址还出土有石贝。其后，在西周、春秋以至战国时期的墓葬中，骨贝出土数均一直最多，出土地也最广。近年，石贝在西周、春秋、战国的墓葬中也均有发现。春秋战国墓葬中还有很多蚌贝（珧贝）出土。有的战国墓葬中还曾出土许多陶贝和鹿角制的角贝。在各种仿贝中，玉贝是较贵重的物品，西周墓葬中，如陕西长安县（今西安市长安区）沣西及扶风、岐山墓葬中曾有发现。① 西周青铜彝铭中的"瑴朋"② 有可能就是指玉贝。这种玉贝，可能曾被作为货币使用。其余如骨贝、石贝、蚌贝（珧贝），均非珍贵之物，原料随处皆有，甚易制作，因而均非良好币材。所以骨贝、石贝、蚌贝、陶贝等，均不是货币，只是在早期交换中真贝不足的情况下，可能行使过货币的职能，其后则基本上只是一种普通装饰品或被作为冥币；而陶贝则仅是单纯的冥币罢了。

---

① 参见《沣西发掘报告》及《陕西扶风、岐山周代遗址和墓葬调查报告》文。

② "守宫尊"（懿王时器），见《两周金文辞大系图录考释》。

第二章

战国时期货币经济的确立

第 一 节
战国时期的社会经济概况；货币经济确立的标志

春秋战国时期是我国古代社会剧烈变动的时代，在战国时期（公元前475—前221年），经济迅速发展，呈现出了空前的繁荣景象。

在农业方面，铁器的使用，不但普及于中原一带，而且也普及边远地区，水利灌溉事业非常发达，著名的都江堰、郑国渠等都是这个时期建成的。这个时期，开矿冶炼事业也有了进一步发展，根据《山海经》的记载，列明产铁的矿山有三十余处，当然实际上更多。铁制的手工业工具逐渐代替了青铜工具，而青铜器的制造，已不限于礼、乐、兵器的范围，大量的生活用具，如镜、釜、甑等也都使用青铜了。此外，煮盐、纺织、陶器、竹木、漆器等业也都有了进一步的发展。

随着"工商食官"局面的残破，私营手工业更为发展了，如冶铁、煮盐、酿酒、高级丝织物之类，在生产规模上都不亚于官家。魏国的孔氏、赵国的卓氏和郭纵，都是以冶铁致富，而陶朱公的弟子猗顿则以煮盐发家，他们都可"与王者埒富"。部分手工业奴隶得到解放，成为个体手工业者；也有农民弃农为工，他们分布在各行各业中，如陶工、木工、车工、皮革工等，这些都扩大了商品生产的范围和规模。

在社会生产事业发展的同时，商业更为发达了，作为商品交换与手工业中心的城市兴起了，如临淄、洛阳、定陶、邯郸、大梁、阳翟等，都是最有名的城市。而齐国的临淄，有人口七万户，在那里，"车毂击，人肩摩，连衽成帷，举袂成幕，挥汗如雨"①。这一叙述虽然有许多渲染，然而也可以想见当时城市商业的繁荣情形。商业的发展，促使各地的土特产品更加商品化，农民的余粟、余布（五谷、丝帛葛麻等），手工业者的农具、陶器、木器、车辆、皮革品等，也都更多地投入了商品交换的范围。商品生产、商业的发展，商品交换的频繁，均促使货币流通与货币制度的发展。在春秋时期，金属铸币已在全国南北各地主要地区开始使用，并初步形成了几个货币体系及流通区域；及至进入战国时期以后，货币经济便确立起来了。它表现在：铜铸币流通更为广泛而普遍了，原来的布币、刀币、蚁鼻钱流通的区域都有所扩大；而且战国中期以后，于北方以魏、秦为中心，出现了一种新的货币体系"圜钱"，它开始逐步代替布币和刀化，最后则随秦始皇统一中国，而实现了我国货币制度的统一。

黄金的使用开始盛行，南方的楚国还出现了我国最早的原始黄

① 《战国策·齐策一》。

金铸币:"郢爰"金版。

货币流通的深度和广度都加大了,不但是贵重的奢侈品,而且一般人民日常需要的农、副产品和手工业品也更多地投入交换;除此,货币的作用还扩及土地、佣工、财政税收等非商品流通领域;高利贷也盛行了,货币的权力显著增加,出现了货币拜物教现象。

这样,货币经济的确立,使两千年前的战国时期,出现了我国古代货币流通的一个繁荣兴盛的高潮,并展现一幅光辉灿烂的古代货币文化图景。

第 二 节
铜铸币流通区域的扩大；布币、刀币、蚁鼻钱流通区域

一、布币流通区域

布币在战国时期，在形制上已由空首发展为平首，因而只略具原来作为工具的钱和镈的形状了，说明在铸币形态上已更为进步和完善；而它的铸造和行使，则由原来的三晋、三川（河、洛、伊）地区，逐渐影响到东北的燕国和西方的秦国，即成为北自辽宁辽阳（燕之襄平）、南抵河南（梁魏境内）、西至陕西（秦）、东至山东西界（古齐的西界）的广大流通地区。

战国时期的布币都铸有地名，以釿为货币单位，大致可分为早晚二期。流通中的早期布币有二釿、一釿及半釿三种，币面标明釿数：二釿的布币重22—30克；一釿的布币重12—17克；半釿的布

币重6—9克。晚期布币则只有一钎、半钎二种,而且晚期布的币面铭文多不纪重,仅某些半钎布币有铭文"半"字。这是因为"钎"单位行用已久,流通中主要已只是一钎、半钎布二种,人们从布币的大小一望就可知道了。晚期一钎的布币重10—13克,半钎布币重4—6克。这些布币,新中国成立后各地多有出土。如1956年秋,在山西芮城就曾出土有"安邑二钎""安邑一钎"布,二钎布重24.52克,一钎布重16.23克①。安邑是魏国迁都大梁以前的都城,是战国早期布币中较为多见的一种。至于战国时期的晚期布币,无论在地区、品种和数量上,出土的就更多了。如1961年冬,山西祁县下王庄曾出土一个绳纹陶罐,罐内装满了战国布币,重达24.5公斤,全是晚期平首方足布,一般重6克左右,最轻的4.8克,最重的则超过7克。②

布币的单位"钎"的重量,从春秋时期空首布重约35克,降至战国早期钎布的12—17克,至战国晚期,钎布已降至10克左右,这显然与掌握铸币权的封建统治者,长时期实行铸币贬毁的行为有关。马克思说:"数百年间各国君主不断进行的货币伪造,夺去了铸币原来的重量,以致事实上只还留下原来的名称。"③ 这是封建社会一个带有规律性的普遍现象。可是,战国时期,还是我国金属铸币流通的早期阶段,正处于货币经济确立的时期。在战国早期,布币流通区域的许多地方开始铸造同一货币单位之两种或两种以上大小分等的铜铸币同时流通,这是我国早期货币流通方面的一

① 参见《山西省芮城县出土的战国货币》,《文物参考资料》1958年第6期。
② 参见傅淑敏:《祁县下王庄出土的战国布币》,《文物》1972年第4期。
③ 马克思:《资本论》第一卷,人民出版社1963年版,第78页。

种比较完善的"子母相权"制度，因而在货币制度上则是一个重要的进步；而在金属铸币流通显著发展的战国晚期时候，重约 6 克的小方足布和小尖足布，即半釿单位的布币铸造的数量特别多，说明这种单位重量的铜铸币最适宜于流通界的需要，它反映着货币在人们经济生活中的作用更为扩大和密切。所以，通行的铜铸币的单位金属含量虽然减少了，可是铸币贬毁的消极性在当时还不是主要的，"釿"单位所含铜量的减轻，还主要是古代金属铸币流通方面的一种发展中的现象。

在早期战国布币中，魏国迁都大梁（前 364 年）后，曾铸行过一种特殊的"釿"布而引起人们的注意，这种布币有四种，币面铭文为：

1. 梁夸釿五十当寽　　重 17.40—28.02 克

2. 梁夸釿百当寽　　　重 7.21—15.05 克

3. 梁正尚（上）百当寽　　重 10.82—16.00 克

4. 梁半尚（上）二百当寽　重约 "3" 之半①

这四种"梁釿当寽布"，前二者是一组，铭文"夸"字，有大而足值之意，而可能是因为开始铸造这种新型布币，所以在币面上予以标明；后二者是一组，铭文的"尚"（上）字，表示上等质量的意思。（"尚"或释为"幣"字，亦可解。）四种布币的比重应是 2 : 1 : 1 : 0.5，它与早期的梁布"梁二釿""梁一釿""梁半釿"的重量也相当，所以也应是同时流通的铸币。然而这种"梁釿当寽

---

① 重量据王毓铨先生实测数字，见《我国古代货币的起源与发展》，科学出版社 1957 年版，第 34 页。

布"，每枚布币币面铭文上标明两种不同的重量单位"䥝""寽"，在经济上有什么意义呢？它显然是适应于使用不同重量单位或货币单位的两地间商业交换的需要而专门铸造的货币。可是，"梁䥝当寽布"的"寽"又是怎样一种重量单位或货币单位呢？我们知道，寽（锊）这一单位，是西周以来一直沿用下来的一种古老重量单位，有"十一铢二十五分之十三""六两大半两"等说法[①]。根据"梁䥝当寽布"的实测重量，一䥝约为15克，百䥝当寽，则一寽之重约为1 500克，因而这种寽的单位重量比一般说法都大得多了。这样，这种大单位的"寽"，一种可能是：当时与梁地相邻的某些地区，曾经存在过这种大"寽"；另一种可能则是：这种布币铭文上的"寽"，乃是指贵金属黄金或白银的单位，即100䥝单位的这种布币，值黄金或白银一"寽"，这样，"寽"的单位重量就要小得多了。由于魏迁都大梁后，与楚国的联系显然增多，据说新中国成立前，在河南方城就曾出土过"梁夸当䥝布"约150枚，而楚是盛产黄金的地区，铸造了"郢爰"金版，而且还铸造过白银空首布币和平首布币，因而把"寽"作为贵金属金、银的单位，也是很有可能的。不论是哪种情形，同一枚铸币的币面铭文有两种单位名称，并标明了两者的比价，它都应是当时各城邑间或诸侯国间经济联系密切、商业交换关系日益发展的反映。

战国时期布币的形状，以平首作为时代特征而与春秋时期的空首布相区别，其实也不是绝对、截然的划分界线。比如某些较大型的平首大布，也可能是属于春秋末期的铸币；而某些相对较轻的空首布，则也可能是战国初期的铸币，而且迟至战国中、晚期，东周

---

① 参见《说文》；《周礼·考工记·冶氏》。

公国还曾铸造了"东周"铭文的小型空首布。

关于布币的形制，本来在空首布中已大致可分为布体近方形的平肩弧足与耸肩尖足两类；及至进入战国时期，前者便发展为平首平肩平足布，后者则继续保持耸肩尖足的形式。春秋时期的耸肩尖足空首布，以至战国时期的平首耸肩大型尖足布及较小的尖足布，其分布区大致是以赵国领域内的一些城邑为主。如赵国都城邯郸一带及山西中部太原、汾阳等地，就流通有"甘丹""晋阳""兹氏"等各种形式的尖足布；可是到了战国晚期，这些地区流通的尖足布也逐渐发展为方足小布，这种演变显然是适应于流通上的方便，使布币的锐角都趋于平钝了。值得注意的是，在战国后期，适应于铸币频繁流通的需要，一些地方的布币还更进一步从平钝而趋于圆形化，如晚期"晋阳""兹氏"布中，就发现有圆首圆肩圆足者。所以，在战国时期，一种新式圆形铸币——"圜钱"一经出现，便首先在北方广大地区的许多地方获得迅速发展，而最后终于发展为全国统一的铸币形式，显然就并非偶然之事。

关于布币的流通范围，在春秋时期，布币主要是周、郑、晋、卫等国的铜铸币，它的流通范围是三晋、三川地区。进入战国时期，布币流通区域显著地扩大了，特别是魏、韩、赵三国的各重要城邑，以及燕国的一些重要城邑，也都铸行了布币。根据各国布币面额铭文所见的地名，已达一百余处，因而在我国广大的北方就形成了一个非常广阔的布币流通区。这一情形，从我国丰富的地下发掘材料中可以清楚地反映出来。如前述1956年山西芮城发现的战国布币，在460余枚布币中，除早期的安邑布外，还有大量的晚期布币。这些晚期布币，属于魏国的有皮氏、莆子、北屈等；属于韩国的有平阳、郫子、屯留、同是（铜鞮）等；属于赵国的有中都、蔺等。1961 年冬，祁县下王庄出土的战国布币中，属于赵国的有祁、中都等；属于韩国的有平阳、零（露）、郫子、涅、同是、宅阳等；属于魏国的有北屈、高都、莆子、奇氏（猗氏）、鄴等；属于燕国的有虒阳（渔阳）等，以及其他地区的布币。1963 年 4 月山西阳高天桥村还发现一批窖藏战国布币，计重 102 公斤，13 000 余枚，在有铭文的 70 种布币中，属于赵国的有安阳、晋阳、中阳等 24 种；属于韩国的有平阳等 3 种；属于魏国的有莆子等 6 种；属于燕国的有虒阳等 2 种，以及其他地区的布币[①]。

各地晚期布的大量出土，一地出土的布币又包括不同国别和许多城邑的货币，这充分反映了当时各地物资交流与经济联系的密切。

二、刀币流通区域

刀币在古刀化（货）时期，它的铸行区域只限于山东半岛，即相当于春秋时代的齐。进入战国以后，流通区域也逐渐扩大，出现了一种广泛流通的"明"字刀（即币面有"明"字铭文的刀币）以及其他种类的刀币，而使刀币成为齐、燕、赵这一广大地区的共同铸币形式；这样，在战国时期，在"圜钱"出现以前，燕、赵二地就成为刀布并行的地区。布币的单位是釿，刀币则以"刅（化、货）"为单位，或云，"刅"即"刀"字，即以器物自身名称为单位。

---

① 参见《山西阳高天桥出土的战国货币》，《考古》1965 年第 4 期。

齐国一直是保持着独立刀币体系的东方大国，随着田齐中央集权力量的加强，大致到战国中期，最可能是威、宣时期（齐威王，公元前356—前321年；齐宣王，公元前320—前302年），这时是齐国国势最强盛的时期，在齐国国境内的刀币便均统一于"齐法化"的形式了。"齐法化"习称三字刀，这是相对于原来"齐之法化"、即墨刀、安阳刀等币面铭文字数的通俗叫法，据部分完整无缺的"齐法化"的实测结果，重量为43—53.5克之间，多数为46克左右①。这时，刀币铭文不再有各城邑的地名，反映出王室铸币权进一步的集中与加强；当然，这时并不排除原来其他种刀币的继续流通，但这时其他种刀币则是以旧币的身份流通了。币文"法化"，即标准货币的意思（指重量、成色、大小形制均合标准），统一后的"齐法化"之币文："法化"一词，反映着它作为齐国法定支付手段的合法性更加明确了，并表现着当时齐国币制的先进性。

进入战国时期以后，随着齐国疆域的扩大，齐刀化流通的范围也逐渐扩大。近年和历年齐刀币的出土地点遍及山东各地，不下三十处，包括临淄、潍县、福山、蓬莱、即墨、海阳、青岛、荣成、济南、平原、长清、兖州、益都、临朐、沂南、莒南等地，从出土的齐币看，其中"齐法化"刀又居于绝对多数。如：

1954年，即墨孟庄出土齐刀17件，除一件安阳刀，其余均为齐法化。

1956年8月莒南城西铁沟崖出土了一批齐币，全系刀化，约109件，其中除齐造邦刀1件、齐之法化1件、即墨刀2件、安阳

---

① 参见朱活：《论秦始皇统一货币》，《文物》1974年第8期。

刀 2 件外，其余均为齐法化。

1958 年平度出土一坑刀币，计 94 件，其中即墨刀 7 件、齐造邦刀 1 件、齐之法化 3 件，其余均为齐法化。

1960 年 2 月，济南市区五里牌坊出土一瓮古代铜铸币，包括齐刀与圜钱，其中刀化 59 件，除齐之法化 2 件、即墨刀 3 件、安阳刀 4 件外，其余 51 件全为齐法化。

1966 年秋，济南东郊平陵西北王第庄发现齐刀币 46 件，除 3 件即墨刀外，其余均为齐法化。

1971 年长清县城关公社孙庄出土了一批齐刀化，全为齐法化。

除此，近年来，主要在齐都临淄发现的刀币钱范，也都是"齐法化"的钱范。①

在战国时期，各国铜铸币之大量流通，都主要是战国中期以后的事；在齐地，"齐法化"占绝对多数的事实，反映着"齐法化"是铸行时间最久、数量最大的齐国刀币流通体系中的最重要的货币。

在北方刀币流通区域中，燕国的"明刀"是另一种最重要的铜铸币。

"明刀"一词，系由这种刀币的币面铭文"ꝙ"而得名；此字变化多端，或如上作弧形，或则外折作"𝈾"，或则扁圆如眼形"◎"，字形虽变异多样，但其为一字则无疑义。对于此字，前人或释为"明""易""匽"，以及"召""莒"等字，或则认为系象征符号等，众说纷纭，莫衷一是。这种刀币的背文，更是多种多样，或

---

① 参见朱活：《谈山东济南出土的一批古代货币》，《文物》1965 年第 1 期；《从山东出土的齐币看齐国的商业和交通》，《文物》1972 年第 5 期，二文。

为文字，或为各种符号，或为图形；文字则或单字、或字组；字义则或为数码，或为干支，或为方位字以及不可识的字。常见的字及符号如：一、二、三、⊥、〻、〻八、〻乙、𠬝十、𠬝丁、〻ㄟ三、𠬝〇、天、𤉡、北（化）、全、吉、𤋱（鱼）、𠃉（鸟）、𠂉（刀）等字以及し、𝑆、𝑔、丶、𝑑、𝑓、◎等各种符号。1960 年 4 月，在河北沧县萧家楼的战国遗址，曾出土一大批刀币万余枚，背文就有 420 种之多，[①] 这些繁复多样的文字或符号，都是表示铸钱炉次的标识。

这种刀币的"𠂉"字究竟应当作何解释呢？我以为可能是代表这种新型铸币的符号字。它由形似日、月的二字构成，包含"日""月"光明之意，因而读作"明"字，作为一个沿用已久、且又为众多的人所习用的字，还是可取的。"𠂉"字作为一个象征性符号，可从其自身的某些铭文符号获得证明。如萧家楼出土的"明"刀背文的众多符号中，有一枚明刀的背文也作"明"（𠔃）字，以及与其相近似的一些符号如𠃉、𝑔、𝑒、〇、◡、𠈃、𝑔等。这全是些符号字，它们皆可作为"𠂉"字是符号字的佐证。

燕国铸行明刀，开始于何时？燕地还有一种"尖首刀"，二者孰先？燕刀与齐刀有无联系？这些问题迄今都尚无定论。

由于燕国的经济发展水平落后于齐国，截至目前也无春秋时期燕地遗址出土刀币的情况，因而就整个刀币流通体系看来，燕国铜铸币采用刀币的形式，应系受到齐国的影响。燕地最早铸造的刀币可能是所谓"尖首刀"。尖首刀的形制与齐刀相似，弧背凹刃，却因刀刃上端显得尖长而得名。尖首刀的出土数量，远较明字刀少，

---

① 参见《河北沧县萧家楼出土的刀币》，《考古》1973 年第 1 期。

过去只知多出于河间、保定及聊城等地[1]。1974 年辽宁省凌源县 (今辽宁省朝阳市凌源市) 小城子公社修杖子大队，出土尖首刀 14.3 公斤，现存完整者有 943 枚；1975 年，河北唐山地区乐亭县 汀流公社高常村出土尖首刀 7.4 公斤，现存完整的有 127 枚；河北 易县燕下都等地也每有零星尖首刀随同明字刀一起出土。除此，还 在齐国范围内，如 1975 年临淄齐故城东石桥村曾出土一批尖首刀， 现存完整的有 80 枚；在此以前，招远、即墨、寿光等地也有少量 或零星的发现。而且，近年在山东寿光、胶县、招远、即墨等地， 还出土一种剪去刀头的尖首刀。[2]

这些尖首刀，较齐刀小，一般长为 15.5—16 厘米；其重量， 重者约 18 克，一般为 15—17 克，也多有轻至 15 克以下者。钱币 铭文的文字较古拙，多是数目字、干支字和一些单字，也有一些符 号字。这些铭文有：

一、三、×（或Ⅹ）、介、八、丨，个（十八）、川（六十合 文）、𠃌（乙）、丁、上、下、工、吉、竿（羊）、𩵋（鱼）、囗、 ⊙ 等。

尖首刀的币面铭文，或在正面，或在背面；文字则或正、或 横、或倒，而位置无定。除钱文外，刀币的正面、背面，皆平素， 无纹饰。

还有一种尖首刀，因刀尖特尖，或称"针首刀"。这种刀过去

---

① 参见郑家相：《中国古代货币发展史》，生活·读书·新知三联书店 1958 年版，第 66 页。

② 参见范品清：《辽宁凌源县出土一批尖首刀化》，《考古与文物》1980 年 第 3 期；朱活：《谈山东临淄齐故城出土的尖首刀化》，《考古与文物》1980 年第 3 期。

在承德、张家口、辽东等地曾有出土，① 其刀身较短小，长 14—15
厘米，重量在 14—18 克，也多有不足 10 克，甚至轻至 5 克者，铸
造均较粗陋，币面铭文与一般尖首刀类似，亦主要为纪数、纪干支
等字。在形制上，除刀首特尖外，一般尖首刀柄间面、背均为二道
直文，针首刀柄间之背则为一道直文。这种刀币，在铸造时间上可
能晚些，流通范围也更小，主要限于在燕国沿长城边地一带流通。

从尖首刀出土地分布的范围看，大致可确定是受齐国影响而在
燕地开始铸造的一种具有地方特色的刀币，最初铸造的时间，大约
是进入战国时期的时候。这种刀币在齐地的发现，应是基于商业关
系而流入齐国的；于此，也正可说明它是齐、燕交往密切影响下的
产物。至于齐地发现的剪首刀，显然是一种有意识的铸币减重行
为，在时间上应比流入齐地的足值尖首刀更晚些；或云，系后来燕
军侵入齐境时所携入的。

燕国铸造明刀，在时间上应在尖首刀之后，但也不会太晚。从
传世及新出土的明刀看，其重量，重者达 18、19 克，一般约 17
克，轻者有在 13 克以下者。因而从两种刀币初铸之重者，或与一
般流通的刀币的重量比较，二者均甚相近，所以，两种刀币的铸造
时间也应该相去不远。尖首刀的出土地只限于较小地区，而且数量
较少，与明刀在广大地域出土数量动辄成百累千的情形无法相比，
说明尖首刀仅是一种在燕地铸造稍早，但又是一种未获较大发展、
流通时间较短的刀币形式。

关于燕国的主要铸币"明刀"的铸造、流通情况，前人早有记

---

① 参见郑家相：《关外出土尖首刀拓本叙言》，《泉币》第 10 期；俞棪：
《辽东锐锋刀考释》，《泉币》第 24、25 期。

述说："河间、易州于败井颓垣中每有所获，动辄数千"①；多年以来丰富的地下发掘材料，也证明"明刀"最初即可能在这一范围开始铸造，主要以燕下都，即今易县地区为中心向四周发展，特别是向燕国北方、东北方的广大地区发展，形成一个广阔的明刀流通区域。

河北易县的燕下都故城，是战国时期有名的都城之一，1930年春马衡先生领导的燕下都考古调查团曾对城址进行过调查和小型发掘，新中国成立后又数次进行过调查与发掘，现已确定，燕下都城营建于战国中期的燕昭王（公元前311—前279年）时，在故城遗址范围内，明刀发现甚多，常成堆出土；而且在高陌村西北发现一处面积约1万平方米的铸钱作坊，遗物有残明刀钱范、残明刀、炼铜渣、炉渣等。凡此皆可说明当时的燕下都是明刀铸造与流通的一大中心地②；而燕明刀的大量铸造与广泛流通，可能就是从燕昭王时开始的。

燕明刀就其形制言，基本上可分为两类：第一类，刀身圆折，弧背凹刃，接近尖首刀，称为"圆折刀"，刀身铭文"明"字圆折作"ꝏ"或方折作"ꝏ"。1960年4月河北沧县萧家楼村战国遗址所出万余枚刀币，就都是刀身圆折的明刀。第二类，直背直刃，刀身磬折，像古磬，故称"磬折刀"，刀身铭文"明"字作眼形◎，如1965年10月河北易县武阳台村燕下都一座战国墓葬中所出的燕明刀，除一枚为圆折刀外，其余66枚皆为明字作◎形的磬折刀。

---

① （清）初尚龄：《吉金所见录》卷四。
② 参见《河北易县燕下都故城勘察和试掘》，《考古学报》1962年第1期；《燕下都城址发掘报告》，《考古》1962年第1期。

在广阔的燕国领域内，曾不断在各地有明刀出土。如：

1948 年 10 月，易县东固安村发现战国铜币 1 000 多斤堆在一处，可能是燕下都的一处库房贮钱；1965 年 10 月，易县武阳台村 44 号墓发现刀、布铜币 1 480 余枚，其中有明刀 67 枚，"甘丹"刀 2 枚。在千余枚的布币中，燕国的"安阳"布多达 329 枚，约占面文可识布币的一半。[①]

1953 年 6 月在北京紫竹院发现一坑明刀币，计重 8 斤；1957 年 3 月，北京朝阳门外呼家楼出土战国刀、布铜币 3 876 件，其中刀币 2 884 件，绝大部分为明刀，另有"甘丹"刀 117 件。[②]

1954 年秋季，河北承德县八家子南台村出土一批刀币，约 200 斤，除 3 枚"白人"刀及同型无字刀外，全部为明刀。[③]

1951 年锦州市西一个小岭下，出土窖藏明刀 100 余斤；1961 年 8 月，辽宁朝阳七道岭发现一批战国刀、布铜币，刀币全系明刀，布币"恭昌"布最多，有 10 余斤。除此，在辽宁省各地，特别是旅大（今大连市）、鞍山、沈阳、营口等地均发现过大批战国刀、布铜币；而且有些属于西汉的遗址，仍然出土过刀币、"一刀"圜钱，以及大小不同的"半两"钱等。[④]

1956 年在吉林省辑安县（今集安市）太王陵西侧，发现一个

---

① 参见傅振伦：《燕下都发掘品的初步整理与研究》，《考古通讯》1955 年第 4 期；《河北易县燕下都 44 号墓发掘报告》，《考古》1975 年第 4 期。

② 参见《介绍北京市的出土文物展览》，《文物参考资料》1954 年第 8 期；《北京朝阳门外出土的战国货币》，《考古》1962 年第 5 期。

③ 参见《文物》1957 年第 2 期载莫耳报道。

④ 参见刘谦：《锦州市大泥洼遗址调查记》，《考古通讯》1955 年第 4 期；《朝阳县七道岭发现战国货币》，《文物》1962 年第 3 期；《辽阳市三道壕清理了一处西汉村落遗址》，《文物参考资料》1955 年第 12 期。

满装古代钱币的陶罐共八九斤，其中主要是明刀，还有一些"安阳"布等布币以及汉代的"半两"钱、"五铢"钱等，说明在一些边远地区，在进入汉代以后，许多战国刀、布铜币仍在继续流通。

明刀以及少数燕国的"安阳"布、"襄平"布等，它们不但在我国东北的许多地方出土，而且在我国境外的朝鲜、日本等地也有发现，可见当时燕国明刀等货币的流传，是很广远的。

在战国时期，由于各诸侯国间经济、商业的联系密切，明刀在邻近的赵、魏等地也有发现。如：河北石家庄东郊古城村汉代常山城遗址中，于1963年发现大批刀币，共重约15公斤，10 000余枚，其中明刀约占3/4，还有一部分"甘丹"刀、"白人"刀；在河南郑州战国魏国墓葬中，新中国成立后也曾发现过明刀。①

在战国刀币流通体系中，有一个比较引人注意的事实，即在齐国境内也铸行过明刀；这种在齐国境内铸行的明刀，即所谓"齐明刀"，多发现于山东博山附近，所以对于这一类型的明刀，又称"博山刀"。

齐明刀的特征是：刀币铭文有齐国的城邑名，传世品有"齐化""齐化共金""安阳倍□""莒倍化""聊"字明刀等。这种刀币较一般明刀，形较短狭。历史博物馆藏一枚"安阳"明刀，重量为13.5克。

齐国一直是一个保持独立刀币体系的东方大国，齐国的刀币流通具有较强的统一性，发生这一异常现象，显然应与当时的重大变故相关。公元前284年，燕国名将乐毅大破齐师，攻占包括齐国都

---

① 参见《石家庄东郊发现古刀币》，《文物》1964年第6期；吴荣曾：《中国古代的钱币》，《考古通讯》1956年第4期。

城临淄等七十余城邑，占领齐国大部分国土达五年之久，因而这些齐明刀也应是在这一时期所铸造的。但由于这种刀币的铸行时间较短，铸额亦寡，所以齐明刀也较为罕见。

有一种"小即墨刀"，平均长 15.5—16 厘米，宽 2—2.5 厘米，币面铭文均作"節墨法化"四字，而与五字的大即墨刀异，重量在 40 克以内，大的为 35—38 克，最小的有不足 22 克者，铜质及文字均较粗劣。这种小即墨刀，后世发现不多，也可能是燕军占领齐地期间，齐人在即墨地区所铸行的刀币。因为，即墨是当时仅存的未被燕军占领的重要城邑，而所有现存的各种齐刀如齐造邦刀、齐之法化、齐法化、安阳刀等，迄今还均未发现有这种较小型的刀币。

赵国，与燕、齐接壤，在燕、齐的影响下，在战国时期也铸造了刀币。最初，可能是在燕军占领齐国大片国土、燕国国势最强盛的时期，赵为适应与燕、齐接壤地区商业交往的需要，也曾铸造明刀，如存世的"成白"明字刀，就可能是在赵国铸造的，因为，后来赵国所铸的"直刀"，也有"成白"字样的。"直刀"是赵国铸造的带有典型性的刀币，与齐大刀、燕尖首刀、明刀等比较，它的刀身相对平直，所以把这种刀币称为"直刀"。赵直刀的币面铭文有"甘丹（邯郸）""白人（柏人）""白""成白""成""王人"等（这几种赵国直刀，因刀首相对呈圆形，所以也称"圆首刀"）。"甘丹"刀、"白人"刀（"白"刀，"白"为"白人"的简写，为同地所铸的同型直刀），在赵国刀币中较为常见。1963 年原平武彦村出土的大批战国刀币中，就有"甘丹"直刀 450 枚，"白人"直刀 420 枚，另有"王人"直刀 10 枚，"成"直刀一枚。[①] 邯郸为战国时期

① 参见《山西省原平县出土的战国刀币》，《文物》1965 年第 1 期。

的名城之一，是赵国的都城；柏人，亦为赵邑，在今河北隆尧西，与邯郸相距不远，故先秦文献每有"邯郸、柏人"并提之事。"甘丹""白人"直刀，一般长 14 厘米左右，重 10—12 克。"成白""王人"地望不明，较少见，其铸地或与邯郸刀、白人刀相距不远。除此，还有种"蔺"直刀，亦少见，刀身稍呈弧形，刀体亦稍小，重量不足 10 克。蔺地（今山西吕梁市离石区西）在战国时期，时而属韩，时而属赵，时而属秦，铸造此种刀币的时间，应系属赵之时。赵国直刀中，最晚出的是"圁阳小直刀"，这种小直刀，铸造粗率，长 10 厘米左右，重约 7 克，为直刀中最小者，刀身完全平直，是名副其实的小直刀。它的币面铭文有"圁阳化""圁化""圁阳亲（新）化""圁半"四种，都是同一地圁阳所铸的刀币。圁阳，在今陕西神木市东，原为魏地，这种刀币可能是在改属于赵以后铸造的。

燕、赵地区原来都是布币区，它们铸造刀币以后，仍然都继续铸行布币，于是在燕、赵这一广大范围，便形成了刀、布并行流通的区域。战国晚期，《荀子》书中就屡言"刀布之敛"，并有"余刀布、有囷窌"之语[1]，说明这时刀、布并行流通，已是人们日常生活中的习见现象。

刀、布并行这一货币流通现象，在各地的考古发掘材料中也可获见。前引的许多明刀出土地中，如易县燕下都，北京朝阳门外呼家楼，辽宁朝阳、鞍山、营口、旅大市（今大连市），吉林辑安等地，均有三晋晚期布币或燕国"安阳""襄平"等布币，与明刀同时出土；而在赵国地区的山西原平县（今原平市）所出土的大批窖藏战国钱币中，刀币及布币则大约各占一半。完整的布币有 2 223 枚，主要是三晋的布

---

① 参见《荀子·富国》《荀子·王霸》《荀子·荣辱》。

币；完整的刀币则有2 180枚，其中赵"甘丹""白人"等直刀有881枚，燕明刀则有1 408枚。在这样广大的地区范围，刀、布并行流通的事实，充分反映了到战国晚期，我国北方各地的经济联系与商业关系更为密切了。

三、蚁鼻钱流通区域

南方的楚国是战国时期疆域最大的国家，一直保持着它特有的铜铸币"蚁鼻钱"体系。进入战国以后，随着楚国领域仍继续扩大，于是蚁鼻钱的流通区域也扩及于中原的陈、蔡、宋、鲁等地，直至秦始皇统一六国，它才结束了流通，而统一于圜钱。

楚国的蚁鼻钱，除最常见的"咒"（贝）字铜贝外，到战国中晚期还发现有纪重及其他字样的铜铸币，它们是："棄"字及"全""火""吝""忻"等字样的铜贝（见图2-1）。

图2-1 楚蚁鼻钱铭文拓本（原大）

"棄"字铜贝是数量仅次于"咒"字铜贝的楚国铜铸币，但数量比咒字铜贝要少得多。对于棄字，人们将此字释为"圣釆（降率)""五朱""□六朱"等，皆包含纪重的意思。"棄"字过去多认为是三个字的字组，近来，或云"圣"可能是乄（五）字的异体，故释为"五朱"。根据新中国成立后长沙出土的若干铜法马计算，一铢的重量合今0.679克，[①] 如按此种蚁鼻钱一般重3.5克左右计，则正好约当五铢之重；如将其下半"棄"释为"六朱"，按六朱计算，则其重量约为4克，而4克重的棄字铜贝，则可能是它最初铸造时的标准重量；如释为"降率"，它作为楚地的一种重量单位，其重量则应为3.5—4克。蚁鼻钱在以形状名币"咒"之外，又铸行纪重的铜贝，这在币制上是一种变化或改革。

其余几种蚁鼻钱，即铜贝铭文作"全"（"金"或"百"）、"仈"（"行"）、"君"（"君"）、"忻"（"釿"）字者，均很少见。

关于上述几种铜币的出土地，棄字铜贝据云多出土于河南固始、舞阳等地，江苏徐州也有发现；其余则仅出土于固始。"全""仈""君"之类的字，常见于北方空首布及刀货的铭文，这些字在楚国铜铸币中的出现，应系楚国疆域扩大，与北方经济、商业交流密切，受北方刀、布流通的影响所致。最少见的"忻"（釿）字，是北方布币的单位名称，楚国地区在晚期也铸行一种有孔狭长的布币，币面铭文之"釿"字也作"忻"。楚国铜铸币铭文中这些字样的出现，说明它们铸造的时间较晚，基本上都是战国晚期的东西。

以"咒"字铜贝作为楚国基本铸币形式"蚁鼻钱"的流通，在战国时期，随着楚国疆域的扩大，其流通范围也逐渐扩大，楚国

---

① 参见高至喜：《湖南楚墓中出土的天平和法马》，《考古》1972年第4期。

领域的各地，以至原来流通布币的陈、蔡、宋、鲁一些地方，也都成为蚁鼻钱的流通地区。新中国成立以来，在湖北、湖南、河南、安徽、江苏、鲁南等广大地区，不断发现蚁鼻钱的事实，也证实了这一点。如：

湖北宜城"楚皇城"遗址于 1961 年就发现蚁鼻钱；特别是 1963 年 12 月湖北孝感县（今孝感市）野猪湖所发现的一批蚁鼻钱，共达 21.5 公斤，5 000 枚左右，全是罨字铭文的铜贝，平均重约 4.37 克，也有重 5.4 克的，轻者重约 3.5 克。①

在湖南，1957 年 8 月于长沙南门外小林子冲一座战国墓葬中发现蚁鼻钱 2 枚；1958 年 10 月，常德县德山镇（今常德市武陵区德山镇）的两座楚墓中出土蚁鼻钱 99 枚。②

江苏邳县（今邳州市）四户镇竹园南滩于 1959 年曾发现蚁鼻钱，小冯南滩并有成堆蚁鼻钱发现；1962 年，在当地作考古调查，也采集到罨字蚁鼻钱。③ 在山东曲阜鲁国故城也发现了蚁鼻钱。④

所发现的蚁鼻钱，形制虽同，但大小不一，大致到战国晚期，一般的蚁鼻钱重量已减至 3.5 克以下，多为 2.5—3.5 克。上述湖北孝感野猪湖发现的大量蚁鼻钱，平均重约 4.37 克，轻者约 3.5 克，说明这批罨字铜贝的铸行时间稍早，可能是战国中期蚁鼻钱已开始大量铸行时的窖藏。1962 年 3 月，在陕西长陵秦都咸阳故城遗

① 参见《湖北宜城"楚皇城"遗址调查》，《考古》1965 年第 8 期；《湖北孝感野猪湖中发现大批楚国铜贝》，《考古》1964 年第 7 期；《孝感县发现的楚贝整理完毕》，《文物》1965 年第 12 期。

② 参见《湖南长沙小林子冲工地战国、东汉、唐墓清理简报》，《考古通讯》1958 年第 12 期；《湖南常德德山楚墓发掘报告》，《考古》1963 年第 9 期。

③ 参见《江苏邳县地区考古调查》，《考古》1964 年第 1 期。

④ 参见朱活：《论秦始皇统一货币》，《文物》1974 年第 8 期。

址发现一批战国货币，其中以蚁鼻钱数量最多，有五种，124 枚。这些蚁鼻钱亦以咒字铜贝为最多，有 73 枚，其重量，大者 3.4—4.1 克，小者不足 1 克；橐字铜贝有 48 枚，其重量大者 2.9—3.6 克，小者约 1 克；有忍字铜贝 1 枚，重 1.4 克；无文铜贝 2 枚，一重 2.2 克、一重 2.5 克①。这些战国钱币应是秦统一六国后，在咸阳收贮的一些待销毁的六国旧币，它们多数已明显减重，最轻的一枚咒字铜贝，仅重 0.6 克；而山东曲阜鲁故城发现的一枚蚁鼻钱，则仅重 0.5 克。

综合上述情况，可知在我国南方，蚁鼻钱曾长时期保持其独立体系的地位，它广泛发现于楚国东、西各地，从江、汉发展到淮、汝地区，最后扩及于苏北邳海地区，以至鲁南曲阜一带，它的重量从最重 5 克弱减至不足一克，这不但反映其铸造及流通的时间之久，而且也说明蚁鼻钱本身还是一种比较适合于广泛流通需要的铜铸币形式。

---

① 参见《秦都咸阳故城遗址发现的窖址和铜器》,《考古》1974 年第 1 期。

第 三 节

圜钱的出现与全国货币的统一

一、圜钱的出现与全国货币统一的趋势

战国中期以后，我国各地的经济联系更为紧密，商品交换更为频繁，于是各不同货币体系所造成的流通区域的界线，也趋向于逐渐突破，而钱币的形制，也在彼此影响之下趋向于同一，圜钱的出现，就是这一趋向发展的重要标志。

所谓圜钱，就是一种圆形有孔的铜铸币。这种铸币形式，看来似取象于璧环或纺轮，它的体圆有孔的形制，比较刀形、布形的铸币都更便于携带和授受，因而是一种符合商品交换日益增长需要的、更为进步的金属铸币形式，所以圜钱出现以后，便首先在北方刀、布流通区域中的许多地方，开始形成一种新的铜铸币体系。从

它的流通地区的分布看，大致可分为三晋和周布币区的圜钱、秦圜钱，以及齐燕刀币区的圜钱。

圜钱在北方各地开始铸行后，仍然保持着它们原有的货币单位。如周和三晋地区的圜钱，它们的单位为"釿"；秦国的圜钱，则以"两"为基本单位；在东方齐、燕地区出现的圜钱，则保持着"化"的单位。

圜钱最初的形式是圆形圆孔，后来则发展为圆形方孔，这种"钱圜函方"的形制，正与古人"天圆地方"的宇宙观相符合。因为圜钱的形状与璧环相类，所以习惯上把钱体称作"肉"，钱孔称作"好"。[①]

属于三晋和周地区的圜钱，已发现的有"共""共半釿""垣""漆垣一釿""蔺""离石""安臧""西周""东周"等十余种。在这些圜钱中，"共""垣"字圜钱较多见，均系魏钱。"共"，古共国，春秋时卫邑，战国时属魏，在今河南辉县市境内。1973 年 8 月，山西闻喜县苍底村出土一批"共"字圜钱，系贮藏于一战国灰陶罐内，共 700 余枚，发现时这些圜钱是用麻绳串着，比较整齐地一层一层盘放于罐内。这批"共"字圜钱，皆平素无文，圆形圆孔，肉好无郭，根据部分钱币的实测，直径约为 44、45、46、46.5 毫米，重 14.8—18.5 克[②]；从重量看，系较早的圜钱。"垣"字圜钱，于 1950 年辉县（今辉县市）固围村发掘中，在一号墓的扰土中出土一枚，圆形圆孔，直径 4.1 厘米；一号墓还出土有"梁正尚百当

---

① 参见《尔雅·释器》。
② 参见《近几年来山西出土的一些古代货币》，《文物》1976 年第 10 期。

孚"布币十余枚。① 这两种魏国圜钱，肉大孔小，形制朴素，应是最早出现的圜钱，其时代应在魏惠王迁都大梁以后，大致与"梁正当孚布"流通的时间相近（见图2-2）。

图2-2　1973年山西闻喜县出土的"共"字圜钱（绳串）

布币区的圜钱，与同地布币并行流通，其单位亦多为一釿及半釿二种，如"漆垣一釿""共半釿"等。从传世的布币区的各种圜钱看，一釿圜钱多数重9—10克，与最重的圜钱比，已减重甚多，表明圜钱的流通，在这些地方也已持续了相当一个时期了。"西周""东周"圜钱，是王畿内西周公、东周公两公国所铸。西周于公元前256年、东周于公元前249年为秦所灭，它们铸造的圜钱为数甚少，均很粗劣轻小，"西周"圜钱重约5克半，"东周"圜钱仅重4克强，它们应都是国家灭亡前夕所铸的钱币。

属于秦国的圜钱，已发现的有"珠重一两·十四""珠重一两·十三""珠重一两·十二""半两""两甾"等圜钱。这些秦圜

---

①　参见《辉县发掘报告》，科学出版社1956年版。

钱显著的特征是：以"两"为货币单位，而且币面皆无地名。币面只纪货币单位，不纪地名，表明钱币铸造权的集中，这在币制上更具有进步性。

上述各种秦圜钱，基本上可分为"一两"型及"半两"型二种。"一两"圜钱，均圆形圆孔，无郭，背平素无文，面文"珠重一两"（"珠"即圆的意思，也有宝贵珍物的含义）。"十二""十三""十四"，系铸钱的范次标识。这种"一两"圜钱，直径约 3.7 厘米，重者 14—15 克，轻者 9—10 克。

体圆孔方的"半两"钱，是"半两"型圜钱的典型形式。由于"半两"圜钱大小比较适中，便于授受，它比"一两"圜钱更为适合当时流通界的需要，因而半两钱铸行以后，便获得迅速的发展，而且终于成为全国统一的货币，它是秦国最重要的圜钱。半两钱数量多，流通广，因而传世的秦半两钱也最多，而且轻重不一，重者在 15 克以上，甚至有超过 20 克者，最轻者则只有 6 克多，多数秦半两钱的平均重量为 10 克左右。

"两甾"圜钱是"半两"钱的变异。因为"甾"，即锱、锱字之省，一甾为六铢，两甾为十二铢，即半两；秦俗尚"六"，故有以甾（六铢）为单位的圜钱。这种"两甾"圜钱，1954 年在四川巴县冬笋坝的一座晚期战国墓中曾出土一枚，直径 3.2 厘米；与这枚两甾钱同出的还有半两钱 20 余枚，二者同大，出土时叠置一起，外用绢包裹。1955 年同地又有两甾钱出现①，所以，这种两甾钱是在某些地区与半两钱同时流通的异形"半两"钱。

由于我国币制的统一，就是由秦"半两"圜钱在全国范围推广

① 参见《四川巴县冬笋坝战国和汉墓清理简报》，《考古通讯》1958 年第 1 期。

而实现的，所以秦国的圜钱制度在我国货币史的发展中具有特殊重要的意义。可是，秦圜钱制度是怎样形成的？最初的秦圜钱起于何时？什么时候发展为圆形方孔的"半两"钱？许多问题迄今都还没有一致的看法。

秦国在商鞅变法后，就成为西方的封建强盛国家，但是它的经济与中原地区诸国及东方的齐国比起来要后进些。秦国于简公七年（公元前 408 年）"初租禾"，献公七年（公元前 378 年）"初行为市"，① 市场的出现，表明经济与交换已有发展，与这一情况相联系，当然，货币流通也应有所发展。不过，从进入战国时期以后的情况看，已发现的布币上的地名，却少有秦地城邑名的布币，这说明秦国在铸造圜钱以前，可能是流通外地铸造的钱币，即使曾有在秦地自行铸造的钱币，但也是为数甚少而不易发现。然而秦国早已存在金属铸币流通的事实，是不容置疑的。秦孝公六年（公元前 356 年）商鞅实行变法时，悬赏"十金"募民把三丈之木从国都市南门徙置北门的故事②，说明货币流通已是人们经济生活中的寻常事物；而孝公十四年（公元前 348 年）"初为赋"③，则更意味着秦国货币经济已有进一步的发展。因为，此所谓"赋"，应为"口赋"，史书虽未记载当时人们口赋应纳的钱数，但这件事与"初租禾"相同，是作为秦国赋税史上的大事而载诸史册，它是秦国正式征收货币税之始。《后汉书·南蛮传》云：秦惠王并巴中，"其君长岁出赋二千一十六钱，三岁一出义赋千八百钱"，亦可作为秦时赋

① 参见《史记·六国年表》；《史记·始皇本纪"附载"》。
② 参见《史记·商君列传》。
③ 《史记·六国年表》。

税征钱的一个佐证。所以，从"初租禾"时的实物田租，到农民在缴纳实物田租之外，又要以钱币缴纳口赋；而手工业者与商人，更一直是要用货币纳税，所有这些，都说明秦国的货币经济，在商鞅变法后已获得显著发展。

秦惠文王二年（公元前336年）"初行钱"①，是秦国币制史上的一个大事，从此时起，铸币权统一收归秦王室，秦国的圜钱制度就可能是从此时正式建立的。因为，秦国的圜钱具有明显的特点，即以"两"为货币单位，而且圜钱面文均无地名，表明秦国的币制具有显著的统一性。

秦国币制的这一重大革新，应与商鞅变法有关。商鞅于孝公时"平斗桶权衡丈尺"，显然也应有统一钱币的内容措施。商鞅虽死，秦法未败，于是在秦惠文王二年便正式付诸实施了。

秦惠文王二年"初行钱"，所行的"钱"是什么呢？这可能是指由王室统一铸行的"一两"型圜钱；铸造这种钱，是货币制度上的一项重大革新。因为，这种新型圜钱是以秦国通行的重量单位"两"作为货币单位的。形制统一，币面均不纪地名，这与当时各诸侯国的币制比较起来，显然更具有进步性。

秦国开始采用圜钱制度，应是直接受魏国铸造圜钱的影响。秦魏接壤，在战国初期，魏国是第一个变法而致富强的国家，卫鞅由魏入秦，实行变法，这一变法革新精神也应反映到币制的革新上，所以秦采用魏迁都大梁后新出现的圜钱形式，建立了秦国新的圜钱制度，完全是可能的；初铸的较重的"一两"圜钱，与魏国"共""垣"字早期圜钱的重量也相近，也可说明二者铸造的时间是

---

① 《史记·始皇本纪"附载"》；《史记·六国年表》。

相去不远的。

至于秦国的圜钱何时发展为圆形方孔的秦"半两"钱？则迄今尚无充足的证据说明前期"一两"圜钱与后期"半两"圜钱的明确界线，当然二者也应有一段交错并行的流通时期。最早的方孔"半两"钱，在秦统一六国前早已有了，甚至可以上溯到秦惠文王"初行钱"不久的时候。这因为传世的秦国"一两"型圜钱很是稀少，说明它铸造的数量不太多，而且实际流通的时间也较短；如果将方孔"半两"钱的铸造时间更上溯到秦惠文王二年"初行钱"之时，那么，秦国"一两"型圜钱之开始铸造，则可能是商鞅变法期间的事情了。

方孔圜钱作为圆孔圜钱的一种改进形式，它的"肉""好"正好象征天地，而天圆地方之说是战国方士们广泛传播的说法，所以，相信方士的秦王政，在他削平六国之后，把秦国的方孔"半两"钱推行为全国统一的铸币形式，也就是很自然的事情了。传世的"半两"钱非常多，这与战国末期货币经济的急速发展相联系；而秦王政在统一六国过程中，财政费用浩大，也最需要大量铸钱，统一六国以后，又把各国铸币大量改铸为秦"半两"钱，这些事实，就使得传世的"半两"钱数量之多，与前期的"一两"圜钱无法相比了。

秦圜钱制度建立以后，随着秦国经济、政治势力的迅速增强，领土不断扩张，与秦国接壤的地区在币制上也可显示出它的影响。前述及的东周、西周两公国之铸行圜钱，在很大的程度上就是受到秦的影响。赵国，原是刀布并行地区，这时在蔺与离石地方也铸行圜钱了。蔺与离石二地相近，均在今山西离石一带，曾为赵、魏、秦争夺之地，战国时大部分时间属赵，一再为秦所占。在蔺地，曾铸有大、小尖足布，方足小布，圆肩圆足大、小布币，以及小直刀币等，"蔺""离石"圜钱就是在秦、魏圜钱流通的影响下产生的。这两种圜钱，形制和大小均同，直径约3.5厘米，圆形圆孔，但有外郭，显示出递嬗于两地所铸行的圆肩圆足布所具有的赵币特色。

在赵国晚期的一些地方，还铸行一种圆肩圆足有孔布币，圆孔位于颈部及两足，故或称"三孔布"。这种三孔布的形制、大小，与无孔的"蔺""离石"圆肩圆足布大致相同，亦分为大小二等，币面纪地名，有"余""上専""下専""上卯阳""下卯阳""安阳"等十余种，但最突出的特点是：三孔布的背面为纪重，而且是采用秦国的重量单位，大者曰"两"，小者曰"十二朱"。从三孔布所纪的地名看，多位于赵国的东半部①，可知这种赵国布币应属于最晚出者，是秦国强大经济、政治势力影响下的产物。

在战国晚期，东方刀币流通区域的齐、燕两国，也铸行圜钱了。属于齐国的圜钱发现有"賹六化""賹四化""賹化"圜钱。"賹"原为重量单位名称，许多地区黄金的单位均以镒计，黄金珠玉一向是人们视为珍宝之物，所以齐圜钱把"賹"作为货币名称，也如秦圜钱以"珠"为名一样，有珍贵宝藏之意。"化"（或"刀"）为刀币的单位，在圜钱中依然保存下来了，这既显示出刀币区圜钱的特征，同时也便于新铸的圜钱与原来的刀币并行流通。事实上，从战国齐地齐圜钱与齐刀币往往共出的情形看，在齐国已逐渐形成了一种大额货币为"齐法化"刀币，小额货币为各种賹化单位的圜

---

① 参见裘锡圭：《战国货币考·圆肩圆足三孔布汇考》，《北京大学学报》1978年第2期。

钱的并行流通制度。

赙化圜钱，皆圆形方孔，币面有郭。"赙六化"，直径约 3.7 厘米，重 9—10 克；"赙四化"直径约 3.1 厘米，重 6—7 克；"赙化"直径约 2.1 厘米，重 1.2—2 克。这些圜钱在齐国境内不断有所发现。如：

1960 年 2 月，济南市区五里牌坊出土的一瓮古代铜铸币，除 59 枚齐刀币外，共有齐圜钱 601 枚，其中"赙六化"305 枚，"赙四化"292 枚，"赙化"2 枚，另有燕"一化"圜钱 2 枚。[①]

1968 年 12 月，青岛市郊女姑口发现一罐齐币，其中即墨刀、齐法化刀各 1 枚，"赙六化"1 枚，"赙四化"2 枚。

1970 年济南市郊区历城港沟公社又发现一批齐币，计重 8 市斤，除 5 枚齐刀外，有"赙六化"42 件、"赙四化"40 件。[②] 另外，在齐都城临淄，还发现有"赙六化"圜钱石范。[③]

齐是东方的大国，一直保持着独立的刀币体系，"齐法化"制度也显示出齐国的币制有较强的统一性。齐圜钱的出现，固然反映着市场交换频繁、铸币趋向圆形化的发展趋势，但它同时也表明齐国国势的衰落。所以，齐国采用圜钱制度，应系齐襄王（公元前 283—前 265 年）复国以后的事。

齐圜钱形制统一，均不纪地名，应是政府有意识进行的币制整顿；而齐国之采用圜钱制度，也应是受到强大秦国币制的影响。由于"齐法化"刀的单位重量较大，为便于二者的相辅流通，所以齐

① 参见朱活：《谈山东济南出土的一批古代货币》，《文物》1965 年第 1 期。
② 参见朱活：《从山东出土的齐币看齐国的商业和交通》，《文物》1972 年第 5 期。
③ 参见王献唐：《齐国铸钱的三个阶段》，《考古》1963 年第 4 期。

国所铸行的圜钱，也以"赒六化""赒四化"这样较大单位数的圜钱为多。至于齐圜钱采取圆形方孔形式，是否受秦半两钱的影响，则不易加以断定。因为，钱圜函方象征天圆地方，可能与阴阳家传布的宇宙观相关，东方齐国也正是方士荟萃的地方，出于同秦始皇相类似象征天地的考虑，也是可能的。

属于燕国的圜钱，已发现的有："明四"、"明化"（或"明刀"）及"一化"（或"一刀"）圜钱。以"明"字名币、以"化"（或"刀"）为货币单位，显然是在燕明刀流通的基础上产生的。"明四"圜钱甚少见；"明化"圜钱直径约 2.5 厘米，重 2.5—3.5 克；"一化"圜钱直径约 2 厘米，重 1.5—2.5 克。

燕圜钱，新中国成立后也多有出土，从出土地看，这些圜钱主要流通于原刀布并行的燕国东北边远地区。如：1955 年于辽宁辽阳市北郊三道壕附近西汉遗址，曾出土 8 枚"一刀"圜钱，另有 4 枚明刀以及大、小"半两"钱、"五铢"钱等同出；[1] 1958 年秋，于吉林辑安（今集安）麻线沟清理一座高句丽石墓时，出土一批钱币重三四十斤，其中有一些"明化"及"一化"圜钱，"明化"钱直径约 2.5 厘米，重约 3.2 克，"一化"钱直径 1.8 厘米，重约 2.4 克，另有"半两"钱及大量"五铢"钱等。[2]

除此之外，在赤峰市附近一些战国、汉初遗址，也常出土或征集到"一化"圜钱。如 1963 年夏，在赤峰蜘蛛山遗址出土一枚"一化"钱，同出的还有明刀 3 枚，"半两"钱 3 枚。[3]

---

[1] 参见《辽阳市三道壕清理了一处西汉村落遗址》，《文物参考资料》1955 年第 12 期。

[2] 参见《吉林辑安历年出土的古代钱币》，《考古》1964 年第 2 期。

[3] 参见《赤峰蜘蛛山遗址的发掘》，《考古学报》1979 年第 2 期。

燕国圜钱的流通，偏于燕国东北边远地方，这些圜钱的铸造应是受齐、秦圜钱的影响，其时代应稍晚于齐国的圜钱。"一化"钱的铸造比"明化"钱更晚，但流通数量则多于"明化"钱。燕国"明化"及"一化"圜钱，多数均轻小粗劣，有可能系商人基于边地交换的需要而铸造的，它的流通时间可能延续到西汉时期，这从其常与西汉"半两""五铢"钱同出可证。

在战国晚期，南方的楚国虽然仍保持着独立的蚁鼻钱流通体系，可是在币制的某些方面也表现出受到北方币制的一些影响。如楚国的"秦"字蚁鼻钱，钱文以"圣朱"或"铢"纪重，以及少数"忻"字铭文的蚁鼻钱的出现，就便于发展秦楚等地南北间的商业交换关系。

在楚国，还铸行过一种布身狭长、首有一孔的布币，有大小两种，大者重30余克，面铸"殊（大）布当忻（釿）"四字，另一面铸"十货"二字，即一个当釿大布等于十个蚁鼻钱。这种"当釿"布，1957年江苏丹阳练湖农场曾出土过一枚。[①]小者重约7.5克，一面铸"四布"二字，另一面铸"当忻（釿）"二字，两面合读，即"四布当釿"，亦即一枚大"当釿"布，等于四枚小"当釿"布，从重量比例看，也正相符。小当釿布，往往两枚一正一倒，四足相连，故俗称"连布"，这样，两枚连布就等于一枚大当釿布。

楚国的这种异形布币，首端铸有圆孔，应系受秦、魏圜钱有孔的影响，而币面铸有"当釿"字样，显然是为了发展与魏、韩布币区的交往，它的性质与"梁当寽布"有类似之处，反映着战国后期

---

① 参见尹焕章：《南京博物院十年来的考古工作》，《文物》1959年第4期。

各诸侯国间经济商业关系的密切。

总之，从战国中期以后，由于各诸侯国经济的联系日趋紧密，商业交换频繁，我国的货币经济也获得迅速发展，原来的刀、布流通区域都在扩大，其流通界线逐渐突破，并趋向于同一。首先，在燕、赵广大地区形成刀布并行地区，而圜钱的出现，圜钱流通体系在魏秦、齐燕各地区的形成与迅速发展，更是这一发展趋势的标志。北方秦及中原各诸侯国与南方楚国基于经济、商业交往的需要，也影响及楚国币制的一些新的变化；所以，到战国之末，全国币制统一的趋势已是非常明显了，秦始皇正是在这一基础上，以秦"半两"钱实现了我国币制的统一。

二、秦始皇统一全国货币

公元前221年，秦始皇统一了中国，建立了我国历史上第一个专制主义中央集权的封建国家，与此同时，也实现了我国货币制度的统一。

秦始皇统一我国的货币，实际就是把秦国的币制扩大到全国范围中去。《史记·平准书》记述说："及至秦，中一国之币为三等，黄金以镒名，为上币；铜钱识曰'半两'，重如其文，为下币；而珠玉龟贝银锡之属为器饰宝藏，不为币。"

根据这一记述内容，秦始皇在全国范围所建立的统一的货币制度的基本点是：

第一，规定黄金与铜"半两"钱为法定的货币，这是一种金、铜平行本位制度。黄金为上币，单位统一为镒（二十两），仍属于称量货币。所谓上币，主要是在社会上层统治者间使用，如赏赐、馈赠，以及一些适于使用贵金属黄金的大宗交易支付等；下币，即"半两"钱，这才是一般市场买卖、赋税缴纳等与人民日常经济生活直接相关的货币。半两钱有法定的金属含量、钱币名称与统一的形制，这在当时是一种先进的金属铸币形式。

第二，实行"半两"钱由中央封建政府专铸的制度。这种铸币权的集中，直接有利于币制的稳定性，它一方面结束了过去各大、小诸侯国君，以至有封邑的卿大夫均有权铸钱的铸币权分散局面；同时，由于圆形方孔的半两钱成为全国唯一通行的铸币形式，因此就结束了六国时期钱币形制各异、单位重轻不一的紊乱局面，这些均有利于全国经济、商业的发展，便利了市场交换与人民生活。

第三，从法律上规定珠、玉、龟、贝、银、锡之类不为币，只有黄金与"半两"钱才具有法定的货币资格，这就直接有利于发展货币经济，促进金属货币的正常流通。

珠、玉本身都是贵重物品，在自然属性上，它们并不是良好的币材，但在一定范围或场合，常可用作一种实物货币；龟甲，过去主要是作为占卜材料，大龟也是宝贵之物，也只是在一定范围或场合，可作为一种实物货币使用；而海贝，在商殷、西周时期，曾是流通中最重要的货币，然而进入春秋时期以后，由于这种自然物数量过多，而其本身又较少实用价值，在货币经济较为发展的情形下，从其本身的自然属性看，已经不再是良好的币材，因而它也早已逐渐不为人所珍藏，而复归于一般的装饰品了。现在，从法律上规定它们只作为器饰宝藏，便更促使这些自然物品完全退出流通。

　　银、锡之属，主要是白银，这种贵金属在我国古代曾充作币材，一直较少有文献记述，① 过去也一直无实物出土可资证明。然而，1974 年于河北平山县战国时期中山国一号陵墓的发掘中，却发现了银贝 4 枚，② 该墓还出有赵国的刀币，因而可知这些银贝也是其时中山国流通的货币。又，1974 年 8 月，在河南扶沟县古城公社发现一处战国中晚期金、银币窖藏，在一铜鼎内盛银币 18 块，皆为布币，包括空首银布币一件，重 134.1 克，呈长方形铲子状，其余则为币身长短不同型式的实首银布币。③ 河北平山县中山国遗址银贝的出土，是我国古代银铸币的首次发现；而河南扶沟县古城村（该地原是春秋时期楚国的一座古城遗址）楚国空首银布币的发现，则使我国银铸币产生的时代，可能上溯到春秋时期。从这两处发现的银币情况看，虽然可能是带有地区性的现象，然而却皆证明了贵金属白银在我国古代，确实曾被充作货币，而且还曾发展为铸币形式。

　　至于锡，它主要是青铜的合金材料，还有铁，它们在战国时期都已是一般贱金属了，主要是充作制造器物的金属材料，而甚少作为货币使用。

　　除此，布帛在我国古代，也曾充作重要的货币使用。《诗·卫

　　① 参见《汉书·食货志上》。晁错云："夫珠玉金银，饥不可食，寒不可衣，然而众贵之者，以上用之故也。"据此，汉代人似皆认为贵金属白银，古时曾被用作货币；而司马迁云："珠玉龟贝银锡之属为器饰宝藏，不为币"，亦可作为古代曾以银为币的佐证。

　　② 参见《河北省平山县战国时期中山国墓葬发掘报告》，《文物》1979 年第 1 期；又，在故宫博物院 1979 年"战国中山王墓展览"的展品中，除银贝外，尚有赵国的"直刀"币数枚。

　　③ 参见《河南扶沟古城村出土的楚金银币》，《文物》1980 年第 10 期。

风·氓》云："氓之蚩蚩，抱布贸丝"；《盐铁论·错币》则云："古者市朝而无刀币，各以其所有易其所无，抱布贸丝而已。"说明在金属铸币广泛流通以前，布帛早已是一种执行一般等价物作用的货币商品了；但是到金属铸币广泛流通、货币经济确立的战国时期，这时成书的一些古文献，所言之"布"就多指金属铜布币了。如《周礼·司市》言："国凶荒礼丧，则市无征而作布"；《管子·山至数》言："邦布之籍，终岁十钱"，皆可证实。云梦出土的《秦律》简文云："擎布入公，如赀布，入齎钱如律。"① 这里所言"擎布""资布"，皆系指铜铸币。所以，在金属铸币广泛流通以后，布帛即逐渐被排除于流通之外了。然而，必须指出，在古代自然经济占统治地位的情形下，谷粟布帛作为实物货币，即所谓"以谷帛为市"的情形，是会长久持续存在下去的，尤其是在社会大动乱之后，货币经济遭受破坏时，情形会是这样；而在一些僻远及交通不便的地方，物物交换更是始终存在的事情。

---

① 《睡虎地秦墓竹简·法律问答》，文物出版社 1978 年版。

第 四 节

战国时期黄金的流通；楚"郢爰"金版

在战国时期，黄金也开始广泛流通了，成为当时的重要货币之一。

黄金很早就作为贵重物品为人所珍爱了。在河南郑州早期商代城址，曾发现一件金叶制成的夔龙纹装饰品①；在安阳殷墟、辉县琉璃阁的殷代墓葬中，均发现有金叶，琉璃阁第 141 号墓所出的金叶共达一两余；② 在山东，1966 年于益都苏埠屯（今青州市苏埠屯村）的一座殷代大墓中曾出土金箔 14 片；1971 年于山西保德县林遮峪村曾发现殷代的赤金弓形饰二件，这两件弓形饰，含金量达

---

① 参见《郑州商代城遗址发掘报告》，《文物资料丛刊》第一集，文物出版社 1977 年版。

② 参见《一九五三年安阳大司空村发掘报告》，《考古学报》1955 年第九册；《辉县发掘报告》，科学出版社 1956 年版。

95%，共重 215 克。① 这些最早发现的黄金实物，还都是作为装饰之用，正如《诗·大雅·棫朴》所云："追琢其章，金玉其相"；所以，在殷及西周时期，黄金只是珍贵的装饰品。

贵金属黄金被作为货币，主要是为上层的统治阶级服务的。关于黄金作为货币的记载，在春秋时期还很少见，在《春秋》经、传中可确定为黄金的记述甚少。如《左传·襄公五年》记述鲁国季文子的事，有"无藏金玉"之语；《国语》中亦仅有黄金使用的一二事例，如言"黄金四十镒、白玉之珩六双，不敢当公子，请纳之左右""愿以金玉子女赂君之辱"② 等。但是进入战国时期，情况就不同了。战国时期黄金的行使，是以"斤"（16 两）、"镒"（20 两）为单位的，在大商人、封建贵族之间交易珍贵的奢侈品时，多以黄金论价。如千里马③、象床④、宝剑⑤、狐白裘⑥、玉卮⑦等物，都价值"千金"；据说，韩国有一美人，价贵，诸侯都不能买，而由秦国花了"三千金"买去⑧，当时，贵族、大地主、大商人的家产也往往以黄金来估计，有称"千金之家"者，最富有的则有"其家万金"者。⑨ 至于国君赏赐臣下，官僚、贵族之间的送礼或贿赂等，"金百斤""千斤""百镒""千镒"，以至"万镒"之例，已不

---

① 参见《山东益都苏埠屯第一号奴隶殉葬墓》，《文物》1972 年第 8 期；《保德县新发现的殷代青铜器》，《文物》1972 年第 4 期。

② 《国语·晋语二》；《国语·越语上》。

③ 参见《战国策·燕策一》；《韩非子·外储说右上》。

④ 参见《战国策·齐策三》。

⑤ 参见《战国策·西周策》。

⑥ 参见《史记·孟尝君传》。

⑦ 参见《韩非子·外储说右上》。

⑧ 参见《战国策·韩策三》。

⑨ 参见《史记·货殖列传》；《战国策·韩策三》。

乏见。如在《战国策》一书中记述金百斤、百镒以上的事例，即达
30 余处之多，所以，到战国时期，黄金早已成为上层统治阶级的
最重要的货币了。

　　我国古代的黄金，主要产自南方，所以很早就有"南金"之
称。① 楚国是最重要的产金地方，《战国策·楚策三》云："黄金、
珠玑、犀象出于楚"；《管子》则一再说："金起于汝、汉"（《国蓄
篇》）、"黄金起于汝、汉水右衢"（《揆度篇》）；《史记·货殖列传》
有"江南出金""豫章出黄金"的记载。所以，楚国一向以盛产黄
金著称，而且也是黄金流通最盛行的地区。新中国成立以来，在湖
南清理发掘了近 2 000 座楚墓，其中有 101 座墓出土有天平和法
马②；人们以天平、法马随葬之事，就与黄金的流通有关。因为，
黄金价值高，在交换中使用时，重量要求准确，楚墓中有较多的天
平、法马出土，就是楚国曾经普遍使用黄金为币的间接证明。从上
述出土天平与法马的墓葬的时代看，其中有 94 座，即占绝对多数
的都是属于春秋末期至战国中期的墓葬，可见，在楚国，从春秋末
期黄金就被作为货币而广泛流通了（见图 2-3）。

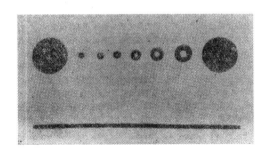

图 2-3　湖南常德楚墓中出土的天平与法马（约 1/3）

① 参见《诗·鲁颂·泮水》。
② 参见高至喜：《湖南楚墓中出土的天平与法马》，《考古》1972 年第 4 期。

与楚国盛产黄金以及黄金广泛流通的事实相联系，在战国时期楚国还出现了有铭文的金钣（版）。即在一块扁平的大致为方形、少数呈圆形的黄金版上，用铜印钤成若干小方格，使之成为有铭文的金币。这种扁平的金版，系象征龟壳形，犹如蚁鼻钱仿自海贝，楚国铸造的金币，即由龟甲的使用发展而来的。[①] 楚金版上所钤的铭文多为"条堲"字样，完整的金版重约250克，即相当于当时的一斤，含金量一般均在90%以上；所钤之印形成小方块，一般都排列成平行的四行，印数10—19个以至20余个不等，大体是根据金版版面延伸的余地而钤印的。这种有铭文的金版，有"金钣""金饼""饼金""印子金""爰金"等名称。由于最多见的都是钤有阴文"条堲"的金版，此字组通常释为"郢爰"，所以对这种楚国金币可称为"郢爰"金版，或楚金版。"郢爰"金版在实际使用时，多要根据需要把它分切成小块，然后用天平称量支付，所以它的流通还未超出称量货币的范畴；可是它已具有大致一定的形制和重量，即已具有了某些金属铸币的特征，所以楚国的"郢爰"金版，

－－－－－－－－－－

　　① 我国古时一向就有以龟、贝为货币的传说，并把大龟视为更宝贵之物。司马迁说："农工商交易之路通，而龟、贝，金钱刀布之币兴焉"；许慎《说文》云："古者货贝而宝龟"。海贝、大龟皆多产自南方，因而楚人也就可能更长久地保留着使用龟、贝的习惯。1979年8月在一处疑似战国晚期楚都寿春的金币作坊或金库遗址，出土一大批楚金币，徐书田在《安徽省寿县出土的一大批楚金币》一文中就提出楚国金币是由龟甲使用发展而来的看法，并就所出金币实物对楚金版的制作方法作了表述，云："楚国的'郢爰''卢金'金币，是先通过炉炼出的黄金液，范制成形，后用印戳冷錾成印记的，从而证实了过去有人认为烙印之法说是不对的。它的形制内四外凸，凸面呈范制痕的条纹，四周因浇铸时炉炼的黄金液流满范槽而成一道不规则的无纹边。内凹弧形为浇铸面，光亮，无范制痕，但在弧形弯曲处呈比较明显的竖皱纹。据此推测它的制法，应用单一平板起槽的范，将炉炼的黄金液浇铸在平板范槽里，成板形后，待未完全冷却时取出，利用黄金软性，捏成符合币制要求的龟壳模样的金币，因而形成皱纹。"（《文物》1980年第10期）

也可说是我国最早的原始黄金铸币。

"郢爰"金版很早就为人发现了，最早的记载见于《太平御览》引《晋永和起居注》："庐江太守路永表言，于谷城北，见水岸边紫金光，得金一枚，文如印齿"；宋沈括《梦溪笔谈》则最早对之作了比较确切的记述："寿州八公山侧土中及溪涧之间，往往得小金饼，上有篆文'刘主'字，世传淮南王药金也，得之者至多，天下谓之印子金是也。然止于一印，重者不过半两而已，鲜有大者。予尝于寿春渔人处得一饼，言得于淮水中，凡重七两余，面有二十余印，背有五指及掌痕，纹理分明，传者以为垩之所化，手痕正如握垩之迹。"① 由于前人不识"𬫮𬫮"篆文，而误读为"刘主"，并把它附会为淮南王刘安烧丹时所遗留下来的药金，所以直到清末时，人们才确定它为楚的货币。②

传世的楚金版有"郢爰""陈爰""专爰""颖""覃金"金版。近来又新发现有"鄩爰"金版及"卢金"金版，最多见的是"郢爰"，其次是"陈爰"，而"专爰""颖"字金版等则甚少见。"郢"，即楚国都城"郢"，楚文王元年（公元前689年）开始都郢（今湖北江陵纪南城），楚昭王十二年（公元前504年）因避吴，一度迁都（湖北宜城），旋迁回，到战国时期，公元前278年为秦所逼，迁都于陈（河南淮阳），楚考烈王十年（公元前253年）又迁钜阳（安徽太和），最后于楚考烈王二十二年（公元前241年）迁于寿春（安徽寿县）。楚人于迁都之所在，均仍称"郢"，往往以郢、楚并称，郢即楚之别名，所以，"郢爰"即楚国所通行的金

---

① 《太平御览》卷八一〇；《梦溪笔谈》卷二十一，《异事》。
② 参见方濬益：《缀遗斋彝器考释》卷二十九。

币的意思。关于"爰"字，系重量单位名称，以重量单位名币是较多见的，如铜布币以"釿"名，圜钱以"半两"名。但战国时期的黄金流通均以镒、斤计，楚金版系以斤计，"爰"如作为楚斤以下的重量单位，则文献中从未见有斤、爰二者相连的记载，因而对"爰"字的含义，即是否为重量单位名称，尚需作进一步考定。[①]

近人有将"郢爰"之"爰"字释读为"禹"（稱）者，如日本人林巳奈夫即持此说，安志敏同志亦倾向于同意这一说法，并列举两周金文及近年出土的仿楚金版的泥版冥币铭文，对"寽""爰""禹"的字形作了对比，说明"爰""禹"二字非常近似。[②] 从近年楚地墓葬出土的各种泥版冥币的铭文看，或作"郢爰""郢禹""郢稱"，以及"两""金"字等，所以"郢"字泥版之"爰""禹""稱"很可能即同为一字；而"稱"有权衡轻重之义，所以，郢爰之"爰"，改释为"禹"（稱），的确有其合理之处。不过，"郢爰"的读法，也如"明"刀的读法一样，久已为人所习用，所以，通常仍不妨称为"郢爰"金版（见图2-4）。

其余如"陳爰"金版，"陳"即楚都所迁之"陈"，故其应为公元前278年以后，在陈地所铸行的金币。至于"专"，即"鄟"，春秋时小国名，确切地望不明，或云在今山东郯城东北，战国后期亦应属楚地。"颍"字作"煱"，字形与"颍"字不类，故作何释读尚待研究；如系"颍"字即今河南临颍，亦属于楚地范围。"覃

[①] "爰"，过去多认为爰（镮）、寽（锊）为一字，如《说文》："镮，锊也"；而关于锊的重量，有"十一铢二十五分之十三""六两大半两"等说法，但这些说法，与楚金版整版或一小方之重皆不合，而且，古"爰""寽"两字的字形也有差异，所以"郢爰"之"爰"是否为重量单位，尚有疑问。

[②] 参见安志敏：《金版与金饼——楚、汉金币及其有关问题》，《考古学报》1973年第2期。

图2-4 楚金版"郢爰（称）"铭文
上："郢爰（称）"铭文拓本（原大）
右：寽、爰、禹字形对照表

金"，"覃"即郯，战国时期该地先属鲁国，后属楚国，其故址在今山东郯城县一带。近来新发现的"鄏爰"金版，"鄏"应为楚国的一重要地名，但地望不详。"卢金"金版，"卢"字可能是炼金工具之炉，标明卢金，即意为炉炼金质十足之金币的意思。上述各种有铭文的金版，均为楚国流通的金币，应无疑义。

关于楚金版流通的范围及时代问题，从金版铭文地望及金版（包括"鄏"字泥版冥币）的出土地看，西起荆襄、南到湘沅、北达鄢陈、东抵吴越，东北抵郯邳之地，即今湖北、湖南、河南、安徽、江苏以至山东南部，这一广大地方均为金版流通区域。

关于楚金版的发现地，过去的著录主要是在安徽寿县、凤台二地；后来，在山东临淄、日照也偶有出土[①]。有一批"郢爰"金版共35块，发现后，流入日本人三井家，据说是从河南鄢陵古城村

出土的①。新中国成立以来发现的地点就多了，仅就公开发表或报道的发现，在安徽有合肥、庐江、广德、巢县（现巢湖市）、南淳、阜南、六安等地；在江苏有高淳、句容、江宁、宝应、盱眙、南京、沛县、丹阳等地②；湖北有江陵、宜昌；陕西咸阳也有发现。楚金版在广大地区多次出土，数量也多，表明它的流通是延续了一个相当长的时期的；而 1971 年湖北江陵纪南城、宜昌前坪葛洲坝发现"郢爰"金版的事实，③ 表明在公元前 278 年楚迁都以前就已有这种金币流通了。

　　1969—1974 年曾有几批楚金版的大量出土，大为丰富了对楚金版流通情形的了解。如 1970 年 5 月安徽阜南县三塔公社朱大湾庄发现的楚金币两堆，共计 42 块（"郢爰" 25 块、金饼 17 块），总重量达 1 451.57 克，其中有 3 块完整的"郢爰"金版：阜 7 号，重280 克，近方形，通长 7.5 厘米，宽 5.6—6.5 厘米，左右束腰处宽4.8 厘米，厚薄不均，约 0.5 厘米，钤"郢爰"二字小方印 19；阜8 号，重 262.825 克，近方形，通长 8—8.5 厘米，宽 5.4—7.4 厘米，左右束腰处宽 4.7 厘米，厚约 0.4 厘米，正面钤有"郢爰"二字方印 17（这一版"郢爰"发现时，已被切割成四块）；阜 9 号，重 263.3627 克，方形，通长 6.4—7 厘米，宽 5.2—6.8 厘米，左右束腰处宽 5 厘米，厚 0.2—0.5 厘米，正面钤"郢爰"二字方印 18。

　　① 参见［日］加藤繁：《郢爰考》，《中国货币史考证》第一卷，商务印书馆 1959 年版。
　　② 参见朱活：《值得研究的我国古代钱币》，《文物参考资料》1957 年第 12 期；张浦生：《江苏郢爰》，《文物》1959 年第 4 期；夏鼐：《无产阶级文化大革命中的考古新发现》，《考古》1972 年第 1 期。
　　③ 参见《湖北江陵首次发现郢爰》，《文物》1972 年第 2 期；《宜昌前坪战国西汉墓》，《考古学报》1972 年第 1 期。

金饼中，阜 14 号，已不完整，半圆形，长 5.7 厘米，宽 2.5 厘米，重 85.5 克，背面有刻文，可能是标出的铸地和重量，其余零碎小块多为楔形。1970 年年底在安徽临泉艾亭集又发现一批楚国金币，共 50 块，重约 799.2067 克，其中有"陈爰" 8 块，皆二印、一印及半印的小块。这次首次发现"郢爰"与"陈爰"共出，说明二者是同时流通的货币。① 1969 年安徽六安发现的大、小"郢爰" 7 块，其中完整的有两块，分别重 268.3 克和 269.8 克，每块都有"郢爰"二字小印 16。②

另外，1972 年 2 月，在陕西咸阳路家坡村发现完整的楚国"陈爰"金币 8 块，有方形和圆形两种类型，上面都有"陈爰"二字方形印记，厚度约 0.5 厘米。其中呈圆形的三块，两块有小方印 13，重量为 250 克，一块有小方印 14，重量为 249 克；方形的微呈瓦状，"陈爰"小印数为 10—17，重量为 230—265 克。③

1974 年 8 月，位于河南扶沟县古城公社的春秋、战国—楚国古城遗址内，发现了两件锈结在一起的铜器，上为铜鼎，内盛银币 18 块，包括空首短型银布 1 块，实首短型银布 5 块，实首中型银布 10 块，实首长型银布 2 块，总重 3 072.9 克；下为铜壶，内盛金币 392 块，皆已被切割成大小不等的碎块，总重 8 183.3 克，其中，大部分为"郢爰"金版，共 170 块，"陈爰"金版 17 块，"覃"字金版 2 块，以及"鄟爰"金版 1 块，"□"字金版 1 块，无印金版 2 块，金饼 197 块。"鄟爰"金版保存着三整印和二半印，这种金版

---

① 参见《安徽阜阳地区出土的楚国金币》，《考古》1973 年第 3 期。

② 参见夏鼐：《无产阶级文化大革命中的考古新发现》，《考古》1972 年第 1 期。

③ 参见《咸阳市近年发现的一批秦汉遗物》，《考古》1973 年第 3 期。

乃是首次发现；"□"字金版仅存半印，字迹已不清，仅见该字从口，但又非郢爰等字，亦为一种前所未见的楚金币。

之后，楚金版又有新的重要发现。1979年8月在安徽寿县东津公社，一处疑为战国晚期楚都寿春的金币作坊或金库的遗址，出土一批楚国金币，计大的18块，小的1块，共重5187.25克，并伴出金叶残片、小金粒等金质物件。寿县这批金币，都是完整的金版。其中，完整的郢爰金版2块，近方形，正面皆钤有阴文"郢爰"方印22枚，重量则分别为263.5克、259.1克。然而最引人注意的是前所未见的四块"卢金"金版，及一小残块卢金金版。四块完整的卢金金版，皆近方形，正面分别钤有阴文"卢金"圆印21、19、18、16枚，重量则分别为250.15克、261.33克、264.55克、266.05克。另有近方形完整的无印金版8块，重量从258.05克至268.5克不等。这些无印金版的浇灌面，不若"郢爰""卢金"金版那样完整，似为不宜錾印记的废品，作为币材而被保存。此外，还有呈半圆、楔形、三角形的金饼4块，重量分别为309.2克、339.75克、437.21克、416.7克。"郢爰"、无印金版及金饼的含金成分为97%—98%，但"卢金"金版的成色则稍低，它的含金成分为94%—95%。[①]

由于过去楚金版的发现，大都是零碎小块，多为一小方、二方或半方，三五方相连的金版就不是很多了，所以上述几批大量楚国金币的发现，特别是整版"郢爰""陈爰"等的发现尤其难得。从这些完整的楚金版看，其重量大致均为250克；而长沙楚墓出土的整套法马，其最重者为251.53克，两者的重量基本相近。另外，

---

① 参见涂书田：《安徽省寿县出土的大批楚金币》，《文物》1980年第10期。

1933 年寿县楚墓出土一批无字的鎏金铜版，其形制一致，都作两端凹入的梯形，上面各凿有九个方格，这种无字鎏金铜版，显系仿制金版的冥币。这种冥币安徽省博物馆保存有 60 块，并曾对 9 块测定了重量，从 220 克至 275 克不等，平均每块重 246.66 克，[①] 与真实的金版的重量也基本相符。所以，楚国通行的金版，整版重量应相当于当时的一斤，这一说法，由于完整的"郢爰""陈爰"等金版的出土，基本上可以肯定下来了。

楚金版在各地的出土分布情况，基本上与楚国的疆域相一致，说明它是楚国境内广泛流通的货币。至于在楚国境外，如秦之咸阳、齐之临淄等地楚国金币的发现，则可能是远地商业关系而携入的。1972 年咸阳发现的 8 块完整的"陈爰"金版，从出土的情况看，属于窖藏性质，有人推测系秦初并天下，"徙天下豪富十二万户"，由楚国豪富携来咸阳的。

至于楚金版流通的时代，由于所发现的郢爰、陈爰等金币，多系楚地遗址的偶然发现，甚少为战国楚墓所直接发掘出土，其出土地层及伴随物多不够清楚，因而判定楚金版流通的确切年代，便缺乏比较可靠的实物根据。从湖南长沙等地战国早、中期墓葬多出土天平、法马的事实，可知楚国的黄金比较广泛的流通，应始于春秋末期至战国早、中期时。但战国楚墓所出土的与黄金流通更为直接联系的实物，就目前所知，还只有湖北江陵望山一号墓出土的包金银箔的铅饼和湖南长沙左家公山 15 号墓出土的泥质圆饼，这都是

---

① 参见安志敏：《金版与金饼——楚、汉金币及其有关问题》，《考古学报》1973 年第 2 期。

模仿黄金形状的冥币，[①] 说明楚国早期黄金的流通还主要是采用圆饼形；但湖北江陵、宜昌已有"郢爰"金版出土的事实，则说明至少在公元前 278 年以前已出现金版流通了。所以，楚金版的铸行也很可能开始于战国早、中期之时，而其广泛、大量地流通，则应在战国晚期，这从楚金版出土地绝大多数均在安徽、江苏各地的情况可以证明。

安徽阜阳三塔公社朱大湾庄发现的"郢爰"金版与汉代习见的金饼共出；湖北宜昌前坪西汉墓也发现"郢爰"金币与一块重 62 克的汉麟趾金共出；还有，长沙等楚地西汉墓中常有"郢爰""郢禹""郢稱"等"郢"字泥版，以及"鄂""两""金"或无文泥版冥币作为随葬品，这些都表明楚金版延续到西汉时仍在流通。

总之，关于黄金流通，从春秋末期，战国早、中期就开始作为货币日益广泛地流通了；到战国晚期，各国黄金的使用，更往往以百斤、百镒计，呈现出一派金色缤纷的黄金流通景象；而具有一定形制、重量、钤有铭文的楚金版，作为我国最早的原始黄金铸币的出现，则更标志着战国时期货币经济的一个重要发展。

---

① 参见《湖北江陵三座楚墓出土大批重要文物》，《文物》1966 年第 5 期；《长沙发现保存完整的战国木椁墓》，《文物参考资料》1954 年第 6 期。

第 五 节
货币作用的扩大；高利贷、货币拜物教

　　战国时期货币经济的确立，表现于货币在人们经济生活中的作用扩大了，它不但在商品流通领域中的作用显著增加，而且扩及非商品领域中。

　　在春秋时期，史书中简直找不到关于货币的记述，当时列国君臣馈赠、贿赂和赎罪，大抵是用珠玉、服饰、丝帛、谷物、牲畜及奴隶等，而少有关于黄金，更少有钱币的记载。这是因为当时还是贵族领主统治的社会，对他们而言，只有城邑、土地、麦禾、玉帛、乘马等，才是基本的、最值得夸耀的东西，至于货币，则是世俗之物，不足挂齿。

　　可是，进入战国时期，新的封建地主阶级产生了，"工商食官"，即工商业为贵族领主所专有的局面也已残破，于是情况便不同了。随着社会生产的迅速发展，以及各地经济和商业联系的加

强，各地大量的重要土特产均被投入交换。如山西（函谷关以西）的木材、竹、榖（木名，皮可为纸）、垆（山中纻，可以为布）、旄（牦牛尾）、玉石；山东（函谷关以东）的鱼、盐、漆、丝及声色玩好物品；江南的楠、梓、薑（姜）、桂、金、锡、连（铅）、丹砂、犀、玳瑁、珠玑、齿革（象牙、皮革）；龙门、碣石以北的马、牛、羊、旃裘、筋角以及各地生产的铜、铁等；最贵重的和氏璧、隋侯珠、纤离马、太阿剑、翠凤旗、灵鼍鼓之类的稀世珍物有的也会进入流通，于是贵金属黄金便适应上层统治阶级对珍贵、奢侈的及大宗的商品交换的需要，而成为广泛流通的货币，因而战国时期使用黄金动辄百斤、千斤、百镒、千镒的情形，在史书中的记述也就屡见不鲜了。

农民的余粟、余布，包括五谷、丝帛葛麻，以及手工业者的农具、陶器、木器、车辆、皮革器等也投入市场交换领域；"农夫不劙削，不陶冶而足械用，工贾不耕田而足菽粟"①，这样，从春秋末以来，各地铜铸币就开始日益广泛地使用起来，从而使货币对一般平民的生活也显得重要了。对于与平民生活联系较多的钱币，虽然我们不能像黄金那样在史籍中看到那么多的记载，可是从地下的考古发掘中却能够证明战国时期铜铸币流通发展和扩大的情形。从已发现的先秦钱币看，多半是战国时期的刀、布、蚁鼻钱，而就已出土的布币看，属于战国时期的占99%之多，在一千个布币中，至多只有三五个春秋时期的空首布，至于原始布就更为罕见了。从出土的钱币数额看，战国时的刀、布、蚁鼻钱往往成百盈千，以至万数，窖藏铜钱的现象很是普遍，由此，我们可以明显看出货币流通

---

① 《荀子·王制》。

的规模增大了，而且还被人们作为财富的结晶而宝藏着。这时，货币在一般人民生活中的作用也日益重要了，农民们投入交换的余粟余布虽然不多，可是合起来数量也就很大了；他们要"以粟易械器"，要"纷纷然与百工交易"①。战国初期，李悝为魏文侯"作尽地力之教"，倡行平籴政策。他说：农民一夫挟五口治田百亩，岁收亩一石半，为粟百五十石，除什一之税，及五口人自身消费，余45石，石值30钱，计为1350钱，然社闾尝新春秋之祠花用300钱，衣服每口岁用300钱，五口则为1500钱，这样，农夫一家一年尚不足450钱②，而要靠家庭副业收入等来补足了。从这样一个农家生活费用单子，可以看出货币经济已经渗入农民现实生活之中了。

战国时期，农民所生产的主要农产品粟的价格，平常时大致一石值30钱，价格低时为20钱，高涨时则达80钱。③ 根据《睡虎地秦墓竹简》记载：禾粟的价格也为"石卅钱"；而制作麻布衣服的"枲（麻），十八斤直三十钱"，即十钱三斤；猪羊之类的"小畜生"一头的价格，约为250钱。④

城市是商品交换和手工业的中心，齐之临淄、赵之邯郸等当时的许多名都大邑，都是店铺林立，有卖酒的、卖履的、贩茅的、卖

---

① 《孟子·滕文公》。

② 参见《汉书·食货志上》。

③ 参见《史记·货殖列传》，记载春秋末越王勾践对计然之语云："夫粜，二十病农，九十病末""上不过八十，下不减三十，则农末并利。"（按：战国时期，各国币制不统一，度量衡制亦异，而且物价的地区性差异也大，所以，对于一些涉及物价的记述，仅可供参考之用。）

④ 参见《秦律十八种·司空》；《秦律十八种·金布律》；《法律答问》；《睡虎地秦墓竹简》，文物出版社1978年版。

兔的、卖骏马的，并且还有"鬻金之所"（金店）；《韩非子·外储说右上》还记述有"孺子怀钱"买酒的事，由此可见，钱币与城市人民日常生活的关系就更为密切了。

除此，货币作为资金的作用，在当时也已为人所认识，所谓"无息币""财币欲其行如流水"①，也可窥知货币对促进商品流通的作用情形。

货币不但在商品流通领域中的作用增大了，而且还扩及于非商品流通领域之中。这时，"田里不鬻"的格局打破了，于是货币便被用于土地的买卖。如赵国的大将赵括就把国君赏赐的金帛"归藏于家，而日视便利田宅可买者买之"②。除此，还有土地租借、收取租金的事例。如魏国有温囿（有林池、蕃育鸟兽的园囿）租借给西周君，每年可得"百二十金"；③ 劳动力的雇用也有使用货币的情形，即所谓"买庸"。韩非子说："夫卖庸而播耕者，主人费家而美食，调布而求易钱者，非爱庸客也，曰：如是，耕者且深耨者熟耘也。庸客致力而疾耘耕者，尽巧而正畦陌者，非爱主人也，曰：如是，羹且美钱布且易云也。"④ 这就一语道破了主佣之间的赤裸裸的金钱关系。

货币关系也扩及于财政税收方面。战国时期对于工商业者已征收三种不同的税，即征收"廛"（房基）的税，征收"市"的税（营业税），以及过关的"关税"；而对农民所征收的税，除粟米、布缕之征、力役之征外，也用钱币征收口赋（人头税）了。所谓

---

① 《史记·货殖列传》计然语。
② 《史记·廉颇、蔺相如列传》。
③ 参见《战国策·西周策》。
④ 《韩非子·外储说左上》。

"厚刀布之敛而夺之财""头会箕敛，以供军费，财匮力尽，民不聊生"①，正是当时农民在重税压榨下的一幅写照。

在简单货币流通的基础上，高利贷也盛行了。

商人资本与高利贷资本是两种最古老的资本形态，所以在我国古代，司马迁在《史记·货殖列传》中就曾把"赁贷、行贾"作为同等的经济事业看待，并把大高利贷者与当时的大工商业者并列而称为"素封"，即不仕而富厚可与封君相比的人。

当时的私人借贷名之为"称贷""赁贷""贷子钱"，或"贷息钱"；而大高利贷者则称为称贷家、子钱家等。当发生借贷关系时，要以"券"为凭，所谓"券"，多用竹、木制成，剖分为二，由放债者，即债权人执"左券"。

关于高利贷的盛行情形，如《管子·问篇》关于调查国内经济情况所提的问题就包括"问邑之贫人债而食者几何家？""问人之贷粟米有别券者几何家？"，许多贵族和大商人都从事高利贷剥削。《国语》中就曾记载晋国贵族栾桓子"假贷居贿"的事；而战国时齐之孟尝君在他的封邑放债，一次就收"息钱十万"；大工商业主兼子钱家鲁人曹邴氏，"以铁冶起，富至巨万，……赁贷行贾徧郡国"，② 都是突出的例子。

官府也办理借贷事业，《国礼》中的"泉府"，就是经营政府信用的机关，主要是贷给平民供祭祀（期限十天）及丧祀（期限三

①　《荀子·王制》;《史记·张耳、陈馀列传》。(按:《睡虎地秦墓竹简·秦律·金布律》云:"官府受钱者，千钱一畚，以丞、令印印。不盈千者，亦封印之。" 故所谓"头会箕敛"，即指用钱币所征的口赋。)

②　参见《国语·晋语八》;《史记·孟尝君列传》;《史记·货殖列传》。

月）之用，也贷给城市小手工业者或商贩作为经营本钱之用。① 从云梦睡虎地出土的《秦律》简文看，当时贫民向官府告贷的情形还是较普遍的。如言："府中公金钱私贷用之，与盗同法"；"百姓有债，勿敢擅强质"；"有债于公及赀赎者，居它县，辄移居县责之"；"有罪以赀赎及有债于公，以其令日问之，其弗能入及赏（偿）以令日居之，日居八钱，公食者，日居六钱"。可以看出《秦律》中对借债、还债都有周详规定，贫民贷款无力偿还，则要用劳役抵偿，与罪人用钱赎罪一样，每服一天劳役抵作八钱，如吃公家饭食，则仅抵六钱。

受高利贷盘剥的对象，主要是小生产者，特别是农民，所谓"终岁勤勤，不得以养其父母，又称贷而益之，使老稚转乎沟壑"②，就是高利贷吸吮农民膏血的一幅惨象。高利贷者也放债给贵族，甚至国君也举债。相传周赧王（公元前314—前256年）由于负债太多而无力偿还，因而避居台上，于是周人遂名其台曰："逃债台"③，这就是我们日常用语"债台高筑"的源起。

货币经济的发展与货币权力的扩大，使货币拜物教的现象出现了。

司马迁引述民谚说："千金之子，不死于市"；并且指出："人富而仁义附焉"，因而断言说："富相什则卑下，伯则畏惮之，千则役，万则仆，物之理也！"④ 这就精辟地道出了社会生活中的货币

---

① 参见《周礼·地官·泉府》。
② 《孟子·滕文公》。
③ 参见《史记正义》引《帝王世纪》。
④ 《史记·货殖列传》。

第二章
战国时期货币经济的确立

拜物教现象。这种现象，在战国时已是人们习见之事了。例如，苏秦出游数岁，大困而归，于是兄弟嫂妹妻妾皆窃笑之，而苏秦也惭而自伤；可是过了几年，苏秦佩上了六国相印，衣锦还乡了，他的兄弟妻嫂们就都侧目不敢仰视，俯伏而侍食。为何前倨而后恭如此？苏秦的嫂子回答说："见季子位高而多金也！"[1] 一语坦率说出了当时货币拜物教的现象。

除此，战国时期用铜钱作为殉葬品的风气，也波及了上层的贵族。如河南汲县（今卫辉市）山彪镇的战国大墓中就曾发现有六七百个空首布；[2] 在楚地，从战国到西汉初，则习用仿楚金版的泥版冥币为随葬品，如长沙战国墓中曾发现铅皮陶质长方形无文字的冥币[3]以及其后多见的"郢爰""郢禹""郢稱"等"郢"字泥版，看来，货币的权力也扩及鬼神之乡，有钱也可以役使鬼神了。

① 《史记·苏秦列传》。
② 参见《山彪镇与琉璃阁》，科学出版社1959年版。
③ 参见《长沙发掘报告》，科学出版社1957年版。

第三章

——

两汉时期的货币与货币流通

第 一 节

五铢钱制度的建立及其意义

一、汉代的社会经济概况

秦始皇削平六国，结束了战国时期诸侯割据称雄的局面，开始建立起统一的封建专制主义的国家。汉王朝代秦以后，封建专制主义的国家得到加强，统一的地主阶级的政权巩固了。在两汉时期（公元前206—公元8年；公元25—220年）长期统一的环境下，我国社会经济获得很大发展。这时候，在黄河流域的广阔地区里，牛耕早已盛行起来，铁制农具也在各个地区更广泛地使用了。到武帝时，铁农具的使用已推广到东北的辽东半岛，西北的甘肃，南方的湖南、四川及两广、云南、贵州的某些地方；水利灌溉事业发达，关中及其他地区都开凿了不少灌溉渠道，规模浩大的黄河治理工程也展开了；冶铁、煮盐、丝织业、漆器业等都有新的进步和发展。

农业和手工业的发展，促进了商业的繁荣；特别是国家统一，交通的发展，山泽禁令的放弛，给商业的活动造成了有利的条件。所以，《史记·货殖列传》记述说："汉兴，海内为一，开关梁，弛山泽之禁，是以富商大贾，周流天下，交易之物莫不通，得其所欲。"当时，全国有二十多个著名的城市，分布在关中、三河、燕赵、齐鲁、梁宋、楚越、巴蜀等地区。黄河中下游仍是全国经济最发达的地区，西汉的京城长安，城市规模宏大，比当时西方的罗马城大三倍以上，城墙周围六十里，有九个市：道西六市称西市，道东三市称东市，市内有各种手工业作坊，有出售各种生活日用品的列肆。那时对外贸易也有了发展，主要是西北、西南方面的陆路贸易，通向中亚、欧洲的商路，开始以"丝路"驰名于世。在东汉时期，我国南方地区也逐渐有更多的开发，北方人口有逐渐南移的趋势。

两汉时期社会经济的繁荣，使商品货币关系日趋复杂。与战国时期比较起来，汉代的货币经济已有很大发展，这时，人民向国家所纳的租税，田租用谷粟，算赋（丁税）、口税（儿童税）则用钱，更赋（力役）也可以用钱代应，买爵、赎罪有的也用金、钱。在国家支付方面，两汉的官俸虽然以米斛计算，但发付的时候，则往往部分支付现钱；东汉的官俸则规定为半钱半谷，朝廷的赏赐也多用黄金与钱。

与此相关，货币制度也有了重大进步与发展。汉承秦制，仍以黄金与铜钱为合法的货币，黄金主要用于赏赐、馈赠，而甚少流通，仍系社会上层统治阶级的货币，但它的单位则已改镒为斤；至于民间日用，则主要是铜钱。汉武帝时，中央政府统一了铜币铸造权，建立了"五铢"钱制度。这种五铢钱制，自汉至隋七百余年基本上行用不废，长时期成为我国古代基本的货币制度。

二、西汉前期币制的更改与五铢钱制度建立的经过

秦始皇统一我国的货币制度，规定重如其文的"半两"钱为全国统一的货币，但是为时不久就被破坏了。因为，始皇死后不久，天下大乱，刘邦于秦亡后的第四年，即公元前 206 年即汉皇帝位，不多时就因"秦钱重难用，更令民铸钱"①，也就是说，汉朝代秦以后，放弃了中央政府垄断铜币铸造权的政策，听任私人铸造轻钱，以改变秦半两钱过重，不适于日用流通的情形。这时，流通中的货币已是轻小的铜钱，虽然"半两"作为货币单位的名称，仍然被沿袭下来，可是原来名实一致的"半两"钱制早已不存在了。

汉高祖任令民铸钱，可能与他入关时与民"约法三章"、宣布废除秦时的苛法一样，均系攫取政权、笼络民心的措施。当然，听任私人铸钱，实际上一般平民却未必得利，因为铸钱事业，只有豪强、巨富才有力量大规模进行。当时民间所铸的钱称为荚钱，② 这种钱钱文仍为"半两"，但较秦半两钱大为轻小，穿孔较大，一般在 1—1.1 厘米，肉薄，形制不够规整，重 2 克许，即不足三铢③。

---

① 参见《史记·平准书》。
② 参见《汉书·食货志下》。
③ "半两"荚钱均系民铸，所以政府当时应规定有标准重量。《大唐六典》卷十三，惠帝三年（前192年）御史监三辅不法事中有"铸伪钱者"，所谓伪钱，即应指重量不足三铢的轻薄劣钱。

然而任民私铸，必然会导致轻薄劣钱的大量流通，甚至出现不到一铢重的"半两"钱，如山东章丘曾出土"荚钱"石范，钱文直径仅为 0.6 厘米，每范一次可铸钱 324 枚①，这种钱真可谓轻如"榆荚"了。

这时，正值战乱以后，疮痍未复、物资匮乏之时，而一些豪强、富商，即所谓"不轨之民"趁机囤积居奇，于是造成物价腾贵，竟至发生"米至石万钱"的情形②。所以，如何稳定货币，健全钱法，就成为汉初的一个重要经济课题。这一问题，前后经过了七八十年，即经过高后、文、景以至武帝时，钱制更改了八九次，官铸、民铸亦数次更张，最后武帝统一了全国的铜币铸造权，建立了"五铢"钱制度，才最终获得解决。

现在把西汉前期币制变更、五铢钱制建立的经过略述如下：

第一次：高后二年（公元前 186 年）秋七月，铸行八铢钱，钱文仍为"半两"，并下令禁止私铸钱，这是整顿钱法的最初尝试。

第二次：高后六年（公元前 182 年）又铸行"五分钱"，所谓五分钱，可能是指半两的五分之一，即重二铢四累的钱，或云五分钱即荚钱。五分钱的钱文，亦为"半两"。③

第三次：文帝五年（公元前 175 年）行四铢钱，钱文仍为"半两"，并废除盗铸钱令，允许民间自行铸钱。这是西汉前期又一次

---

① 参见朱活：《谈银崔山汉墓出土的货币》，《文物》1978 年第 5 期。
② 参见《史记·平准书》。
③ 参见《汉书·高后纪》。
荚钱系人们对当时通行的轻小劣币的习称，《史记·平准书》注引《古今注》云："榆荚钱，重三铢"，实际上，流通中的榆荚钱大多皆不足三铢；"五分钱"按"半两"的五分之一计，应重二铢四累，很可能就是当时流通的一般荚钱的重量。

对铸钱正式采取自由放任政策，这一政策，持续到景帝中元六年（公元前 144 年），又复禁民铸钱。①

第四次：武帝建元元年（公元前 140 年）行三铢钱，重如其文，这是恢复铜铸币名义价值与法定重量相一致的措施，这一措施，第一次改变了"半两"这一相沿下来的货币单位名称。

第五次：武帝建元五年（公元前 136 年）罢三铢钱，复行"半两"钱，或称"三分钱"。即又恢复了文帝的四铢"半两"钱制，传世的有廓四铢"半两"钱，就是武帝时的四铢"半两"钱。②

第六次：武帝元狩四年（公元前 119 年）又更铸三铢钱，并造皮币及白金币，并颁盗铸金钱者死罪令。新铸行的三铢钱，重如其文，与建元元年的三铢钱制同；皮币及白金币则完全是一种新的货币制度。③

第七次：武帝元狩五年（公元前 118 年）又废三铢钱，令郡国铸造五铢钱。这种五铢钱两面均有周廓，钱文"五铢"从此时起。④

第八次：武帝元鼎二年（公元前 115 年）令京师铸赤仄（侧）钱。所谓赤仄钱，即是一种制作工整，磨光边廓的钱，一枚当五个普通的五铢钱，并令国家赋税收入，均使用这种钱。⑤

第九次：武帝元鼎四年（公元前 113 年）将郡国的铸币权收归

---

① 参见《汉书·文帝纪》；《汉书·景帝纪》。
② 参见《汉书·武帝纪》。
③ 参见《史记·武帝纪》；《史记·平准书》。
④ 参见《史记·平准书》。
⑤ 参见《史记·平准书》。

中央，专令上林三官铸造五铢钱，① 至此，统一的五铢钱制度，终于建立起来了。

高后二年（公元前186年）行八铢钱，是汉政府整顿钱法的最初尝试；这次改革，将五铢钱的法定重量公开减至八铢，说明当时政府是没有力量恢复重如其文的秦半两钱制度的。其实，在秦末流通的半两钱，已都是减重至八铢的"半两"钱了②，所以，高后二年改行八铢钱的措施，只是把已减重的八铢"半两"钱正式定为新币的标准重量而已。

由于当时的封建中央政权尚不具有整顿币制所应有的经济、财政力量，而又"弛商贾之律"，在这种情形下，于是流通界出现了劣币驱逐良币的现象，足重的八铢"半两"钱或为人所贮藏，或则被非法熔化改铸为荚钱型的轻小钱币，而轻小的劣币充斥于市场之中，这样，到高后六年（公元前182年），只好改行"五分钱"，而不得不承认流通界的既成事实了。这种情形，一直延续到汉文帝改行四铢"半两"钱之时。

汉文帝五年（公元前175年）改行"四铢钱"，是西汉前期的一次重大币制变革。当时，汉朝政府又一次对铸钱正式采取任民放铸政策；同时，规定以四铢重的"半两"钱作为"法钱"③。即要求民间铸钱，均须按规定的形制铸造足重四铢的"半两"钱，凡是违反政府规定，"敢杂以铅铁，为它巧者"，则处以黥刑。为了保证

---

① 参见《史记·平准书》。（按："上林三官"，汉制，水衡都尉居上林苑内，属官有钟官、技巧、辨铜三令，专管铸钱，故称上林三官。）

② 参见《汉书·高后纪》，注引应劭曰。

③ "法钱"一词，见于《汉书·食货志下》贾谊谏行四铢钱"法钱不立"语；颜师古注云："法钱，依法之钱也。"

四铢钱按法定重量铸造及顺利流通，当时，在使用时不单是要点清钱币枚数，而且必要时还需称量一笔钱数的总重量是否足重。对此，湖北江陵凤凰山 168 号汉墓出土的"称钱衡"，即称钱天平，使我们对当时四铢"半两"钱的流通情形获得了更多地了解。这件称钱衡是汉文帝前元十三年（公元前 167 年）的称钱天平，衡杆上写有文字，释读为：①

> 正为市阳户人婴家称钱衡，以钱为累，刻曰"四朱""两"，疏"第十"。敢择轻重，衡及弗用，劾论罚，徭里家十日。《□黄律》

它的大意是：市阳里里正所制发给本里商民的称钱天平，使用时要以权钱为法马。这种法马钱要刻有标明重量"四朱"或若干"两"，以及刻有起凭证作用的数字标志"第十"。按照《□黄律》的规定，凡敢剔轻择重，不以称钱天平称重计量收付钱币者，要予以严加论处，罚于本里正处强制劳役十天（见图 3-1）。

法马钱的刻重为"四朱"，或若干"两"（1 两 = 24 铢），皆系四铢钱的倍数。西安市文管处 1965 年曾征集到一枚"第十一重四两"的法马钱，圆形方孔，正面有廓，现重 61.5 克，按西汉 1 斤约重 250 克计，恰是一枚重四两的法马钱，进行交易时用它一次可以称 24 枚四铢"半两"钱。假若被称量的钱不符合法定重量，那么，每百枚铜钱，就可以相应添加或减少数枚钱；对日常交易中择

---

① 晁华山：《西汉称钱天平与法马》，《文物》1977 年第 11 期。（关于这件称钱天平的衡杆文字，《文物》1975 年第 9 期、1977 年第 1 期，《考古》1977 年第一期，载有俞伟超、华泉、钟志诚、黄盛璋等同志的释文，可参考。）

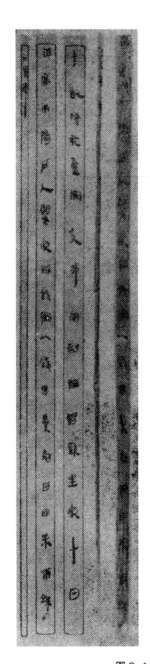

图 3-1　西汉称钱衡杆文字及"法钱"法马

左：西汉称钱衡杆文字（正、侧面）及墨写文字摹本（竹青、竹黄、侧面）

右："法钱"法马（斜视）

钱轻重者，予以十天劳役的处罚，要比对铸造违法伪钱者的黥罪轻得多。这种办法，与在政府实行钱币专铸时，对轻钱重钱均强制等值使用，不许拒收及剔择钱币的情况比较，也已合理多了。① 所以，在实行任民铸钱政策的情形下，在日常交易中使用"称钱衡"的办法，是有利于推广四铢"半两"钱的行使的。

汉文帝所推行的四铢"半两"钱制度是有成效的，终文景之世，即持续延用三四十年而未有更改。这一时期，在文帝与民休养生息的总的政策下，经济和生产获得了较快的恢复和发展。当然，任民铸钱政策也使郡国贵族、豪强与巨商们成为直接受益者，就如司马迁在《史记·平准书》中所云："令民纵得自铸钱。故吴，诸侯也，以即山铸钱，富埒天子……；邓通，大夫也，以铸钱财过王者，故吴、邓氏钱布天下。"② 而贾谊所云"民用钱，郡县不同，或用轻钱，百加若干，或用重钱，平称不受，法钱不立，……则市肆异用，钱文大乱"的状况，甚至在一些地方还发现有行用铁四铢

---

① 参见《云梦秦简·金布律》，"官府受钱者，千钱一畚，……钱善不善实杂之。……百姓市用钱，美恶杂之，勿敢异"。"贾市居列者及官府之吏，毋敢择行钱、布；择行钱布者，列伍长弗告，吏循之不谨，皆有罪。"（《睡虎地秦墓竹简·秦律十八种》，文物出版社1978年版）

② 史籍中曾有一些关于吴王濞铸钱事的记载，如《太平寰宇记》："江都大铜山，在县七十二里，即汉书吴王濞即山铸钱处"（卷一二三，扬州）；《明一统志》："应天府……铜山在府东南七十里，昔人采铜于此；扬州府大铜山在府城西北七十二里；又有小铜山，在仪真县西北二十五里，皆吴王濞铸钱之地"等。1965年1月间，南京博物院在六合县（今六合区）楠木塘发现一处西汉铸钱遗址，有未经修整的四铢"半两"钱、铜锭等物。六合，汉代称棠邑，为吴王濞封地所属范围，楠木塘铸钱遗址的发现，证实了上述一些史籍关于吴王濞铸钱事的记述，都是确实的。（吴学文：《江苏六合李岗楠木塘西汉建筑遗迹》，《考古》1978年第3期。）

"半两"钱等钱币紊乱情形，也都是存在的；[①] 然而基本的事实仍然是，在这一时期，国家经济有了较快的恢复与发展，封建中央的经济、财政力量也随之有所增强，并为进一步整顿币制积聚了力量。正是在这一背景下，汉景帝在"七国之乱"平定以后，接受贾山的建议，在汉景帝中元六年（公元前144年）颁布了"定铸钱、伪黄金弃市律"，禁止民间私铸钱币，而只允许郡国铸钱。这样，就使西汉政府初步控制了铜币铸造权，而向封建中央专铸前进了一步。

汉武帝即位时，国家经济经历了七八十年的恢复与发展，已经殷富起来，出现了"都鄙廪庾皆满，而府库余货财，京师之钱累巨万，贯朽而不可校"[②] 的景象；政治上，在平定"七国之乱"以后，也基本上结束了诸侯王割据的局面，大为加强了中央集权力量。所以，到武帝时已具有了实现统一与稳定币制的基础了。可是，武帝即位之时，在货币流通方面所面临的却是郡国即山铸钱，民间盗铸劣币充斥的情况，市场流通的四铢"半两"钱多已减重至三铢，或三铢以下，所以武帝即位以后，从武帝建元元年（公元前

[①] 参见《汉书·食货志下》；1960年6月，在湖南长沙市郊砂子塘的西汉墓葬中，出土有33枚铁四铢"半两"钱，并有铜四铢"半两"钱共出；又，1956年衡阳凤凰山有七座汉墓曾出土大量铁四铢"半两"钱，少者1枚，多者10枚、40枚、120枚、150枚，最多达320枚，在铁钱中往往夹杂有少量铜"半两"钱，这说明当时铁钱是与铜钱共同流通的。（高至喜：《长沙、衡阳西汉墓中发现铁半两钱》，《文物》1963年第11期。）又，湖北宜昌前坪汉墓中，一座墓葬出土有铁四铢"半两"钱2枚，另一墓出铁钱12枚，并与铜"半两"钱同。（《宜昌前坪战国西汉墓》，《考古学报》1976年第2期。）这些铁钱的出土，否定了新莽时公孙述最早铸造铁钱的说法，把我国铸造铁钱的历史上推了一个多世纪。

[②] 《史记·平准书》。

140 年）就着手整顿币制，并开始铸行重如其文的三铢钱。这是一项恢复铜钱名义价值与法定重量相一致的措施，但由于措施中规定三铢钱与四铢"半两"钱等价使用，于是又导致了盗铸盛行，"吏民之犯者不可胜数"，因而到建元五年（公元前 136 年），便又改行有廓"半两"钱，或称"三分钱"，即又恢复了文帝的四铢"半两"钱制度。

这种新铸行的"半两"钱采取有廓形式，可防止人们摩铋取铜，因而是钱制上的一项改进。自此，武帝所实行的钱制变革，便都保留了有廓铜钱的形式。

公元前 133 年，西汉与匈奴间开始了长期的战争，国家财政支出大增，在这一背景下，武帝元狩四年（公元前 119 年）又铸行三铢钱，并造皮币及白金币。所谓皮币，是用宫苑的白鹿皮作为币材，每张一方尺，周缘饰以彩缋，值四十万钱；但它仅被用于王侯、宗室的朝觐、聘享，所以严格说还不是完全意义的货币。白金币，是银与锡合金制造的铸币，分为三种：一是圆形龙币，叫作白选（撰），重八两，值三千钱；二是方形马币，重六两，值五百钱；三是椭圆形龟币，重四两，值三百钱。这些银币由于作价过高，致使吏民纷纷盗铸，虽严法峻刑也无法遏止，所以，施行仅"岁余"就废止了。武帝实行的皮币及白金币制度，虽然为时很短暂，然而在我国币制史上却是一件比较重要的事，因为，方尺鹿皮作价四十万钱，已与大额虚价纸币无异，所以在某种意义上可以说是我国古代纸币的前驱。白金币，则是我国历史上封建中央政府最早铸造的银铸币，它是白银在我国最早获得正式法定货币资格的事例。

武帝元狩五年（公元前 118 年），又废止轻小的三铢钱，改行五铢钱，自此，"五铢"被确定为新的法定货币单位，这是建立"五铢"钱制度的开端。但是，铜币铸造权这时仍然分散在郡国，封建政府对铜这一重要币材还未能有效地管理，因而"郡国多奸铸钱，钱多轻"的情形，仍普遍存在。

武帝元鼎二年（公元前115年）令京师铸造赤仄（侧）"五铢"钱。赤仄新钱虽然制作比较精工，然而它的法定价值却规定为：一赤仄钱当五个普通五铢钱。这显然是一种虚价钱，它的铸行仍主要是政府用来弥补财政开支的一种措施。施行了两年，各地盗铸严重，造成"赤侧（仄）钱贱，民巧法用之，不便"，于是又废止了。最后，终于到武帝元鼎四年（公元前113年）实行铜币铸造权收归中央的措施，专令上林三官铸造五铢钱（称"三官钱"），及至新钱铸行已多，于是令各地方郡国过去所铸的钱皆停止流通，并把这些钱销毁，将铜输送到京师，由中央政府统一铸造三官钱，至此，统一的五铢钱制度才正式建立起来。

自此以后，史称"民之铸钱益少，计其费不能相当，唯真工大奸乃盗为之"；又言："自孝武元狩五年，三官初铸五铢钱，至平帝元始中成钱二百八十亿万余云。"① 即百余年间币制未再有变更。于是五铢钱制确立了，西汉前期稳定币值、健全货币制度的任务，终于在汉武帝实现中央统一铜币铸造权后而获得解决了。

三、五铢钱制度建立的经济政治意义

西汉前期，币制变革频繁，围绕铜币铸造权，中央与地方、官

---

① 《史记·平准书》；《汉书·食货志下》。

府与民间一直进行着激烈的斗争，对于这一复杂的货币流通现象，必须联系当时的经济财政状况以及国内阶级关系予以考察。

从西汉前期历次币制更改的过程看，实际上从汉文帝铸行四铢"半两"钱时起，已经开始走向健康发展的道路。文帝的四铢钱曾持续流通近四十年，即可说明汉初经济的恢复，已为建立稳定、健全的币制创造了条件。其后，武帝时的几次币制变更，则往往是与对外战争及国内灾荒所造成财用不足有关，特别是造皮币及白金币之事最为明显。

然而贯穿整个币制变革过程，包括统一铜币铸造权问题，均反映中央封建政府与地方郡国贵族、豪强、工商巨富间经济、政治利益的冲突。当时，冶铁、煮盐等事业是大规模的商品性生产，这些部门控制着大量劳动力，使之不能投入农业，而这些经济事业又为郡国地方势力所控制，于是就涉及整个国家封建经济以及封建中央政权的巩固问题。郡国的贵族、豪强、工商巨富们掌握了冶铁、煮盐、铸钱等事业，他们虽然"积财钜万"，却"不佐国家之急"，更有甚者，还凭借地方经济实力公然对抗中央。在这一社会经济背景下，冶铁、煮盐、铸钱三大事业成为中央与郡国地方势力斗争的重要方面。汉文帝一度实行任民铸钱政策，实际上是对郡国地方势力的暂时容忍与让步，后果不仅是直接减少了中央的一项重要财源，增强了地方豪强、巨商的财政力量，而且还诱使一般"细民"也从事私铸，竟至造成"农事弃捐，而采铜者日蕃，释其耒耨，冶熔炊炭，奸钱日多"① 的现象。市场劣币充斥，物价不断波动，给地方豪强巨商造成囤积投机、"蹶财役贫"的更多机会，而官府查

① 《汉书·食货志下》贾谊语。

禁盗铸劣钱，却又因犯法者众，官吏搜捕时的株连骚扰，更引起了社会秩序的动荡不安，这一基本情况，直到武帝时仍继续着。

汉武帝即位后，采取了一系列巩固中央集权的政治、经济措施，特别是在经济财政领域，任用桑弘羊等主持国家财政，经过长期复杂的斗争，终于成功地实现了盐铁官营以及铸钱事业收归中央的政策。这些重大财经措施的贯彻，严重打击了郡国豪强巨商等地方分裂势力，扭转了国家财政的困难局面，获得"民不益赋而国家用饶"的巨大成效；而铜币铸造权收归中央，币制的统一，则使西汉初年以来长期存在的币值不稳、货币流通紊乱的问题获得解决，并建立起五铢钱制度。这一统一健全的货币制度的建立，又转而促进了社会经济的发展，以及封建中央集权国家的统一和巩固。

五铢钱制度在我国的货币史上占有重要的地位。由于五铢钱轻重适中，合乎古代的社会经济发展状况与价格水平对货币单位的要求，因而，自汉至隋七百余年基本上持续延用不废；它的流通范围也最广，这从汉五铢钱出土地域之广、数量之多可获得证明：从东南各省沿海地区到新疆，从云南、贵州、四川到内蒙古、东北地区，无不有汉五铢钱的出土。所以，五铢钱是我国历史上行用最久、最成功的货币。

第 二 节
王莽的货币改制与汉五铢钱制的恢复

一、王莽的货币复古改制

汉武帝建立的五铢钱制，至西汉末，由于王莽的货币复古改制而一度遭受破坏。

武帝以后的昭、宣时期（公元前86—公元前49年）是经济上的休养生息时期，商品货币关系也有相当的发展，由于币制比较稳定，物价也比较平稳。宣帝时，由于连年丰稔，曾出现"谷石五钱"① 的情况，元帝即位时，国库积钱达80余万万;② 但是到了西汉末期，政治已日趋腐败，其时，土地兼并剧烈，农民流散，谷价上涨，百物

① 《汉书·宣帝纪》。
② 参见《汉书·王嘉传》。

昂贵，因而货币与物价问题又复成为当时重要的社会经济问题之一，而王莽就是在这样一个社会经济背景下篡汉代立称皇执政的。

大地主、大贵族的代表人物王莽，于公元 8 年篡汉自立，国号曰"新"。他企图用复古改制来挽救当时的社会危机，在他的复古改制的一系列的改革中，要以货币改制为最荒唐了，他在短短几年中，竟然接连实行了四次货币改制。

第一次货币改制：王莽居摄二年（公元 7 年）五月，即他还是"假皇帝"时，实行了第一次货币改制。他于当时流通的五铢钱外，另外发行了三种新币：1."错刀"，值五千；2."契刀"，值五百；3. 大泉（重十二铢），值五十。发行这些大额钱币，他认为是为了符合古代"子母相权"的遗意，实际上，这些新币都是虚价大钱，它们的名义价值大大超过实际价值。即以重十二铢的大泉言，比五铢钱只重一倍半，而名义价值则相当于五铢钱的 50 倍；至于金错刀、契刀就更不必说了。这些虚价货币的发行，根本谈不到符合流通界的客观需要，而完全是靠政治强力推行的，是对人民财富进行公开掠夺的一项财政措施。伴随着虚价钱的流通，也引起了私铸的盛行，这样，武帝以来的健全的五铢钱制便遭受破坏了。

与发行新币的措施相并行，王莽还下令："禁列侯以下，不得挟黄金输御府受直。"① 实际上是宣布实行黄金国有政策，把民间的藏金凭借政治强力搜括起来，而且不给予人们任何代价。

第二次货币改制：是在始建国元年（公元 9 年），他废止了错刀、契刀、五铢钱，另发行"小泉"代替五铢钱。这样，流通中的合法货币是：1. 小钱，即"小泉"，重一铢，值一；2. 大钱，即原

---

① 《汉书·食货志下》。

来重十二铢的"大泉"，值五十。这是王莽篡汉正式即位后，在货币领域所首先进行的一项改革措施。废除五铢钱的流通，是为了消除汉朝的影响，而同时也废除了他亲创的古色古香的契刀和错刀。这并不是说他已忘情于复古，而是忌讳刘姓是"卯金刀"，从而觉得刀货流通对新朝为不祥的缘故。

第三次货币改制：是在始建国二年（公元 10 年），王莽下令实行所谓"五均赊贷"和"六莞"法，并且也实行了他的最荒唐的一次货币改制，即所谓"宝货"制。

他的"宝货"制，包括的货币的种类名色共有"五物、六名、二十八品"，其内容真是"五光十色"，堪称世界货币史上绝无仅有的奇景。所谓"五物"者，就是金、银、铜、龟、贝五种币材；"六名"者，就是金货、银货、龟货、贝货、泉货及布货；"二十八品"者，则为金货一品、银货二品、龟货四品、贝货五品、泉货六品、布货十品，合计为二十八品（见图 3-2、图 3-3）。

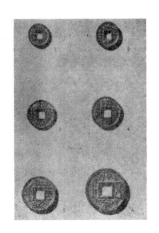

图 3-2　王莽的"六泉"（缩小）

图 3-3　王莽的"十布"（缩小）

现把王莽的宝货制表列如下：

表 3-1　王莽的宝货二十八品

（一）金货一品：	黄金一斤	值 10 000
（二）银货二品：	1. 朱提银（八两为流）一流	值 1 580
	2. 银　一流	值 1 000
（三）龟货四品：	1. 元龟①，长尺二寸，为大贝十朋	值 2 160
	2. 公龟，长九寸，为壮贝十朋	值 500
	3. 侯龟，七寸以上，为么贝十朋	值 300
	4. 子龟，五寸以上，为小贝十朋	值 100
（四）贝货五品：	1. 大贝，四寸八分以上，二枚为朋	值 216
	2. 壮贝，三寸六分以上，二枚为朋	值 50
	3. 么贝，二寸四分以上，二枚为朋	值 30
	4. 小贝，一寸二分以上，二枚为朋	值 10
	5. 贝，不满寸二分者，二枚为朋	值 3
（五）货泉六品：	1. 小泉，径六分，重一铢	每枚值 1
	2. 么泉，径七分，重三铢	每枚值 3
	3. 幼泉，径八分，重五铢	每枚值 20
	4. 中泉，径九分，重七铢	每枚值 30
	5. 壮泉，径一寸，重九铢	每枚值 40
	6. 大泉，径寸二分，重十二铢	每枚值 50
（六）布货十品：	1. 小布，长寸五分，重 15 铢	每枚值 100
	2. 么布，长寸六分，重 16 铢	每枚值 200
	3. 幼布，长寸七分，重 17 铢	每枚值 300
	4. 厚布，长寸八分，重 18 铢	每枚值 400
	5. 差布，长寸九分，重 19 铢	每枚值 500
	6. 中布，长二寸，重 20 铢	每枚值 600
	7. 壮布，长二寸一分，重 21 铢	每枚值 700
	8. 第布，长二寸二分，重 22 铢	每枚值 800
	9. 次布，长二寸三分，重 23 铢	每枚值 900
	10. 大布，长二寸四分，重 24 铢	每枚值 10 000

---

① 元龟为"蔡"，非百姓所得居，有者入太卜受值。

这种宝货制颁行后，史称"百姓愦乱，其货不行"①；民间则一直仍私用五铢钱相市易，虽严刑峻法也无法禁止。到后来，王莽也知道他的这一套货币制度把人民弄得愁苦不堪，只好从简，即只剩下"小泉直一"及"大泉五十"二品并行了。虽然如此，王莽却还留恋于已成古董的古代铜布制度，不久，竟然又进行了一次货币改制。

第四次货币改制：天凤元年（公元14年），又罢大、小钱，改行"货泉""货布"两种：1. 货泉，圆形方孔，重五铢，值一；2. 货布，形似古代的"两足"布，重二十五铢，值二十五。原来重十二铢的大钱，规定与重五铢的货泉等值，允许继续流通六年。当然，这实际上是废除了大钱，因为，不必到六年之后，人们自然会把这种较重的钱币销为生铜了。

这次改制看起来是简化多了，然而也是他的最后一次货币的复古改制了。因为，这时农民起义的烈火已经燃起，于公元23年时，他本人伴同他搜括的六十匮黄金（每匮一万斤），都被攻入未央宫的长安市民一齐埋葬掉了。

关于王莽的钱币，从传世及各地出土的实物材料看，品类繁多的"莽钱"，实际只是"大泉五十""货泉"两种钱币获得较多的流通。王莽于天凤元年实行第四次货币改制，改行"货泉""货布"两种钱币时，如前言，曾允许法重二十五铢的旧"大泉五十"与新铸法重五铢的"货泉"等值流通，规定六年后完全废止"大泉五十"的行使，在这种情形下，合乎法重的"大泉五十"，以至已减

---

① 《汉书·食货志下》。

重而重量仍在五铢以上的"大泉五十",当然会很快为人们销毁、改铸或储藏起来;然而在一定的限期内,"大泉五十"毕竟还是合法的货币,而待六年届满,即到地皇元年(公元20年)时,王莽政权已接近覆灭,政令早已无力贯彻,所以"大泉五十"在流通中也就一直行使下去了。至于新铸造的"货布""货泉"两种钱币,"货布"形制奇特,古意盎然,虽然铸工精良,钱面垂针篆文佳美,然而这种方足怪钱,也包括此前已停止使用的错刀、契刀、"大布黄(当)千"等钱,作为玩赏品保藏数枚尚可,实际在市场上流通则远不如方孔圆钱适用。所以,新铸造的"货布""货泉"二品,也只有法重与五铢钱相同的"货泉"才较可为人们所接受,在这种情况下,"大泉五十"与"货泉"这两种莽钱,一直到东汉光武帝建武十六年(公元40年)时,其间二十余年,均是被作为通用货币而获得较多的流通。

1957—1958年在河南洛阳西郊曾清理了两百余座西汉中叶至东汉晚期的汉代墓葬,在保存较好的217座汉墓中(包括新莽时的墓葬),曾出土新莽钱4 037枚,其中"大泉五十"为1 635枚,"货泉"1 885枚,二者占87%强;另有"一刀平五千"的金错刀7枚,"契刀五百"16枚,"大布黄千"82枚,"货布"6枚,"小泉直一"313枚,"布泉"93枚等。①值得注意的是,所出"大泉五十""货泉"均大小、轻重悬殊,"大泉五十"还有一些剪边钱。在"大泉五十"中,与法重"十二铢"相近或相差不太多的大号钱仅占22%,最多数的是径2.6厘米、平均重量3.6克,即多是近乎五铢重的钱,这部分占43%;其余的则更为轻小了,最轻小者,径小至

---

① 参见《洛阳西郊汉墓发掘报告》,《考古学报》1963年2期。

1.4厘米，重仅0.4克，即轻至原法重十二铢的十七八分之一（新莽一斤按240克计，12铢应重7.5克）。出土的"货泉"的情况亦类似，其中重3.12克，即同法重"五铢"大致符合的钱只占12.3%（莽斤按240克计，五铢为3.125克）；而重量不超过1.4克者，则占87%；最轻者，则仅0.2克，即轻至原法重五铢的十五六分之一。

出土的莽钱中，还发现有"布泉"93枚。这种钱史书未载，但洛阳烧沟汉墓、陕县（今陕州区）刘家渠汉墓等均有出土，而且在西安，于1965年还曾征集到一个铜质"布泉"范母，[①] 其文字的笔体均与"货泉"类似，所以，它大概也是与"货泉"年代相近的钱币。

此外，洛阳西郊汉墓还出土铁钱45枚。由于铁钱易锈蚀，所以钱文都不可辨识，但7030号墓出土的一枚铁钱，钱文则可识为"大泉五十"。这种铁钱，在洛阳烧沟汉墓、陕县（今陕州区）刘家渠汉墓也有发现。它们多出于新莽时期的墓葬，并与新莽钱同出，所以，它们应都是当时流通的货币。

凡此，皆可获见当时社会动荡不安、货币流通混乱的情形。

在这种情形下，市场物价上涨，钱币急骤贬值，到地皇二年（公元21年）时，"洛阳以东，米石二千"；而王莽末，天下蝗旱，百姓饥饿，竟至黄金一斤"易粟一斛""易豆五升"[②]。

总之，在王莽统治下的不多几年中，他连续进行了四次货币改

---

① 参见《洛阳烧沟汉墓》，科学出版社1959年版；《河南陕县刘家渠汉墓》，《考古学报》1965年第一期；《解放后西安附近发现的西汉、新莽钱范》，《考古》1978年第2期。

② 《汉书·王莽传下》；《后汉书·先武纪》；《后汉书·冯异传》。

制，使社会经济受到严重的损害，给人民带来极大的痛苦。关于他的货币复古改制，如果我们详细总结一下它的错误，恐怕也绝不会少于"五物、六名、二十八品"之多；现在仅就它的主要方面阐述一下：

首先，他的货币改制是他的总的复古改制的一部分。史书称："莽性躁扰，不能无为，每有所兴造，必欲依古得经文"①，他历次的货币改制，就都是这种泥古不化，开历史倒车行为的产物。对于货币制度的改革，他既不理解货币的性能和效用，也不了解时代的需要，在他的"宝货"制中，金、银、泉、布犹嫌不足，还要把早已失去货币性能的原始货币——龟、贝也搬出来使用。韩非子说："构木钻燧于夏后之世，必为鲧、禹笑矣。"② 显然，历史再也不能往回走，因而也就决定了他的货币改制的悲剧性结局；而他企图从货币上的复古改制，为当时的社会危机找出路，当然是更谈不上了。

其次，就他的货币制度本身、包括其理论根据及施行方法，予以分析："宝货"制是他的货币复古改制的代表作品，关于这一制度，王莽自言："宝货皆重，则小用不给；皆轻，则儎载烦费；轻重大小，各有差品，则用便而民乐。"③ 于是每次更作，他都要遵从所谓"子母相权"之意。在这里，他的着眼点只是：货币单位要分轻重大小，使之各有等差。然而一则，他不明了币材问题是货币制度的基本问题，他的宝货制中，金、银、铜、龟、贝五样俱全，

① 《汉书·食货志下》。
② 《韩非子·五蠹》。
③ 《汉书·王莽传下》。

其实，即使是两种金属并行的复本位，也与货币作为价值尺度的职能相矛盾，而一套货币制度却包括"五物六名"，其矛盾就更不堪设想。二则，即便把货币单位的轻重大小，各有等差，算作符合于所谓"子母相权"原则，然而又何必要有"二十八品"之多？还姑且不说各等货币轻重大小之间的作价极不合理，仅此，就注定它是行不通的了；而流通中的货币多至二十八品，一旦摆在老百姓的面前，什么人能不被它弄得头晕眼花呢？三则，货币改制是关系到千万人生活上的大事，非同儿戏，而王莽于短短几年间竟然接连实行了四次改制，都是一味依靠政治强力推行，并且在施行过程中又复朝令夕改，使人们莫知所措，这样，即令是良好的制度，如此折腾，也无法使人们对新币的流通建立起信任；而在古代社会习惯力量浓厚的情形下，它当然更无法贯彻推行了。总之，王莽的货币复古改制，在货币理论上完全是主观的历史唯心主义、王权货币名目主义的混合物，他的错误是明显的，而其失败，则是必然的了。

最后，从他的货币改制的阶级实质与内容上看，则是对广大人民，也包括对一般的地主和商人所进行的最露骨的搜括与剥削。发行虚价货币是其每次货币改制的共同特色，而且各等货币之间的作价极不合理，加以每次改制都是废旧用新，而不讲求善后之事，所以，史称："每一易钱，民用破业，而大陷刑"，并且造成"农商失业、食货俱废，民人至涕泣于市道"① 的悲惨景象。据记载，当时由于货币混乱，私铸盛行，因而犯盗铸钱及连坐而全家被罚作官奴婢、囚送到长安的就有十万人。这些人被迫做苦工，而且遭到夫妇拆散、重加匹配的命运，因而受折磨而死者十有六七，这当然会更

---

① 《汉书·食货志下》；《汉书·王莽传下》。

加重社会秩序的不安，以及人民对王莽的仇恨。所以，在他种种倒行逆施的作为下，王朝的迅速覆亡也是不足为奇的事了。

二、东汉时期五铢钱流通的恢复

东汉政权建立之初，值战乱以后经济残破，货币经济也遭受到严重的损害，当时人们的日常交换都杂用布帛金粟，直到光武帝建武十六年（公元40年）才又恢复了五铢钱制度。

在此以前，旧五铢钱、王莽的货泉等在民间仍继续沿用着，流通中轻薄劣币充斥；也有一些地方割据政权铸造钱币，如淮阳王刘玄于更始二年（公元24年）曾铸造过五铢钱，[①] 建武六年（公元30年）公孙述在四川则曾铸造过铁钱。[②]

建武十六年，光武帝听从了马援的建议，恢复了五铢钱制。这时，国内统一战争已经结束，平民生活开始安定下来，所以这一措施是符合当时经济恢复与发展需要的，因此，五铢钱制恢复得比较顺利，史称"天下赖其便"。[③]

东汉初期，在农民租赋、徭役相对减轻、生活相对安定的情况下，社会经济也获得较为迅速地恢复与发展。明帝时（公元58—75年），在接连几次丰收以后，就曾出现过"百姓殷富，粟斛三十，牛羊被野"[④] 的情形。可是，到东汉中期，货币流通又开始呈现不稳，物价开始上升，如章帝元和中（公元84—87年），就有人

---

① 参见《簠斋吉金录》范二十二。
② 参见《后汉书·公孙述传》。
③ 参见《后汉书·光武纪下》；《后汉书·马援传》。
④ 《后汉书·明帝纪》。

指出流通中货币过多，说："谷所以贵，由钱贱故也。"[1] 这时，豪族地主对农民的剥削又加重了，尤其是安帝以后，连年对羌族用兵，消耗的财富以数十、百亿计，致使政府帑藏空竭，这都加重了货币流通不稳的状况。及至桓灵时期（公元 147—167 年；168—189 年），政治腐败日趋严重，封建统治者积财聚敛上下成风；汉桓帝时，于延熹八年（公元 165 年），对天下田地按亩税钱，开我国田赋附加的先例。而外戚梁冀专权，多方搜刮财富，其家财有三十万万，竟相当于那时政府一年租税收入的一半；汉灵帝更大肆卖官鬻爵，并把"西园卖爵"之钱设立专库存储起来，这样，到东汉后期，社会经济又复衰落下去，货币制度与货币流通的稳定性也遭到破坏。所以，到桓帝时已出现了"货轻钱薄"现象，并有改铸大钱的建议[2]；而灵帝中平三年（公元 186 年）铸行"四出"五铢钱时，民间便讹言四起：[3] 因为这种钱穿郭的四角有四条直文，和周郭相连，于是人们纷言，四出文钱兆示天下四方大乱，它反映出当时社会动荡不安，货币流通不稳的情形。

这一货币流通恶化状况，从 1984 年前后大量地下发掘材料中也可反映出来，主要表现于桓灵时期剪廓钱以及綖环钱之类的轻薄劣币大量出现的事实上。所谓"剪廓钱"，或称"剪轮钱"，就是钱币的外廓被剪凿或摩镎取铜，仅剩下钱的内廓的残损钱币；而"綖环钱"，就是小号的剪廓钱的外环。本来，这种剪廓钱早在西汉时就已有了，如 1974 年北京丰台区大葆台燕王旦家族墓葬的发掘

---

① 《后汉书·朱晖传》。
② 参见《后汉书·刘陶传》。
③ 参见《后汉书·灵帝纪》；《后汉书·张让传》。

中，二号墓出土的百斤以上的五铢钱中，就曾发现有"剪轮"五铢钱，这些五铢钱都是武、昭时期的钱币；[1] 从东汉中期以后，剪廓钱就多起来了，洛阳烧沟汉墓出土剪轮钱近2 000枚，缝环钱8枚，它们都主要出于桓灵时期的墓葬。[2] 这时，还有一种径不满一厘米的小"货泉"也大量出现。[3] 这些劣币的出土，皆反映出东汉晚期经济的衰落与货币流通的恶化状况。

灵帝铸行"四出"五铢钱时，以张角为首的黄巾大起义以及继之而起的河北等地的农民起义已经爆发，随之又发生了军阀混战；到献帝初平元年时（公元190年），董卓毁五铢钱，更铸小钱，而且把洛阳、长安的铜人、铜台等物，也都椎破充作铸钱之用。据说，仅秦始皇所铸的"金人"，每个以24万斤计，董卓用九个金人铸钱，即可得钱三四万万到七八万万枚之多；而他所铸的小钱，"肉好"无轮廓，不磨镳，皆不成文，因而越发促使钱轻物重，竟至出现了"谷石数万""谷一斛数十万"的情形。[4] 从此以后，钱货不行，经济趋于实物化，于是自东汉光武帝恢复五铢钱制度以来，经过了一个半多世纪，五铢钱制度又一次被破坏了。

---

[1] 参见《大葆台西汉木椁墓发掘简报》，《文物》1977年第6期。

[2] 参见《洛阳烧沟汉墓》，科学出版社1959年版。

[3] 关于这种小"货泉"，在洛阳西郊的汉墓发掘中，如9007、9018墓的随葬钱中，竟以此为主。但这种货泉极轻小，质地脆薄，触手欲碎，径1.5厘米以下的货泉有一部分无背郭，径1.1—0.9厘米以下的货泉有许多不铸"货泉"字样，若不和其他货泉同出，就难断定它为货币。此等小货泉，为新莽期墓中所未见，应是东汉中叶后杂钱纷出时的民间盗铸钱。（《洛阳西郊汉墓发掘报告》，《考古学报》1963年第6期。）

[4] 参见《后汉书·献帝纪》；《后汉书·董卓传》。

三、汉代铜钱的购买力

汉代的货币经济比较战国时期又有长足的发展，因而关于物价及铜钱购买力的文字记载，也较多起来，综观整个两汉时期的情况，物价一般说还是比较稳定，而且币值也是比较高的。

谷物是人们的最基本的生活资料，因而史籍中有关谷物价格的记载也最多。然而一般史书所记载的，多是战乱、灾荒及货币改制之际物价混乱时的情形，如汉初任民铸荚钱时"米至石万钱"；王莽实行货币复古改制，末年旱蝗频仍时"米石二千""黄金一斤，易谷一斛"；东汉末年董卓毁五铢钱改铸小钱时，"谷石数万""谷一斛至数十万"等，这都是非正常时期的价格。再者，年景的丰歉，对谷价有直接的影响，因而就是在平时，往往一值灾荒，一些地方也会出现"谷石千钱"的情况；而在连年丰收以后，却又会出现"谷石至五钱，农人少利"的情形。这类数字，都不是正常价格，多是一时一地的特殊价格，因而缺乏代表性。

在汉朝最初约百年间，币制变更频仍，只有文帝的四铢"半两"钱持续流通的时间较久，而且这时也是经济获得较快恢复与发展的时期，人民生活比较安定。关于这时的物价与钱币购买力情况，桓谭追述说："汉文帝躬俭约，……谷至石数十钱，上下饶羡。"[1] 这与秦始皇时期谷价"石三十钱"的水平相近，在较为正常的情况下，当时的谷价大都仍保持战国及秦时的三十钱到八十钱一石的水平。

---

① 《太平御览》卷三五，引桓谭《新论》。

汉武帝建立了五铢钱制度，在统一的五铢钱流通情形下，虽然也不能完全排除私铸劣币的流通，然而这时以钱币表示的物价，相对说来，比以前是要准确多了。从整个两汉时期五铢钱的流通情况看，西汉时期比较东汉时期则更为稳定些。前已讲到，"自武帝元狩五年三官初铸五铢钱，至平帝元始中，成钱二百四十亿万余"，即在五铢钱制建立后的约一百二十年间，西汉政府历年曾铸造了大量五铢钱，因而适应经济需要的钱币供应的状况是比较正常的；而在财政方面，桓谭说："汉宣以来，百姓赋钱一岁为四十余万万，吏俸用其半，余二十万万藏于都内，为禁钱。少府所领园地作务之入十三万万，以给宫室供养诸赏赐。"① 在这一国用情况下，汉元帝时，都内、水衡、少府的贮钱就有八十余万万，因而财政状况也是比较充裕的；而在此以后，直到王莽篡汉时，国内也未发生太大的政治经济变动，在经济最为安定的宣帝时期，还出现过"比年丰，谷石五钱""金城湟中，谷斛八钱"② 的低物价情形。这些均可表明西汉时期五铢钱的购买力及流通状况，总的说来都还是比较良好的。

关于两汉时期的物价与钱币购买力较为具体的情况，有关内郡方面的情况，从《九章算术》等文献可以看到一部分；边郡方面的情况，则可以从《居延汉简》等看到一部分。

现存《九章算术》，系西汉张苍删补校正，后人又有附益，书中所列的算题，虽然皆系假设，但也应与当时的实际情形相去不远。《居延汉简》，则保存了武帝晚期［太初三年（公元前102年）］

① 《太平御览》卷六二七，引桓谭《新论》。
② 《汉书·宣帝纪》；《汉书·赵充国传》。

到东汉初［建武九年（公元 33 年）］这一时期的许多经济和物价资料。现从中选录一些比较重要的材料如下：

《九章算术》等所载有关内郡的情况：①

五谷："黍一斗六钱"，"麦一斗四钱"，"菽一斗三钱"，"荅（小豆）一斗五钱"（卷八），"醇酒一斗钱五十"，"行酒一斗钱一十"（卷七）。

布帛："布一匹二百四十四"（卷二），"素一匹六百二十五"，"缣一丈一百二十八"（卷三），"丝，一斤六、七十钱到两、三百数十钱"。

器用："漆一斗三百四十五"，"竹一个大者八钱，小者七钱至五钱"，"砖一枚八钱"（卷二），"六尺席出河东上价七十，蒲席出三辅上价百"（《范子计然书》）。

田宅牲畜："善田一亩价三百，恶田一亩价七十"（卷七），"马一匹五千四百五十四"（卷八），"牛一头三千七百五十""一千八百一十八""一千二百"（卷七），"豕一头九百""三百"（卷八），"羊一头五百"（卷八）"一百五十"（卷七），"犬一头一百"（卷七），"鸡一只七十"（卷七），"兔一只二十九"（卷八）。

《居延汉简》等所载有关外郡的情况：②

五谷："粟二石，直三百九十"（卷一），"粟一石，直一百一十"，"黍米二斗，直钱三十"，"出钱二百二十，籴粱粟二石，石百一十。出钱二百一十，籴黍粟二石，石百五十。出钱百一十，籴大麦一石，石百一十"，"水千秋入谷六十石六斗六升六，直二千一百

---

① 参见《九章算术》，四部丛刊本。
② 参见劳榦：《居延汉简考释》（释文之部），1934 年重庆石印本。

二十三""入谷六十六石，直钱二千三百一十"。(卷二)

布帛："广汉八稷布十九匹八寸大半寸，直四千三百二十""八稷布八匹，直二百三十"(卷三)，"九稷布三匹、匹三百三十三，凡直千"(卷一)，"二千八百六十二，买帛六匹"(卷二)，"帛二丈五尺，直五百"，"帛千九十匹三尺五寸大半寸，直钱三十五万四千三百"，"河内二十两帛八匹三尺四寸大半寸，直二千九百七十八"(卷三)，"白素一丈，直二百五十"(卷二)，"素丈六尺，直二百六十八"，"白练一匹，直一千四百"(卷三)，"缣一匹，直千二百"(卷一)，"任城国亢父缣一匹幅广二尺二寸，长四丈，重二十五两，直钱六百一十八"(《流沙坠简考释·器物类》)，"黄毂糸一斤，直三百五十"(卷二)，"绖絮二斤八两，四百"(卷三)，"绡丝二斤，直四百三十四"(卷三)，"袍一领，直二百八十七，袭一领，直四百五十""官袭一领，钱二百三十"(卷二)。

器用："剑一，直六百五十""剑一，直七百""铜铫一，直五十"，"甖(罂)一，直三十、甖一，直七十"(卷三)，"胶三斤，钱六十七""出钱千三百三十，买胶二十三斤"(卷二)。

田宅牲畜："宅一区三千"(卷二)，"宅一区万"，"田五顷五万"，"田五十亩五千"(卷三)，"马直十千"(卷一)，"马五千三百"(卷二)，"用牛二，直五千"(卷三)，"胡狗，直六百"(卷二)。

上所引物价资料，由于时间有早晚、地区也不同，所以只能作为参考。与人民生活最直接相关的谷物、布帛价格，据《九章算术》记载，黍、麦为每石五六十文，这个价格总的看来偏低，可能是西汉文景时期或以后昭宣时期谷价较低时的数字。从总的情况看，西汉谷价的一般水平可能为一石百钱左右，内地低些，边郡高些，边郡通常的粮价，如黍、谷、大麦等每石平均都应在百钱以上。至于布帛、衣着，边郡的价格比内郡高，而马匹则较内郡低；同为缣帛，在同地有时也相差甚多，如任城国亢父缣一匹值六百一十八，而普通缣每匹要值一千二百；河内帛每匹合三百七十钱，另一简帛价则合八百钱。关于田价，因有时间、地区、田地良恶的不同，差别当然就更大了。一亩田地最低约值百钱，或更少些；而最高的田价，在内地京师附近，一亩可值一金，即万钱①。

考察汉代钱币的购买力，除谷、帛、器用等具体物价材料外，还可把一些综合性的材料作为参考。在汉代，所谓中人之家的标准，为十金，一金万钱，即十万钱②；家资不满十万者，有时还可以享受免租的待遇；而不满千钱者为贫户，官府有时要给予"赋贷种食"的救济。③《居延汉简》中有一则较完整记载家资估算的简文，很有参考价值："候长觻得广昌里公乘礼忠年三十，小奴二人直三万，大婢一人二万，轺车一乘直万，用马五匹直二万，牛车二两（辆）直四千，服牛二，六千，宅一区，万，田五顷五万，凡资直十五万"（卷三），这是当时一般地主的家资情况。

再如，在雇工或雇役方面，这大抵也可看作为非农业人口的劳动收入状况，《九章算术》载："今有取保一岁，价钱二千五百"（卷三），一个月的收入则应为208钱。在汉代，男子每年要服徭役一个月，如不去，则可出钱由官府雇人代役，据记载，西汉时本人如

---

① 参见《汉书·东方朔传》。
② 参见《汉书·文帝纪》。
③ 参见《汉书·哀帝纪》；《汉书·元帝纪》。

不服役，则交纳更赋 2 000 钱，或云 300 钱。①

关于东汉时期正常情况下的物价及钱币购买力的材料，则比较缺少。

根据东汉时期总的经济及货币流通情况看，东汉的物价水平应较西汉高些，谷粟的价格通常每石应为百钱以上；但是在某些时期或地区，也仍不乏粟价甚贱的记载。如明帝时，天下安平，岁比登稔，"粟斛三十"②；安帝永初四年（公元 110 年）常山地方"谷斗三钱"③；即使是汉末董卓铸小钱，钱币购买力极度跌落的时候，由于封建经济的地域性质，当时刘虞所据的幽州，每石谷则只要三十钱。④

崔寔在《政论》中讲到东汉后期（桓帝时）"百里长吏"（一主一仆的县令长）的生活情况是："一月之禄得粟二十斛、钱二千。"其开支则为"客庸一月千，刍膏五百，薪炭盐菜又五百，二人食粟六斛"，所余还要供马食、冬夏衣被、四时祠祀、宾客斗酒之费等，因而仅靠所得薪俸勉强维持生活都很困难。东汉时的俸禄是半钱半谷，所以粟价为每石百钱。"客庸一月千"，即雇工的工钱一月为千钱。

总之，从整个两汉情况看来，汉代从建立五铢钱制度后，币值一直仍能维持一定的水平，铜钱的购买力基本上还是比较稳定的，它反映了我国货币经济早期发展阶段，金属铸币流通大致还平稳正

---

① 参见《汉书·昭帝纪》注；《汉书·吴王濞传》注。（按："钱三百"，"二千"，相差甚多，应系时间不同，随物价水平变动等原因而发生的差异。）

② 《后汉书·明帝纪》永平十二年。

③ 《祀三公山碑》，王昶：《金石萃编》卷六。

④ 参见《后汉书·刘虞传》。

常的情形。

综观两汉时期的五铢钱，从武帝元狩五年（公元前 118 年）初铸五铢钱、元鼎四年（公元前 113 年）将郡国铸币权收归中央政府，建立了统一的五铢钱制，一直到东汉王朝结束，前后长达三百余年，五铢钱一直是主要的流通货币。

在此期间，从文献记载及传世的五铢钱范来看，知道西汉武帝、昭帝、宣帝、元帝、成帝、哀帝、平帝、东西汉之交的更始、东汉的光武帝、桓帝、灵帝都铸造过五铢钱。当然，铸造五铢钱而不见记载的也还会有，特别是东汉，从地下发掘材料看，大概铸钱的次数很多，但都缺乏明确的文献记载。

从汉五铢钱钱币本身状况，即钱质、钱的大小、轻重、铸工等情况看，西汉鼎盛时期的武帝五铢，铸造技术虽不纯熟，却是整齐足量；昭帝以后铸造水平提高了，但出现了不足量的现象；东汉五铢的质量差，很多不够重量（2.5 克）。剪郭五铢钱从西汉末年开始逐渐普遍起来，尤其是东汉中叶以后，杂钱纷出，凡此，都反映了东汉的社会动荡与经济紊乱现象。

钱币的断代与分期，是一项重要工作，它不仅有助于货币史的研究，而且为考古学上墓葬或遗址时代的推断，提供了非常重要的依据，这对于分析、研究一个时期的社会、经济各方面的情况都非常必要。在这方面，《洛阳烧沟汉墓》对所发掘的 225 座汉墓（出钱币者 162 座）出土的 11 000 余枚五铢钱，结合有系统的墓葬形制和器形作为佐证，第一次对汉五铢钱进行了科学的分型与分期研究。

据《洛阳烧沟汉墓》分析，汉五铢钱分为五型，即西汉武、昭五铢（Ⅰ型），西汉宣帝—平帝五铢（Ⅱ型），东汉初、中期五铢

（Ⅲ型），东汉晚期（桓帝以后）五铢（Ⅳ型）及灵帝的四出文五
铢（Ⅴ型），主要是按钱的形制与钱文的书体对五铢钱进行了分型
与分期。所言的钱的形制，包括钱的大小、轻重、铸工等几方面。
汉代的五铢钱的大小都相差不远，从最一般的大小来看，五铢Ⅰ
型、Ⅱ型的径是2.5厘米；Ⅲ型、Ⅳ型径为2.55—2.6厘米。五铢
钱的重量，Ⅰ型、Ⅱ型重约3.5克；Ⅲ型重3—3.2克；Ⅳ型最轻，
重2.5克左右，铸造也最滥，字迹不显，肉面多瘢疵；Ⅴ型重约
3.5克，铸工较Ⅳ型也略有改进，但铜质不纯，肉面常有砂眼。

关于钱文的书体，分别就各型的"五""铢"二字比较，其差异
较大，变化也显著。如图3-4所示，Ⅰ型到Ⅱ型有一大变化，Ⅱ型到
Ⅲ型也有一大变化，Ⅳ型、Ⅴ型基本上和Ⅲ型没有太大的变化。[①]

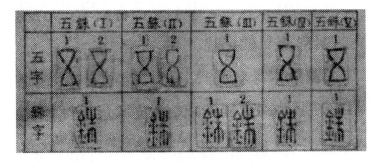

图3-4　汉五铢钱书体演化图

[①] 1957—1958年，科学院考古所洛阳发掘队，对洛阳西郊217座汉墓中
（出钱币者179座）所出的一万余枚五铢钱，在《洛阳烧钩汉墓》的基础上，
根据形制的分析、墓葬的佐证，对《洛阳烧钩汉墓》Ⅰ型（即武、昭五铢），
从中又分出昭帝五铢。昭帝五铢的特征是：从书法上说，字体仍较瘦长，然
"五"字已经有了变化，不再是武帝时的直笔，但也不像宣帝时那样弯曲，两
笔与上下画之交有了明显的收分；"铢"字变化不大，基本上同于武帝五铢。昭
帝五铢的铜色偏红，铸造技术尚差，大小如武帝五铢，重量却较武帝五铢略轻，
而比宣帝五铢稍重。（《洛阳西郊汉墓发掘报告》，《考古学报》1963年第2期。）

第 三 节
汉代黄金的流通及其衰退

一、汉代黄金的形制

汉代因袭秦制，仍以黄金为上币，铜钱为下币，所以，黄金仍是汉代的法定货币，仅是单位由镒改为斤。

《史记·平准书》云："一黄金一斤"；《汉书·食货志》则云："黄金方寸，而重一斤。"[①] 西汉时一斤约合今 250 克，而现在各地出土的汉代完整的金饼，亦以 250 克左右者为最常见；再证以汉尺一寸约合今 2.35 厘米[②]，以一立方寸的体积乘以黄金的密度 19.3 克/立方厘米，即 $2.35^3 \times 19.3 = 250.4729875$ 克，均较相符，因而

---

① 《汉书·食货志下》。
② 参见天石：《西汉度量衡略说》，《文物》1975 年第 12 期。

"黄金方寸，而重一斤"，的确是有所本的说法。①

至于黄金与铜钱这两种法定货币间的比价，根据史书及古代学者的注释，均言黄金一斤值钱一万②；王莽改制时，也是规定黄金一斤值万钱。所以，汉代的黄金、铜钱比价，就官价言，都是一斤万钱，至于民间流通，则可能因时因地而有高下。如《九章算术》有算题言：金一斤值钱"六千二百五十"（卷六）、"金价九千八百"（卷七）。

黄金作为货币，不仅有法定的重量单位，而且还被铸成一定的形制。武帝以前，关于黄金的形制没有确切的记述，新中国成立后各地汉代遗址或墓葬，如湖南长沙的伍家岭、杨家大山、汤家岭、江苏铜山小龟山、山西太原东太堡等地新出土的黄金，多呈圆饼形，大型金饼大多重 250 克左右，即约为汉斤一斤；河北满城西汉中山靖王刘胜夫妇墓所出土的数十枚约当时一两重的小金饼，亦呈圆饼形。③ 至于战国楚国的"郢爰"金版，进入汉代后，在一些地区，也仍有流通，如 1971 年湖北宜城前坪西汉墓有"郢爰"金版与汉"半两"钱同出，即可证明。④

在汉武帝太始二年（公元前 95 年）时，对通行的黄金形制进

① 1974 年 4 月—1975 年 6 月，西安西南郊鱼化寨北石桥，即西汉上林苑范围内，出土六枚完整的马蹄形金饼，其中编号 82 金饼，自铭"斤六铢"，实测重 257.65 克，则汉一斤＝253.69 克；99 号金饼自铭"十五两二十二铢"，实测重 251.9 克，则汉一斤＝253.22 克，亦与汉斤一斤约合今 250 克相符。（《西安汉上林苑发现的马蹄金和麟趾金》，《文物》1977 年第 11 期。）

② 参见《汉书·食货志下》。

③ 参见安志敏：《金版与金饼》表二：新中国成立后发现的金饼登记表，《考古学报》1973 年第 2 期。

④ 参见《宜昌前坪战国西汉墓》，《考古学报》1976 年第 2 期。

行过一次改革，《汉书·武帝纪》记述："诏曰：有司议曰，往者朕郊见上帝，西登陇首，获白麟以馈宗庙，渥洼水出天马，泰山见黄金，宜改故名，今更黄金为麟趾裹蹏以协瑞焉。"对此，注引"应劭曰：获白麟有马瑞，故改铸黄金如麟趾、裹蹏，以协嘉祉也"；"师古曰：既云宜改故名，又曰更黄金为麟趾、裹蹏，是即旧金虽以斤两为名，而官有常形制；……武帝欲表祥瑞，故普改铸为麟足、裹蹏之形，以易旧法耳"。颜师古还讲道："今人（唐时）往往于地中得马蹄金，金甚精好，而形制巧妙。"后来，北宋沈括于《梦溪笔谈》也记述："襄、随之间，故春陵、白水地，发土多得金麟趾、裹蹏。麟趾中空，四傍皆有文，刻极工巧；裹蹏作圆饼，四边无模范迹，似于平物上滴成，如今乾柿，土人谓之柿子金。"其实，地下出土的汉金饼，究竟何者为"麟趾"、何者为"裹蹏"，尚有待于汉金饼的更多出土才好判定。过去文献中记述的金饼，由于出土后多被销毁，所以已无实物可资研究。就新中国成立后发现的金饼实物看，呈圆饼状的居多，但完整的马蹄形金饼，或称马蹄金，也不断有发现。如 1974 年 4—6 月，西安汉上林苑旧址发现了六枚马蹄形金饼，其中四枚底面为椭圆形，两枚底面为圆形。或云：前者为裹蹏，后者为麟趾，裹蹏，即马蹄，裹（今写作"袅"）是古时传说中的一种良马，蹏即蹄的本字；而麒麟，是一种想象中的祥兽，据说，麟蹄像马蹄，而呈圆形。[1] 据此，马蹄金底面呈椭圆形者为裹蹏，呈圆形者为麟趾。[2]

又据 1973 年 5—12 月对河北定县 80 号汉墓的发掘，该墓据信

---

[1] 参见《汉书·武帝纪》注引应劭语及颜师古语。

[2] 参见《西安上林苑发现的马蹄金》，《文物》1977 年第 11 期。

为死于宣帝五凤三年（公元前55年）的中山怀王刘修之墓，墓中出有掐丝贴花镶琉璃面大、小马蹄金7枚，另有大圆金饼2枚及小金饼40枚。有一件马蹄金，近似趾瓣，度其大小和比例类兽趾；而汉代人也传言麟有"五趾"，[①] 所以，认为这种类趾瓣状的马蹄金乃是麟趾金，此外，则皆为褭蹏金。[②]

除此，也有认为麟趾、褭蹏金即为圆形金饼的说法。如前引《梦溪笔谈》的记述，即云"褭蹏作圆饼"，沈括此语不知有何根据，也可能是臆测之语；但据近些年来所发现的圆形金饼实物中，山西太原东太堡出土的34号金饼凹面上的铭文有"令"字，而浙江杭州老和山出土的与此相似的圆泥饼，则刻有"令""一斤""令之金一斤"等字样，[③] "令""令之"似为麟趾的简写，如果这一假设属实，那么，所谓"麟趾"则可能仅是对当时已通行的一种圆形金饼所更改的新名。这是因为，现已发现的汉代金饼，其中有些系属于武帝太始二年（公元前95年）以前之物，也可能"麟趾"后来已成为黄金的代称或通称，于是，原来的圆形金饼民间也习称为麟趾金了。总之，究竟何种形状的汉金饼为麟趾，或为褭蹏，尚有待于今后的发现来作进一步的证实。

二、黄金的盛行及其衰退

黄金在汉代，主要是作为上层统治阶级使用的货币，所以在传

① 参见王充：《论衡·讲瑞篇》。
② 参见《河北定县40号汉墓发掘报告》，《文物》1981年第8期。
③ 参见《太原东太堡出土的汉代铜器》，《文物》1962年第四、五期；《汉代随葬冥币陶麟趾金的文字》，《文物》1960年第7期。

世的《居延汉简》所载关于物价的一些资料，都是以钱文计算，而无以黄金计价的，这说明它还不是普及民间、上下通行的货币。然而黄金作为合法的货币，在古史书中有关国用，或者用以表示财富及物价等方面的记述还是很多的。在计算富力方面，如言"（东郭）咸阳，齐之大鬵盐，孔仅，南阳大冶，皆致产累千金"；又如，汉文帝曾说："百金，中人十家之产也"，即当时中等人家的家产为黄金十斤。在计算田价方面，东方朔曾言："沣镐之间，号为土膏，其贾亩一金"，这是最好的田地价格。① 在财政国用方面，如买爵、赎罪、酹金（助祭费）等，有的均规定要使用黄金。但是，汉代盛行黄金，主要还是表现于帝王的赏赐和馈赠方面。《史记》《汉书》所载"赐金""馈金"的数目，动辄数万斤，少者亦有数百斤、数十斤，其赏赐次数之多，简直难有准确的统计。② 黄金以十万斤计，其数额最巨者，如：

"梁孝王未死时，财以钜万计，不可胜数。及死，藏府余黄金尚四十余万斤"；

"卫青比岁十余万众击胡，斩捕首虏之士，受赐黄金二十余万斤；……大将军骠骑大出击胡，赏赐五十万金"；

"省中黄金万金为一匮，尚有六十匮，黄门、锡盾，藏府中尚方处，处各有数匮"。③

---

① 参见《汉书·食货志下》；《汉书·文帝纪》；《汉书·东方朔传》。
② 关于史书所载黄金的赏赐，按照古代学者的注解，如《汉书·惠帝纪》注引晋灼曰："凡言黄金者，真金也，不言黄，谓钱也"；前引《食货志》师古注亦言："诸赐言黄金者，皆与之金，不言黄者，一斤与万钱也。"其实，这只是一个大概的说法，实际赐予黄金，或折钱支付，往往并不是绝对的。
③ 《汉书·文三王传》；《汉书·食货志下》；《汉书·王莽传下》。

这和战国时候，只言"百金""千金"，而无过"万斤""万镒"以上的情形，是更为发展了。凡此，皆可窥见西汉时期黄金盛行的情形。

然而，进入东汉以后，黄金见于史籍记载的却显著地减少了。《后汉书》所载的"赐金""馈金"的数目，多者虽仍有万金以上者，如《梁皇后纪》载"聘黄金二万斤"，仅一见；另千斤者一二见；其余皆一二百斤，或三五十斤，或少至十斤；并且赐赠的次数也寥寥无几，仅十次左右。但是，赐物、赐钱的数量则加多了，如"缣千匹""布万匹""粟万斛""钱百万""钱千万""钱一亿"等。

东汉时期，黄金数量骤然减少与黄金的货币作用的衰退，早已为治史者所注意；而且，很早以前宋太宗（公元976—997年）就曾提出疑问："西汉赐予，悉用黄金，而近代为难得之货，何也？"[1]

关于我国古代黄金流通从东汉时期开始骤然减少，而且它的货币作用也衰退了，其中具体原因上是多方面的，然而，对形成这一现象的基本原因，却必须联系我国古代社会生产的发展，从与之相适应的交换水平来考察。

为了更清楚地阐述这一问题，有必要先讲一下黄金何以会在我国古代社会广泛流行，以及当时黄金充作货币的一些情况。

马克思说："商品交换越是打破地方的限制，商品价值越是发展成为人类劳动一般的体化物，货币形态也就越是归到那种天然适于担任一般等价物这种社会职能的商品，那就是贵金属。"[2] 这是说，货币形态必然由贱金属向贵金属的过渡，是币材发展的一般历

---

① 《宋史·杜镐列传》。
② 马克思：《资本论》第一卷，人民出版社1963年版，第66页。

史规律；而发展到以贵金属黄金为货币商品，则应该是整个社会财富已有巨大增长，交换和货币经济都高度发达的近代社会的事情了。

然而如何理解古代世界在一定时期的一些地区及国家，特别是古代的中国，黄金能够作为货币而广泛行使呢？

这是因为，古代社会生产力的水平虽然低下，然而黄金是作为一种天然体存在的矿物，从而在很早时候也就为人们发现和开采了。我国古代关于黄金产地的记载，还是比较普遍的。关于战国时期的黄金产地，根据《山海经》的记载，指明为黄金产地的就有28处（单言"金"的产地未计）；两汉时期的黄金产地，根据《史记》《汉书》《盐铁论》诸书的记载，分布也仍然是比较普遍的。如《史记·货殖列传》言："豫章出黄金""豫章郡鄱阳武阳乡有黄金采"；《汉书·地理志》言："桂阳郡……有金官"；《盐铁论·力耕篇》言："汝汉之金"，《通有篇》言："丹、章有金、铜之山"（丹阳郡，今江苏、安徽长江以南地区；章山，江西南城县西北），"陵阳之金"（安徽宣城陵阳山）等。

这些地方的黄金，应都是比较容易发现和开采的沙金或砂金，因为到东汉时期，见于记载的黄金产地已很少在中原地区，而是偏于西南一隅了。

由于最初发现的黄金开采较易，因而黄金与铜之间价值的差异，在古代也并不过于悬殊。在春秋时期以前，金、铜的记载尚无明确的区别，黄金从战国时期广泛流行以后，到汉代它的官价是一斤万钱，相对说来，黄金仍然不算十分贵重；而且民间黄金的流通，可能比这一法定比价还要低些。这些属于黄金本身自然方面的充作币材的有利条件，便使得黄金在很早的古代社会中，有可能成为货币而发挥作用。黄金在战国时期即作为货币而流行，而在产金最多的南方楚国，出现了我国最早的原始黄金铸币"郢爰"金版，应该说，这是一个重要原因。

至于我国古代黄金的流行情形，在战国时期即以百金、千金、万金（镒或斤）计，而西汉黄金的使用或储存数量更有多至数十万斤者，这一现象也并不能完全与当时社会财富增长的情形以及交换发展水平机械地联系起来。因为这一现象所造成的黄金盛行观念有很大的片面性，或者说是一种易于迷惑人的假象。一般说，在社会发展的早期阶段，一般平民都是生活困苦，衣食艰难的，因而他们是很难储存黄金，而且也不能以黄金作为饰物之用的。这样，就整个社会需要看，就在相当程度上减少了对黄金的需求，从而影响黄金的价格水平也就比较低，但是这却使黄金便于为封建政府以及少数大贵族、大官僚从事搜括，并把黄金集中储存起来。我国古代社会对黄金的积蓄与行使，都以镒、斤计，而不是以铢、两计，就正反映着当时社会生产力的水平还很低下，而在这种情形下黄金充作货币，也只能是社会上层统治阶级使用的货币，而不是上下广泛通行的货币；也正因它作为上层社会的货币，只是在一个较小的范围内辗转行使，主要是作为赏赐、馈赠之用，因而也就很容易造成一种金光缤纷的假象了。

西汉时期黄金的盛行，是我国战国以来的几百年间黄金不断积累与集中的结果；而王莽死时库藏的黄金达70万斤，则是我国古代黄金积累的最高峰。王莽承继了武帝以后昭、宣、元、成、哀、平六代的积蓄，而且还规定"列侯以下不得挟黄金"，即事实上实行黄金国有政策，因而我国历代积累的相当大量的黄金，就都集中于王莽之手了。

对于我国古代封建中央政府 70 万斤的黄金储存量，看起来很是可观，其实，联系我国当时在古代世界上的地位，及社会生产发展的水平来考察，则也并非奇怪而不可理解的事。因为，当时的 70 万斤，汉斤一斤以 250 克计，仅相当于现今的 175 000 公斤，这一数字约略与当时西方的罗马帝国的黄金储量相当；可是考虑到我国古代的汉王朝，是一个专制主义的中央集权的大帝国，其人口、疆域、社会生产力水平和生产规模，以及政治组织的集中程度，无不超过公元前后的罗马帝国，因而对于我国当时黄金的储存量也就是可以征信的事情了。

对于我国古代黄金的使用，在进入东汉以后，却开始骤然减少，而它的货币作用也显著衰退，对此现象应该如何理解呢？

东汉两百年间的社会生产力及总的经济发展水平，均超过了西汉，然而它毕竟还是处于我国封建社会发展的早期阶段，在当时自然经济占绝对优势的情形下，客观上并不需要黄金这种贵金属作为上下流通的货币，这是一个最基本的事实。除此，在黄金的生产、消费等方面也有具体的原因使黄金逐渐退出流通界，从而丧失它的货币的资格。

在这里，有必要指出一个事实，即进入东汉以后，黄金的使用骤然减少这一突然现象，则应该与王莽所集中起来的黄金储备，在战火中之一旦失散有关，这一事变，可以说是一个明显的转折点。

王莽的新朝之末，首先是长安市民起义，火烧未央宫；继之是更始王朝的内部政变，长安发生了为时月余的巷战；随之又是赤眉农民军与东汉政权军队的长安攻守战，这样一来，长安城完全残破了，而王莽集中的黄金当然也在战火中完全散失了。据记载，长安三辅一带一时曾发生"黄金一斤，易豆五升"① 的现象，即可想见战乱之中黄金散落民间的情形。黄金之为物，体积小，价值大，便于储藏，因而几百年来的积累一旦散失，而这时货币经济已遭破坏，民间交换也都杂用布帛金粟，从而呈现了经济实物化状态；迨至战火的创伤逐渐复原，五铢钱制度也恢复了，可是失散了的黄金却为人们藏而不出了。虽然后来东汉社会经济发展的水平，又已经超过了西汉，然而这只是使更多的人，如一般的官僚、地主等有力量把黄金作为宝藏的对象或用作饰物，而黄金的货币作用却相应衰退了。东汉时期，黄金也有集中于封建政府及豪门贵族的情形，如东汉末董卓被刺身死，人们发郿坞时，坞中珍藏的黄金就有两三万斤之多，② 但是与西汉时期比较起来，则相差很远了；而我国古代黄金的集中储藏，经东汉末在战火中的再次失散以后，黄金在我国古代就长时期地失去货币的资格了。

两汉之际封建中央政府黄金储存的失散，只是一个暂时性的原因，而基本原因，如前所言，在当时自然经济占绝对优势的我国封建社会发展的早期阶段，联系其时社会生产的发展以及与之相适应的交换水平来考察，在客观上则并不必然需要黄金这种贵金属作为上下通用的货币；如果更联系我国古代社会经济发展的总的进程看，经过两汉之际的社会经济剧烈变动，从东汉时起，黄金的货币作用骤然衰落了，这其实只是对战国以来脱离一般经济发展的、古

---

① 《后汉书·冯异传》。
② 参见《后汉书·董卓传》。

代过于早熟的货币经济的一种强制调整罢了。在这种情形下，进入东汉时期，社会生产力及封建经济虽然又有了进一步的发展，然而在其时的自然经济为基础的封建社会里，黄金单纯作为人们宝藏对象的作用增长了，它的货币性则相对地衰退了。除此，有关黄金的生产和消费方面的一些原因，也是促使黄金货币作用衰退起较长期作用的因素。

在黄金生产方面，由于我国还不是一个很丰富的产金国，内地的黄金产地较少，比较丰富的金矿则多分布于边远地区，因而，在古代的生产技术水平下，要进一步更多地开采黄金，较之铜铁等金属便要困难多了。这样，不但影响黄金产量增加的速度，而且使黄金的生产成本也提高了，于是，黄金生产量的增加便落后于社会的各种需要；而黄金成本的提高，导致黄金价格的逐渐增高，使其作为一般交换手段和社会经济现实的交换水平愈益脱离，它的充作币材的有利条件便相应减退了。

从社会消费方面的原因来看，随着封建经济的向上发展，封建社会上层的统治阶级，以至一般的地主、富商的生活，都是日趋于侈靡，这样，有限的黄金生产除供他们作为宝藏的对象以外，主要就是供统治阶级骄奢淫侈的生活享受之用，所以，在工艺方面对黄金的需要是日益增加了。[①] 另外，在魏晋南北朝以后，由于佛教的流行，致使大量的黄金消耗于塑像涂金、泥金写经上，历代的治史者，如顾炎武、赵翼等均认为这最是"耗金之蠹"。[②] 工艺方面需

---

① 参见王嘉：《拾遗记》卷六；郎瑛：《七修类稿》卷四十一，《古今金珠》；胡侍：《真珠船》卷四，《黄金》。

② 参见顾炎武：《日知录》卷十一，《黄金》；赵翼：《二十二史札记》卷三，《汉多黄金》。

要的增加，特别是后世佛事的消耗，都是消费方面促使黄金的货币作用衰退的重要原因。

除去这些社会生产与消费方面的原因，在对外贸易方面也可能影响国内黄金数量的增减。《盐铁论·力耕篇》曾有"汝汉之金，纤微之贡，所以诱外国而钓羌胡之宝也"的看法，即主张利用黄金作为对外国珍贵物品的购买手段。然而根据现有史书记载的材料，究竟西汉时期的黄金是流入还是流出还很难作出确切的估计；再者，对于当时对外贸易在整个国家经济中的地位与作用，也很难作出太高的估计，所以，关于对外贸易方面的影响，基本上是可以略而不计的。

总之，黄金的货币作用，从东汉时期开始就显著衰落了，而进入魏晋南北朝时期以后，它就长时期地失去货币的资格了。当然，这并不是在绝对意义上说它在流通中不会被人们视为货币了。在这里，顺便指出，即使是在我国古代历史上未曾获得货币地位的白银（汉武帝的白金币、王莽"宝货"制的银货二品除外），也还是有时被人们视为货币的。如西汉时晁错就曾有"夫珠玉金银，饥不可食、寒不可衣，……明君贵五谷而贱金玉"之语；贡禹有"罢采珠玉金银铸钱之官，毋复以为币"之议。[1] 可见，白银虽然没有正式取得货币资格，但是在古代社会，在一定的程度上，它还是具有货币意义的；黄金在魏、晋以后的情形也是如此。所以，我们说金银不是货币，只不过是根据它们在一定时期、在社会经济中的总的作用而言罢了。

---

[1]　参见《汉书·食货志上》；《汉书·食货志下》。

第 四 节
汉代的高利贷信用

秦、汉统一的专制主义的封建国家建立以后，我国的社会经济有了很大的发展，商人资本和高利贷资本的势力也都有所增长。虽然汉王朝继秦之后，一直奉行重农贱商政策，然而实际上却是"今法律贱商人，商人已富贵矣；尊农夫，农夫已贫贱矣"①。商业资本的活跃与商业利润的优厚，促使民间的贫富差别扩大了，因而也给高利贷资本的活动创造了有利的条件。当时，很多的大商人及地主豪强也同时是高利贷者，而专门从事放债牟利的则称为子钱家。有些富有的大高利贷者的收入，都可与封君相比，所谓"子贷金钱千贯，……亦比千乘之家"②，即以千贯钱为本钱，年可获息20万钱，就正是一个"千户侯"的封君收入了。这种现象，在两汉时期

① 《汉书·食货志上》晁错语。
② 《史记·货殖列传》。

都一直存在，东汉时桓谭也说："今富商大贾，多放钱货，中家子弟为之保役，趋走与吕仆等勤，收税与封君比入"①，于此，即可见汉代高利贷资本的猖獗情形。

在西汉的京城长安，已经有专门的放债市场了。据说，当吴楚七国之乱，许多关东列侯封君随军出发需钱时，一般的子钱家都因胜负形势未定，而不敢借钱给他们，但是有位无盐氏却趁机"出捐千金贷，其息什之"②，结果，他一年之中就获利十倍，而成为关中有名的富户。

在高利贷的盘剥下，受苦最深的是广大的农民，他们在"倍称之息"的压榨下，往往只有"鬻田宅、卖子孙"才能还债，西汉的著名思想家晁错就曾抨击过这种不合理的社会现象。③ 贵族们因挥霍无度，所以也是高利贷者的放债对象，有的就"负责（债）数百万"。④

汉代政府对于高利贷的利率是有限制的，因为史书中常记载有"取息过律"的事⑤，但是官定利率究竟是多少则不清楚。根据前引司马迁所言："子贷金钱千贯，……亦比千乘之家"，大致年息20%可能是子钱家的一般利率水平；至于无盐氏一年获利十倍，则是特殊的事例了。

汉代的信用，除私人借贷外，还有官府信用。官府救济性贷款各代都有，如宣帝地节三年（公元前67年）诏："流民归还者，假

---

① 《后汉书·桓谭传》。
② 《史记·货殖列传》。
③ 参见《汉书·食货志上》。
④ 参见《汉书·宣元六王传》。
⑤ 参见《汉书·王子侯表》。

公田，贷种食"；元帝永光元年（公元前 43 年）诏："天下务农亩，无田者皆假之，贷种食如贫民"；东汉和帝永元十三年（公元 101 年）诏："贫民假种食，皆勿收责（债）"；永元十六年（公元 104 年）诏："贫民有田业，而以匮乏不能自农者贷种粮"；等等。①

王莽改制时，还曾设置办理政府信用的机构，这个措施就是恢复《周礼》中的所谓"赊贷"。按照规定，民人因祭祀、丧纪的贷款，祭祀以十天为限，丧祀以三月为限，不收利息；人们还可以向政府借钱置产业，对此则按照借款人所得的收益收取年息一分，或云按月息 3% 收取，这是对城市小生产者发放的低利生产贷款。②

东汉时期，政府财政拮据，有时也向富户及贵族们举债。如安帝时因对羌族用兵，官府就曾"负人责（债）数十亿万"；顺帝时，政府曾下令向有资的富户每户借一千钱；桓帝时，因冀州灾荒，下令向有余谷的王侯吏民们贷谷十分之三，作为赈务之用等。③

---

① 参见《汉书·宣帝纪》;《汉书·元帝纪》;《后汉书·和帝纪》。
② 参见《汉书·食货志下》《汉书·王莽传下》。
③ 参见《后汉书·庞参传》《后汉书·顺冲质帝纪》《后汉书·桓帝纪》。

第四章

魏晋南北朝时期的货币与货币流通

第 一 节
金属货币流通的大混乱

一、社会经济概况

魏晋南北朝时期（公元 220—589 年）是我国历史上最长的动乱时期。一方面，在这三个半多世纪期间，包括三国的相争，西晋的八王之乱、永嘉之乱，以及此后北方各民族上层分子割据政权间的混战，南朝各代政权的迭次递嬗，长时期的战祸连接、人民流徙，造成人口的空前移动与大量减少，从而使我国的封建经济受到严重的破坏，经济发展大为延缓了。

然而在另一方面，从三国时期以迄南朝，由于中原人口长时期地大量向南迁移，因而在汉族与南方原有各族劳动人民共同的辛勤劳动下，我国广袤富沃的南方地区得到了开发；而北方，在各族人民共同反抗民族压迫和阶级压迫的长期斗争中，最后也实现了以汉族为主体的民族大融合。这样，国内各民族人民的联系增进了，南方北方的经济和文化互相交流了，原有的先进生产经验和技术得到广泛传播，而全国的封建经济关系也更为扩展和深化了，这都为我国隋唐统一的多民族国家的建立，以及全国经济、文化进一步的繁荣和发展，积累了必要的条件。

在魏晋南北朝长时期的动乱与南北分裂的局面下，我国的经济在不同时期或地区，还是有不同程度的恢复和发展的。

在西晋短暂的统一时期，曾出现过所谓"太康之治"（公元280—289年）；在最混乱的东晋、南北朝分裂时期，在淝水之战（公元383年）以后，江南地区的东晋和南朝，由于政治上获得"偏安"，社会经济因而也有了一定的恢复和发展，特别是长江中下游地区的情形最为明显。这些地方由于土地得到较充分的开发，农业生产与农民的纺织副业等都相应发展了，冶铸、造纸、制瓷等业也都很发达；农业和手工业的发展，又促进了商业的发展。当时商税已成为南朝政府的一项重要财政收入，许多拥有免税特权的世族、官僚也兼营商业；一些新的城市在南方出现了，特别是建康（南京），它是六朝的京城，也是长江中下游的商业中心，城内有四市，市廛列肆，非常繁荣；而南方的番禺（广州），则为海外贸易的中心。

在北方，拓跋氏统一中国北部并实现了封建化以后，社会经济的发展较南朝更显得富有朝气：均田制的推行，促使农业生产有了显著恢复和发展；而北魏的京城洛阳，也发展为"多工商货殖之民"的繁华商业城市了，并且开始出现"国家殷富，库藏盈溢，钱绢露积于廊者，不可较数"的景象。①

由于国内长时期的战祸连接，社会经济动荡不安，因而货币经济也受到严重的影响。全国经济实物化的倾向浓厚，许多地方出现了钱谷布帛杂用的情形，特别是绢帛在交换中的地位逐渐加强了；在金属货币流通方面，在南方六朝地区，金属铸币在流通界仍居主要地位，可是，由于魏晋以来在租税方面以征收实物（绢、绵）的户调代替了汉代的算赋和口赋，金属铸币流通的范围缩小了；而且由于历朝钱币的改铸，特别是各封建政府屡次实行铸币贬损政策，造成货币流通的长时期的混乱与物价的波动。在北方，自东晋末进入"十六国时期"以后，一直到北魏统一北方，并迁都洛阳以后，才又恢复了金属铸币的铸造和流通。所以，总的看来，魏晋南北朝是我国货币经济衰落与货币大混乱的一个时期。

这一时期，铜钱流通的单位，开始形成以"文"计，一文即一钱；文以上则以千计，钱一千为一贯，不同于汉时大数计算以万钱计。从此，钱千为贯，成为固定的计数习惯。②

二、三国、两晋的金属铸币流通

东汉末，董卓坏五铢钱，铸小钱，③ 是此后三四百年间货币大混乱的开端。

---

① 参见《洛阳伽蓝记》卷四。
② "腰缠十万贯，骑鹤上扬州"是一句流传甚广、反映货币经济现象的脍炙人口的话语。原话出于南朝梁人殷芸（公元 471—529 年）所撰《殷芸小说》。略云："有客相从，各言所志，或愿为扬州刺史，或愿多资财，或愿骑鹤上升。其一人曰：'腰缠十万贯，骑鹤上扬州，欲三者。'"
③ 参见《后汉书·献帝纪》;《三国志·魏志·董卓传》。

三国时期（公元 220—265 年），由于政治上的分裂，货币制度也随之分裂。曹魏于文帝黄初二年（公元 221 年）曾明令废止五铢钱，使人民以谷帛相交易，可是施行以后，在流通界就产生了明显的弊病，出现了"竞湿谷以要利，作薄绢以为市"的现象，① 因而，在明帝太和初年（公元 227 年）又恢复了五铢钱的流通，② 自此以后，曹魏一直沿用五铢钱制度，而未有更改。由于魏国的经济力量较强，而且在货币流通方面主要是使用旧钱，官府可能也有铸造，但新铸五铢钱的记载很少见，③ 流通中的货币数量不多，因而在曹魏统治区的币值和物价，大致上还是比较平稳的。

刘蜀和孙吴方面，由于他们的经济力量较弱，因而他们的币制也就不如曹魏稳定了。

史书涉及刘蜀币制的记载，仅言刘备在四川铸"直百钱"。④ 传世及近年出土的蜀钱有"五铢"及"直百五铢""直百"铜钱，史书所云刘备入成都时铸"直百钱"，系指"直百五铢"，抑或指"直百"，则迄无定论。这两种钱皆大小轻重不一，四川、云南以及长江以南的一些地方均有出土。"直百五铢"钱较大，大者有径 2.8 厘米、重 9.5 克者，最轻小的则有不足 3 克者；"直百钱"大者径皆在 2 厘米以内，重约 2 克，轻小者则不足 0.5 克，说明它们的流通均持续了相当长的时间。"直百五铢"中的重大者应系初铸之钱，

---

① 参见《三国志·魏志·文帝纪》；《晋书·食货志》。
② 参见《三国志·魏志·明帝纪》。
③ 参见《晋书·食货志》。
④ 参见《三国志·蜀志·刘巴传》注引《零陵先贤传》。

很可能即刘备入成都时所铸;① 而减重的"直百五铢"及"直百
钱"则为刘蜀日趋衰落时的铸币，它们在不同时期及地区，与流通
中的五铢钱等铸币，应是按照不同的作价并行流通。

在孙吴地区，史书记载于嘉禾五年（公元236年）曾铸行"大
泉五百"，赤乌元年（公元238年）铸行"大泉当千"大钱，但至
赤乌九年（公元246年）时就停止铸行，而由官府作价收回了。②
这两种钱都有传世品，1984年左右在孙吴地区也有出土，大者重
10余克，然"大泉当千"却有轻至3.5克者。这些大钱，官府虽
然曾下令作价收回，但仍有很多在民间按不同作价继续流通，而且
民间还继续私铸减重的大钱流通。除此，在浙江绍兴、余姚等地，
还有不见史书记载的"大泉二千""大泉五千"出土。③

刘蜀及孙吴所铸行的"直百五铢""直百""大泉五百""大泉
当千"皆系虚价大钱，而且钱币重量也不断减轻，因而币值不稳，
"物价翔涌"现象也就是不可避免的了。④ 凡此，皆说明吴、蜀二
国的货币流通状况均不如曹魏地区稳定。

司马氏代魏，兼并蜀、吴，建立了统一的西晋政权，直到东晋
南渡以后，都一直未铸新钱，在流通中主要是沿用汉、魏的五铢钱
及各种古钱，而晋元帝渡江后，则主要沿用孙吴地区原来流通的旧
钱。当时，江南各种铜铸币"轻重杂行"，大者谓之"比轮"，中

---

① "直百五铢"系虚价大钱，它的名义价值不可能长久保持，史书言刘备
铸行直百钱后，"数月之间，府库充实"，这只有在流通中货币缺少，将士抄掠
库藏一时拥有大量财物的特殊情形下才有可能，"直百五铢"正是这种奏一时之
效的新钱。

② 参见《三国志·吴志·吴主传》。

③ 参见丁福保：《古钱学纲要》记戴葆庭语。

④ 参见郝经：《续后汉书·食货志》。

者谓之"四文",还有所谓"沈郎钱"。① 比轮钱是说这种钱大如车轮,是民间的夸张俗语,它可能就是孙吴的"大泉五百""大泉当千"等钱中钱身重大者;四文钱大概是说这种中等大小的钱币可当四枚小钱使用。当时流通中的旧钱以汉五铢钱为最大多数,而"剪边五铢",即被剪凿的铜钱又往往居多数,所以,"四文钱"就可能是指完整的五铢钱以及重量与它相当的钱币,而这种良币按其重量流通,大致可当四枚被剪凿的劣币行使。关于"沈郎钱",是指时人沈充所新铸的一种较为轻巧的五铢钱。传世的五铢钱中有一种重约二公分(公制质量或重量单位,克的旧称),钱文作"五朱",少数或作"五金"者,这种小钱在江南一带常有出土,因而过去多认为沈郎钱即这种小五铢钱,可是这种钱近年在汉墓中也有出土,而且还出土过"五朱"陶钱及"五朱"钱纹的陶器,所以,五铢钱中究竟何者为"沈郎钱",很难判定。②

由于两晋以来长时期无铸钱之事,许多钱币在流通中被剪凿、毁为器皿及自然损耗等原因,而且还有一些钱币流入南方少数民族地区被销为铜鼓,③ 因而流通中的货币长时期不足。在这种情形下,不仅旧五铢钱及轻小的沈郎钱可以广泛流通,就是一些被剪凿的劣币及各种杂钱,也均可按不同作价并行流通,而且可以保持一定的购买力,所以史书对当时东晋地区的货币流通状况记载说:"钱既

---

① 参见《晋书·食货志》。
② 所谓"沈郎钱"在沈充以后,也可能仍继续为民间所仿铸,而在当时流通中货币不足的情形下,沈郎钱曾比较广泛地流行。所以唐人缅怀六朝旧事时,如李商隐就有"谢家轻絮沈郎钱"的诗句;因其轻小如榆荚,于是李贺诗云:"榆荚相催不知数,沈郎青钱夹城路",王建也有"绿榆枝散沈郎钱"之句。
③ 参见《晋书·食货志》。

不多，由是稍贵。"①

在广大的北方，进入十六国时期以后，原来关中、中原经济最发达地区，也正是战乱的中心，因而一时呈现经济实物化状态，货币经济严重衰退。可是在此时期，有些边远地区，如当河西一带获得暂时安定的时候，也就会出现比较正常的货币流通情况。如凉州大姓张轨于西晋丧乱时，保卫州境未受战祸，被任为凉州刺史后，不少关中、中原地区人民都纷纷逃居河西。他在西晋愍帝建兴元年（公元313年）听从索辅的建议，恢复了五铢钱的流通，于是很快就出现了"钱遂大行，人赖其利"的情形。②

在十六国时期，新铸钱币的则有后赵的石勒，他在公元319年自称赵王时铸造了"丰货"钱，钱文"丰货"，是对西汉以来五铢钱制的一个突破。在四川，成蜀李寿改国号为汉后，于汉兴年间（公元338—343年）铸造了汉兴钱，这是我国最早的年号钱。丰货钱、汉兴钱均较少见，丰货钱重3克弱，汉兴钱重1克强，两种钱都有传世品，而且近年也有实物出土。

三国两晋时期，由于政治分裂，战乱频仍，因而文献、史籍的记载阙略，在币制、货币流通方面的情况尤其是这样，从而很需要靠发掘地下材料予以补充、改正或证实。如前面所言，三国时孙吴的"大泉二千""大泉五千"大钱即为史书所未载；然而这种大钱在浙江绍兴、余姚等地的发现，则可说明孙吴赤乌九年废除大钱流通前后，因官府滥铸大额虚价钱造成了货币流通混乱状况。因为这两种大钱，特别是"大泉五千"，如此大面额的虚价钱显系币制濒

① 《晋书·食货志》。
② 参见《晋书·张轨传》。

于崩溃时所铸，甚至是未及发行，而仅有少量流入民间。（据戴葆庭云："大泉五千"的传世品，迄今所知，也只有两枚。）而"大泉二千"过去之于岭南的发现，1955年广州桂花岗古墓葬"大泉当千"的出土①，则可与史书所载南方广州少数民族毁钱作鼓之事相互印证。

新中国成立以来，许多经过科学发掘的出土实物材料，对于研究三国、两晋时期的币制及货币流通情况，具有重要的价值。从地下发掘中钱币出土的情况看，两晋时期与汉代比较，货币经济相对衰退的情形很是明显。如1952—1958年在湖南长沙发掘了两晋墓葬27座，仅有3座墓葬出土钱币，每墓出土的钱币数量皆仅数枚，而且钱币种类杂乱，包括"半两""五铢""货泉""直百五铢"等。②

然而也有个别西晋墓葬或遗址曾有大量钱币的出土，这对于了解当时的货币流通情况非常重要。如1955年4月，湖北武昌任家湾的一座古墓中出土钱币3 630枚，钱币种类有汉五铢、剪边五铢、西汉"半两"、新莽"货泉"、"大泉五十"，以及"直百五铢""太平百钱"等，其中，五铢钱有2 454枚、剪边五铢990枚，二者占总数的90%以上。③ 1973年10月，江苏丹徒高资公社发现一瓮东晋窖藏铜钱，总重280余斤，钱币种类有：西汉八铢"半两"、四铢"半两"、大量五铢钱、新莽大泉五十、货泉、货布，以及"直百五铢"、"直百"、"大泉当千"、"太平百钱"、"丰货"（仅二枚）、

---

① 参见《广州市西北郊晋墓清理简报》，《考古通讯》1955年第5期。
② 参见《长沙西晋南朝隋墓发掘报告》，《考古学报》1959年第3期。
③ 参见《武昌任家湾六朝初期墓葬清理简报》，《文物参考资料》1955年第12期。

"汉兴"钱（五枚）等。这批钱中也以汉五铢钱为最多，占总数的
90%以上；而五铢钱中又以剪边五铢占多数。[①] 从上述两批钱币实
物材料，可清楚看到东晋当时"轻重杂行"的货币流通情况，而
《晋书·食货志》所云："元帝过江，用孙氏旧钱"，则主要是指原
吴国境内流通的汉五铢钱及其他种类的旧钱。（丹徒窖藏的铜钱中，
吴"大泉当千"仅一枚，重仅 3.5 克。）在上述两批钱中，有"太
平百钱""定平一百"两种钱币，系三国时期的铸币，流通于吴、
蜀地区，这种钱币最初是吴钱、蜀钱，还是汉末农民起义时民间的
铸币？则迄今无定论。[②]

三国、两晋及以后的南北朝时期，是我国货币经济相对衰退的

---

① 参见《江苏丹徒东晋窖藏铜钱》，《考古》1978 年第 2 期。

② "太平百钱""定平一百"二种钱币，均为史书所未载，只是《隋
书·食货志》记述南朝梁代的货币流通情况时言及："百姓或私以古钱交易，有
直百五铢、五铢女钱、太平百钱、定平一百、五铢稚钱、五铢对文等号，轻重
不一"云云。梁时已称这两种钱币为"古钱"，然而它们究竟是何时、何地铸
造的钱币，则迄今仍难确定，而有待于更多的出土实物资料论证。

关于"太平百钱""定平一百"的过去出土情况，戴葆庭云："太平百钱、
定平一百，蜀中多与直百、小型直百五铢同时出土。"（丁福保：《古钱学纲要》）
罗伯昭也说："蜀中太平钱种类繁多，随地可遇，有简作'百金'者，有传形作
'金百'者，有钱字从金如铁五铢者，有背如水波纹者，出土于蜀，见于记载
屡矣。关中虽产太平百钱，究不若出蜀之多。"（罗伯昭：《太平百钱非吴制说》，
《泉币》第十八期。）新中国成立后这两种钱的出土，主要是下述两起：武昌任
家湾墓葬出土有太平百钱 128 枚；丹徒窖藏铜钱有太平百钱 260 余枚，定平一
百 20 余枚，均大小轻重不一。大致上，太平百钱与大小轻重不同的"直百五
铢"相类，但小者则与各种"直百"钱相类；定平一百则与大小轻重的"直
百"钱相类。除此，见于发表的仅洛阳晋墓出土"太平百钱""定平一百"各
一枚，敦煌晋墓出土"太平百钱"一枚。从这两种钱币出土的地域较广、轻重
大小不一，而又往往与"直百五铢""直百"钱同出，表明它们流通的时间较
长。"太平百钱"的铸造，可能先于"定平一百"，但其后一个时期，两种钱则
与"直百五铢""直百"钱同时铸造和流通。钱面文曰："太平""定平"，则可
能与当时民间的宗教观念及人们渴望太平、安定的心理有关。

时期，长时期的政治、军事混乱局面，促成经济趋向实物化的现象；可是，也不应过于低估当时货币经济发展的水平及原有的基础。就两晋情形看，西晋时豪门斗奢争富，如何曾父子：何曾每天膳食万钱，犹言"无下箸处"，而他的儿子何劭，每天的膳食则要用两万钱；① 许多名门士族，如王戎，性好兴利，经商放债，每天持筹算账，昼夜忙个不停。② 所以，金钱崇拜意识渗透于社会生活的各个方面。鲁褒著名的《钱神论》所描述的货币拜物教现象，就正是当时社会生活的生动写照。这一作品的产生，没有一定的货币经济的基础是难以想象的。东晋时，桓温辅政，曾建议废钱用谷帛，但是无人支持；而且就是这位桓温，简文帝就曾赐钱给他达一亿零二百万钱，③ 这也可以表明当时货币经济的发展状况。除此，从地下发掘的情况看，两晋墓葬钱币的出土虽然显著减少了，可是墓砖及一些陪葬器物却往往以钱纹为饰，凡此，皆说明过于低估当时货币经济的发展水平的看法，是与实际情况不相符的。

三、南朝的金属铸币流通

南朝的货币经济在东晋的基础上有所发展，在两晋长时期政府未尝铸钱以后，宋、齐、梁、陈四朝均曾铸钱；梁朝还曾铸造铁钱，流通中货币名目繁多，币制非常紊乱。刘宋后期及萧梁两朝，因受战争影响较大，封建政府曾采取铸币贬损政策，以致造成私铸

---

① 参见《晋书·何曾传》。
② 参见《晋书·王戎传》。
③ 参见《晋书·桓温传》。

盛行，物价腾贵现象。然而，每值铸币一度膨胀以后，往往又继之以通货紧缩情形，因而整个南朝的货币流通及货币购买力，呈现周期性的波动现象。

刘宋时期（公元420—479年），政府曾先后铸造四铢钱、孝建四铢、二铢钱等。最初，于宋文帝元嘉七年（公元430年）开始铸造四铢钱，[①] 这次开铸铜钱，正式结束了西晋以来约一个半世纪政府未尝铸钱的不正常情形，标志着货币经济已开始有所发展。而在钱制方面，新钱的轮廓、形制仍大致仿照汉五铢钱，但钱文则改名"四铢"，这是对长时期以"五铢"为名的传统钱制的又一次突破。新钱以"四铢"为名，是要使货币单位名称与法定重量相一致，虽然新的法定重量比足重的五铢钱减轻了，但就这次钱制改革对劣币充斥的流通界而言，则为刘宋政权企图整顿与健全钱制的一次尝试。

刘宋时的货币流通，在最初的三十余年间，包括铸造新四铢钱以后的一个时期，由于铸钱不多，而旧钱又日渐减少，致使流通中经常感到通货不足，在这种情形下，官府所铸的足重的新四铢钱由于"费损无利，故百姓不盗铸"，[②] 所以新钱的币值及当时的货币流通状况，大致上还可保持正常，因而长江流域在宋文帝时曾呈现东晋以来未曾有的繁荣气象。史书记述那时的情形是："区寓宴安，方内无事，三十年间，氓庶蕃息，……凡百户之乡，有市之邑，歌谣舞蹈，触处成群"，[③] 以至推崇为"元嘉之治"。这些正是其时货币经济有所发展，货币流通一度开始趋向正常的经济基础。

---

① 参见《宋书·文帝纪》。
② 参见《宋书·颜峻传》。
③ 参见《宋书·良吏传》。

可是一度趋向好转的货币流通状况，并没有长久保持下去，到元嘉二十四年（公元447年）对于四铢钱又出现民间盗铸现象。由于人们多剪凿古钱以取铜，使大量轻薄劣币充斥于流通中，破坏了货币流通的稳定。针对这一状况，刘宋政府采纳了江夏王刘义恭等的建议，"以一大钱当两，以防剪凿"。① 这里所谓"大钱"，并非新铸划一形制、重量的钱币，而主要是指较为完整、足重的汉"半两""五铢"等旧钱以及足值的四铢钱等，② 因而大钱本身也是品类多种、轻重不一；而且大钱、小钱在事实上也不易有确定的界线，所以，施行不及一年，这一措施便因民间纷扰不便，而又明令废止了。③

及至五世纪下半叶开始以后，北魏大举南征，刘宋受战争影响，货币流通状况便趋于恶化了，于是从孝武帝铸行"孝建四铢"时起，便走向了铸币减重的道路。

宋孝武帝孝建元年（公元454年）改铸"孝建四铢"钱，④ 这是继汉李寿"汉兴钱"以后，又一次以年号名钱，年号钱制从此以后便逐渐沿行了。

---

① 参见《宋书·何尚之传》。

② "大钱"的概念很不确定，当时何尚之反对这一建议，在驳议中曰："钱之形式大小多品，直云大钱则未知其格，若止于'四铢''五铢'，则文皆古篆，既非下走所识，加或漫灭，尤难分明"（《宋书·何尚之传》）。这里所言"四铢""五铢"应指汉"四铢半两"及五铢钱。又《宋书·颜峻传》，颜峻在孝武帝孝建三年（456年）议论货币问题时，又曾有"五铢、半两之属，不足一年必至于尽，财货未赡，大钱已竭"之语。根据当时人的这些话语，可知当时的所谓"大钱"，主要是指汉"半两""五铢"等旧钱。宋洪遵《泉志》引《旧谱》曰："重八两，文曰五铢"，把"大钱"解释为一种新铸的重八铢的五铢钱，是错误的；可是后代的一些钱币学家，却往往信从这一说法。

③ 参见《宋书·文帝纪》。

④ 参见《宋书·颜峻传》。

孝建四铢钱，面文为"孝建"，背文为"四铢"，后来又除去背文，只留下面文"孝建"二字。孝建四铢铸行之初即已减重，后来，薄小益甚，轮廓不成，传世的"孝建"钱少有二克以上者，多数重一克许，即仅约二铢重，因而招致民间纷纷盗铸。后来，到前废帝永光元年（公元 465 年）二月、景和元年（公元 465 年）九月，又铸行永光和景和年号的二铢钱；铸行景和钱时，还同时允许民人私铸。[①] 这时，流通界就更加混乱了，每当官方铸行一次新钱，民间就纷纷仿铸。但私钱比官钱则更为轻薄，当时有一种无轮廓，不磨镱，似被剪凿的钱，称为"耒子"；还有一种更轻薄的钱，叫作"鹅眼钱""綖环钱"，鹅眼钱"一千钱长不盈三寸"，綖环钱则"入水不沉，随手破碎"。这些劣钱"十万钱不盈一掬"，因而一时造成"斗米万钱、商贾不行"的极度混乱情形。[②] 在这种混乱的情形下，宋明帝即位后（公元 465 年 12 月），先是禁止鹅眼钱、綖环钱，继则禁止民铸，而官铸亦停。到泰始二年（公元 466 年）三月，所有新铸诸钱全都禁止流通，而只允许古钱流通，[③] 物价才逐渐趋于稳定。这一情况，一直延续到南齐时期。

---

① 参见《宋书·前废帝纪》。

② 参见《宋书·颜峻传》。所谓"鹅眼钱"，即言钱形之小如鹅眼。关于"綖环钱"，人们多认为是指古钱被剪凿后的外环钱。我们知道，剪凿铜钱的风气从东汉以来就很流行了，但剪凿后投入流通的劣币，主要是钱的内环，即所谓剪边钱（或叫剪轮钱），而外环钱之数量则非常少，二者不成比例。如江苏丹徒出土的东晋窖藏铜钱，总重 280 余斤，剪边钱有 180 斤左右，即约达 60%，但外环钱则仅 20 余枚；再如甘肃武威东汉墓出土铜钱二万余枚，其中剪边钱约占半数，但外环钱则仅一枚。这些外环钱是剪钱取铜另行熔铸时，有少数剪凿后的外环钱混杂在剪边钱一起，而投入流通中，它与刘宋时的所谓綖环钱应区别开。刘宋时的綖环钱，应是当时民间专门私铸的一种钱形薄小而穿孔大的环形劣钱。

③ 参见《宋书·明帝纪》。

南齐（公元479—502年）一朝，通货紧缩的现象很是显著，只是在齐武帝八年（公元490年）在四川西汉邓通铸钱旧址铸造过一次铜钱，然而仅铸钱"千余万"，就因功费多而停铸了。[①] 因而流通中长时期的通货不足，使得钱币购买力一直偏高，甚至当水灾以后，米价也不见上涨，[②] 这就更导致货币流通的不正常，以致"民间钱多剪凿，鲜有完者""江东大钱，十不一在"。[③] 在这种情形下，由于南齐的一些租税，也往往要折纳铜钱征取，而且还要求轮廓完全的好钱，这种好钱，民间用一千七百买一千个也还不易买到，因而就更为加重了对农民的剥削。

铜钱愈是缺少，南齐的统治者却愈是多方聚敛铜钱，如齐武帝萧赜所积聚的钱就多至几万万。[④] 所以，这种通货紧缩政策，显然只是使那些专门从事消费的封建剥削者坐享物价低下之利，而对经济发展和广大的生产者却很不利。所谓"农桑不殷于曩日，粟帛轻贱于当年，工商罕兼金之储，匹夫多饥寒之患"，[⑤] 这一景象，却正是其时长期通货紧缩情形下，南齐经济及人民生活状况的恰当概括。

萧梁（公元502—557年）时期，由于战争频繁，梁武帝建国之初，就开始铸钱，后来还大规模地铸造铁钱，货币流通最为混乱。

在梁初，铜钱流通只限于京师、三吴、荆、郢、江、湘、梁、

---

① 参见《南齐书·刘峻传》。

② 同上。

③ 参见《南齐书·王敬则传》；《南齐书·竟陵王子良传》。

④ 参见《魏书·岛夷萧道成传》。

⑤ 参见《南齐书·武帝纪》永平五年九月诏。

益地方，其余州郡仍杂用布帛，交广一带则使用金银。[1]

梁武帝在天监元年（公元 502 年）铸造五铢钱，这种五铢钱形制的特征是"肉好周郭"，即钱的面背皆有内郭和外郭；还别铸一种没有外郭的五铢钱，即所谓"公式女钱"[2]。但当时民间大量使用的，还是各种古钱，这些古钱有："直百五铢""五铢女钱""太平百钱""定平一百""五铢雉钱""五铢对文"等，[3] 各种钱轻重不一，作价混乱，流通非常不便，但是政府也无力整顿。

梁武帝普通四年（公元 523 年）又开始铸造铁钱，[4] 这是一种背有四出文的铁五铢钱，是我国货币史上政府第一次大量铸造铁钱。这是一种公开铸币贬损的措施，而南梁的货币流通状况从此时起，也更加趋于恶化。

南梁政府铸行铁钱后，曾禁止各种铜钱流通，实际上民间交易仍会使用铜钱，不过在铁五铢钱这种劣币充斥的情形下，人们倒是会自动把良好的铜钱保存起来。由于铁贱易得，私铸溢利甚大，因

---

① 参见《隋书·食货志》。

② 同上。

③ 参见《隋书·食货志》。

按：此所言"五铢女钱"古钱，应与梁五铢女钱，即"公式女钱"有别。根据文献记载及钱币出土实物看，"五铢女钱"古钱主要是指无外郭的剪边汉五铢钱，完整的汉五铢钱有外郭，但钱面无内郭；梁五铢钱则"肉好周郭"；而公式女钱是"除其肉郭"，即没有外郭，但仍有内郭。所以，"五铢女钱"古钱是指大量出土的剪边汉五铢钱，也包括其他的剪边或私铸无外郭的五铢古钱；而公式女钱则是梁时所铸无外郭、有内郭的五铢钱。(参见镇江市博物馆：《江苏丹徒东晋窖藏铜钱》一文。) 至于"五铢雉钱""五铢对文"古钱，也是当时人对于一些轻薄五铢古钱的俗称。"雉钱"与"女钱"的意思近似，皆有纤弱薄小之意；"对文"是钱孔两边二字相对的意思，指那些剪凿过甚的钱币，如五铢之"铢"，仅剩"金""朱"半个字与"五"字相对成文。

④ 参见《梁书·武帝纪下》。

而公私铁钱充斥流通界，促使物价腾贵，而铁钱的购买力则跌价不已。行使铁钱约十年，即到大同以后（公元535年），竟然出现了"所在铁钱遂如丘山，物价腾贵，交易者以车载钱，不复计数而唯论贯"的现象①。侯景之乱时，物价狂涨，"米一斗八十万"，"卖一狗得钱二十万"，这是以铁钱计的最高畸形价格②。

从大同年间铁钱币值暴跌以后，民间交易实际上已又恢复了各种旧铜钱的流通，可是由于铜价高，铜钱缺少，因而流通中铜钱的使用又普遍出现了"短陌"的现象。破岭以东，以八十为百，称为东钱；江郢以上，以七十为百，称为西钱；京师则以九十为百，称为长钱；到梁末，有的地方甚至以三十五为百。③

梁末，政府又曾铸造"四柱钱""二柱钱"，与私铸的鹅眼钱并行流通；④ 但由于官钱较重，民多销熔，所以流通中主要是轻小的鹅眼钱。除此，民间还杂用锡、铁、布帛，终梁之世，货币流通均非常混乱。

陈朝（公元557—589年）承梁丧乱之后，于天嘉三年（公元

---

① 参见《隋书·食货志》。

② 参见《魏书·岛夷萧衍传》。

③ 参见《隋书·食货志》。

按：所谓"短陌"，是流通中铜钱不足而发生的一种货币流通现象，是"足陌"的对称。"足陌"，即钱数足百，没有折扣；而"短陌"，即不足百钱而作百钱之用，如"以九十为百""八十为百""七十为百""三十五为百"皆是。"长钱"也是"短陌"的对称，它相对于短陌言，或为足陌，或扣除数较少，如"京师以九十为百，名曰长钱"即是。"短陌"一词，在东晋时已流行了，葛洪《抱朴子·微旨》就有"取人长钱，还人短陌"之语。梁时中大同元年七月，命令民人通用足陌，诏书中有"陌减则物贵，陌足则物贱"语（《梁书·武帝纪》），是对这一货币流通现象的恰当概括。

④ 参见《北史·姚僧垣传》；《梁书·敬帝纪》；《隋书·食货志》。

562年）改铸五铢钱，以一枚五铢钱当十枚鹅眼钱①，对梁末以来
紊乱的货币流通开始进行整理，使五铢钱逐渐在流通中得到比较广
泛的使用，这样，延续到太建十一年（公元579年）又铸造"太货
六铢"钱②。这种钱面背肉好周郭齐整，篆文清晰，重如其文，是
六朝钱中最精美者；可是一枚太货六铢却要当五铢钱十，使与五铢
钱并行流通，这种作价实际是一次榨取民财的货币贬值行为，因而
招致民间的纷扰与不满，不久陈宣帝死，后来便全废六铢而专用五
铢，直至陈亡。③

　　陈朝是江南六朝疆域最小的一个朝代，虽然战乱仍不时发生，
可是遭受梁末大破坏的江南经济，在南陈统治的三十年间，仍是有
所恢复，所以它的货币流通状况较之梁代也略有改善；但是岭南地
区仍多以盐米布相交易，而不使用铜钱。

四、北朝的货币流通

　　北魏（公元386—534年）在建国以后的最初一百年间，仍一
直以谷帛为主要流通手段，租赋都是征收实物，开始制定官禄时，
也是以布帛计算和支付，直到太和十九年（公元495年），即孝文
帝迁都洛阳的第三年，才开始铸造"太和五铢"，规定这种五铢钱
为法定的货币。内外百官俸禄均准绢给钱，每匹绢折价200文；同
时，在各处由官府设置铸炉和钱工，允许人民持铜，按照规定的标

---

① 参见《陈书·世祖纪》；《隋书·食货志》。
② 参见《陈书·宣帝纪》。
③ 参见《隋书·食货志》。

准成色，自由铸造铜钱。① 从此，北朝地区又正式地恢复金属铸币流通了。宣武帝永平三年（公元 510 年），又铸造五铢钱②；到孝庄帝永安二年（公元 529 年）时，政府又改铸"永安五铢"钱③。

北魏政权先后所铸造的三种五铢钱，都未能成为流通中统一的货币。太和五铢钱铸行后，主要是通行于京师一带，而不入徐扬之市；永安二年改铸五铢钱后，近二十年间，京师及各州镇也是或铸或停，有的地方则一直专用古钱，而不使用新铸钱。然而造成货币流通紊乱的最主要的问题还是私铸的盛行，其时，流通中有所谓"鸡眼""镮凿"等劣钱，虽有明令禁行，可是也一直禁止不了。④后来，有的劣钱"薄甚榆荚，上贯便破"，"乃至风飘水浮，斗米几直一千"，造成物价的不断剧烈波动。⑤ 在永安二年铸造"永安五铢"时，为了稳定币值，平抑物价，官府曾在市场按每匹绢二百钱的价格抛售（而当时的市价则为三百钱），可是，这一措施却招致对新钱更多地盗铸，使得流通中的永安五铢钱轻重不一，⑥ 货币流通状况非常混乱，这一情况一直延续到北魏末。

北魏分裂为东魏、西魏以后，东魏（公元 534—550 年）迁邺，仍沿用永安五铢钱，并于孝静帝武定初（公元 543 年）改铸一次，钱文未变。⑦ 这次东魏政府收集铜及旧钱，改铸新永安五铢钱，是

---

① 参见《魏书·食货志》。
② 同上。
③ 同上。
④ 参见《魏书·食货志》任城王元澄奏语。
　　按："鸡眼""镮凿"，可顾名思义，皆人们对其时劣钱的俗称。
⑤ 参见《魏书·扬播传》;《北史·高道穆传》。
⑥ 参见《魏书·食货志》。
⑦ 参见《魏书·食货志》。

企图对货币流通混乱状况进行整顿。当时，由于各地私铸盛行，于是钱的名目也日趋歧异：有雍州青赤，梁州生厚，紧钱、吉钱，河阳生涩，天柱、赤牵等名称。冀州以北则不用铜钱，而皆以绢布交易。① 可是改铸措施并未收效，不久以后，流通中的钱币又日趋轻薄了。

西魏（公元535—556年）则曾于大统六年（公元540年）、十二年（公元546年）两次铸造五铢钱，作为西魏地区的主要钱币。②

北齐（公元550—577年）代替东魏以后，于天保四年（公元553年）铸造"常平五铢"钱，③ 这种钱，重如其文，制作精美，因而币值比较高；可是，到乾明、皇建时（公元560年1—8月；560年8—12月），私铸又多起来：邺中用钱有赤熟、青熟、细眉、赤生等名目，河南所用的钱则有青薄铅锡的区别，而青、齐、兖、梁、豫各州流通的钱币的种类也各不相同，到武平（公元577年12月）以后，人们甚至以生铁和铜私铸钱币，货币流通状况越发混乱，直至齐亡。④

北周（公元557—581年）代替西魏以后，最初仍是沿用魏五铢钱，其后则曾先后三次铸钱。

周武帝保定元年（公元561年）更铸钱币，钱文"布泉"，以一枚布泉当五枚五铢钱，二者并行流通。⑤ 这种"布泉"钱与莽钱

---

① 参见《隋书·食货志》。
② 参见《北史·魏纪五》。
③ 参见《北齐书·文宣帝纪》。
④ 参见《隋书·食货志》。
⑤ 参见《周书·武帝纪》。

"布泉"名称相同，但二者甚易区别，王莽的"布泉"钱面文字为垂针篆，北周"布泉"则为玉筋篆。建德三年（公元574年）又铸"五行大布"钱，以一"五行大布"当"布泉"十枚，与"布泉"钱并行流通。[①] 最后，于静帝大象元年（公元579年）铸造"永通万国"钱，又以一"永通万国"钱当"五行大布"十枚的比价并行流通。[②] 这时流通中的钱币是"永通万国""五行大布"及五铢钱，三种周钱制作皆精，尤其是永通万国钱，面背肉好周廓，铜色青白，笔法华美，是当时工艺水平及造型艺术水平显著提高的反映。

可是北周所铸造的三种新钱，皆为虚价大钱，其牟求高额铸利进行财政剥削的目的是明显的，所以史书说："大收商估之利。"[③] 在这种情形下，当然会引起私铸的盛行，即使颁布"私铸者绞"的禁令，也不可能禁止。五行大布铸行一年以后，由于边境的人们盗铸多，于是禁止五行大布出入关，布泉钱则只许入关而不许出关，后来，又废止了布泉钱。永通万国钱之铸行，已至北周末期，不久北周就灭亡了。

在北周时期，梁益之境仍然杂用古钱交易；北齐灭后，山东地区仍杂用齐氏旧钱，而河西诸郡，则间或使用西域的金银钱。

综括上述，在魏晋南北朝时期，由于国家的分裂，长时期的战祸连接，国内的经济和生产遭受严重损害，货币经济也一时呈现衰落，使得金属铸币流通的范围也缩小了；而且由于南北各割据政权

---

① 参见《周书·武帝纪》。
② 参见《周书·宣帝纪》。
③ 《隋书·食货志》。

更迭频仍，封建政府不断实行铸币贬损政策，因而更促成金属铸币流通的极大混乱，甚至在南北朝之末，有许多地方仍不用钱，如冀州以北，民间以绢布交易，南方五岭以南，则多以盐米布交易。

然而也必须指出，货币经济在国内某些地区，主要是晋室东迁后经济已发展起来的长江中下游地区，仍然是相当发达的。南朝的京城建康（南京）非常繁华，"贡使商旅，方舟万计"[1]；北方后魏迁都洛阳后，也曾出现库藏盈溢，钱绢露积于廊者不可校数的殷富景象。所以，早在西晋时，反映人们货币拜物教思想的鲁褒《钱神论》的问世绝非偶然。南方六朝的豪门世族竞事奢侈，经商放债，积财成风，如齐武帝死时，库藏积钱以亿万计；再如梁武帝之弟萧宏，贪财无厌，住宅内有库室三十余间，每间藏一千万钱，共积钱"三亿余万"，其余库物则满藏布绢丝绵等，不计其数。[2] 这些事实，均说明当时的货币经济与货币流通，总的说来虽然是一个相对衰退的时期，但仍然是具有相当发展的水平。

---

① 《宋书·五行志四》。
② 参见《南史·梁临川王宏传》。

第 二 节
谷帛货币性的增强及其流通

一、谷帛货币性的增强与流通

谷帛的货币性的增强与广泛使用，是魏晋南北朝时期货币经济衰落的明显标志。谷帛作为人们衣食必需之物，在自然经济占统治地位的古代封建社会中，从来都易为人们作为授受的工具，愈是经济及交通不发达的地方，情形愈是这样；而每遭战乱、灾荒之后，或当币制混乱、货币贬值严重的时候，谷帛的货币作用就会显著地增强起来，这是秦汉以来历史上屡见不鲜的事实。

自从汉末董卓破坏五铢钱制以后，我国北方一带使用谷帛交易的情形就普遍起来，而且在曹魏文帝黄初二年至明帝初（公元221—227年）的一段时期，政府还曾明令废钱，使人民用谷帛交易。其后，曹魏又恢复了五铢钱的流通，但谷帛的使用范围却显然增大了，特别是赏赐上表现得最为明显。如在西晋时，关于绢布的赏赐，从少至数匹，多至数万匹，它的普遍性几乎与黄金在西汉时的情形相类。① 除此，布帛的使用，还扩及于借贷、旅费等方面。② 虽然这些布帛在实际使用时，往往先要换成铜钱，可是魏晋以来，凡涉及物价的记述，如粮食、果蔬等物以至生口（奴婢）等，也往往直接以匹计，多称"若干匹"，③ 可见布帛有时也是直接作为货币使用的。近年来，还有一些魏晋时期简牍的发现，有的简牍就记载有魏晋时期布帛使用的事实，可补充史书记载的不足。如在新疆吐鲁番市阿斯塔那的一座西晋墓中，曾发现一件晋泰始九年（公元273 年）翟姜女买棺木简，其简文云："泰始九年二月九日大女翟姜女……买棺一口，贾（价）练廿匹。"④（见图 4-1）

---

① 宋人王楙（公元 1151—1213 年）已注意到这一情况，他在《野客丛书》中记述说："汉赏赐多用黄金，晋赏赐多用绢布，各因其时之所有而用之。……晋时赏赐绢布，绢百匹在所不论，阮籍千匹，温峤、庾亮、荀菘、杨珧等皆至五千匹，用复唐彬、琅玡王仙等皆六千匹，王浑、杜预等皆八千匹，贾充前后至九千匹，王濬、张华、何攀等皆至万匹，王导前后近二万匹，桓温前后近三十万匹，苏峻之乱，台省煴炉时尚有布二十万匹、绢数万匹，又可验晋布帛之多也。"（卷二十七）

② 参见《三国志·魏志·曹洪传》注引《魏略》；《三国志·魏志·胡质传》注引《晋阳秋》。

③ 魏晋以来，使用布帛计价者，史书记载的事例甚多，如：《三国志·魏志·王昶传》注引《昭先别传》："（任昭先）又与人共买生口，各雇八匹；后生口家来赎，时价值六十匹，共买者欲随时价取赎，睱（即昭先）自取本价八匹，共买者惭，并还取本价。"《三国志·吴志·孙休传》注引《襄阳记》："李衡于武陵龙阳氾洲上作宅，种甘桔千株；……吴末，甘桔成，岁得绢数千匹，家道殷足。"《晋书·食货志》："及晋受命，武帝欲平一江表，时谷贱而布帛贵，帝欲立平籴法，用布帛市谷，以为粮储。"《晋书·羊祜传》："祜出军行吴境，刈谷为粮，……皆计所侵，送绢偿之。"

④ 新疆维吾尔自治区博物馆编：《新疆历史文物》，文物出版社 1977 年版。

晋室南迁，以迄南朝各代，谷帛的使用仍很普遍。我国南方原来与中原地区比较起来，还是经济落后的地区，所以，当迁江南时还是"土习其风，钱不普用"。① 其后，经各代的不断开发，南方的长江中下游已成为当时经济发达的地区，因而货币经济也发展起来。可是在刘宋时，汉川一带起初还是"悉以绢为货"；② 梁初也只是在京师、三吴、荆、郢、江、湘、梁、益用钱，其余州郡则仍以谷帛交易。陈初，承梁代币制混乱、货币大贬值以后，民间又多以锡、铁、粟帛为币，而边远的岭南各州，直到陈末仍全用盐、米、布交易。

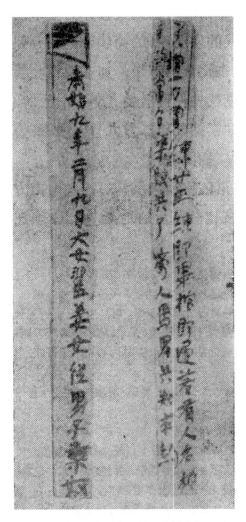

图4-1　新疆吐鲁番出土的晋泰始九年（公元273年）翟姜女买棺约木简

至于北朝方面，实物经济的色彩尤浓于南朝。北方在十六国时

---

① 参见《宋书·何尚之传》沈演之语。
② 参见《宋书·刘秀之传》。

202

期，曾长期呈现经济实物化状态，民间交易主要是杂用谷帛等；①
直到北魏统一北方，迁都洛阳后（公元 495 年），才恢复了金属铸
币流通。然而在此以前，不但租赋征收实物，而且太和八年（公元
484 年）开始制定的百官俸禄，也全是以布帛计算和支付的。在恢
复铸钱以后，许多地方也还是使用布帛，如河北诸州，由于一向缺
少铜钱，就仍然是杂用各种实物，这一情况一直延续着，到北齐
时，冀州以北，交易者仍皆使用绢布。

综观整个魏晋南北朝时期，都不乏以谷帛为币的事实，然而，
谷帛作为币材，在自然属性上显然不及金属优越，这在货币流通的历
史实践上早有充分的经验可以证明，而当时的人们对此也是有所认识
的。如曹魏时期，政府曾一度明令废钱，而以谷帛为币，然而不久，
就因"竞湿谷以要利，作薄绢以为市"的事实，而又恢复了五铢钱
的流通。在对于谷帛不适于为币的认识方面，早在西汉贡禹倡议废钱
时，议者已经以"布帛不可尺寸分裂"的理由反对过；② 魏晋以后，
东晋时桓玄辅政，又欲废钱用谷帛，当时孔琳之也指出"分以为货，
则致损甚多，又劳毁于商贩之手，耗弃于割截之用"③。因而，魏晋
南北朝时期谷帛的流行，主要是由于当时国家分裂、社会经济长期动

---

① 1959 年以来，在对新疆吐鲁番阿斯塔那、哈拉和卓两地的多次发掘中，
曾出土一批十六国文书，其中，除个别《随葬衣物疏》偶然记录"铜钱"数
枚、金银若干外，很少涉及钱币，一般买卖、举债皆以布帛等物支付。如买婢
用锦，赁桑用毯 [西凉"建初十四年（公元 416 年）二月二十八日，严福愿以
阙金得赁叁薄蚕桑，贾交与毯（下缺）"]，雇工用绢 [北凉"玄始十二年（公
元 423 年）□〔月〕廿二日，翟定辞：昨廿一日顾王里安儿，坚疆耕床（糜）
到申时，得大绢□疋。……"] 等。(《吐鲁番晋—唐墓葬出土文书概述》,《文
物》1977 年第 3 期;《几件新疆出土文书中反映的十六国时期租佃契约关系》,
《文物》1978 年第 6 期。)

② 参见《汉书·食货志下》。

③ 《晋书·食货志》。

乱所引起的货币经济衰退，以及币制混乱、铸币贬损、币值剧烈波动而促成的；所以，一俟社会经济秩序稳定，生产与商业得到发展以后，铜钱流通的范围就随之扩大，而谷帛的货币性则随之减退。

从魏晋南北朝时期谷帛流通的总的发展趋势看，在后期，布帛特别是绢帛已呈现出排除其他实物、逐渐成为与铜钱兼行为币的趋向。这是因为绢帛的价值较高，用途亦广；而且我国的布帛历代均有定式，即自汉以后，都是以幅阔二尺二寸、长四十尺为匹，这也就造成绢帛充作货币的一个有利条件。后来隋、唐重新实现了全国的统一以后，虽然结束了魏晋南北朝时期货币大混乱的局面，并且又建立了全国统一的金属铸币流通制度，然而"钱帛兼行"却发展成为唐朝的正式货币流通制度了。

二、黄金在古代经济中货币地位趋于消失

关于贵金属的流通，黄金从魏晋以后，它的货币地位便趋于消失了。在此后一个相当长的时期，黄金基本上退出了流通界，主要是作为器饰、宝藏之用。这时，金价逐渐增高，它的重量单位则逐渐过渡到以"两"计。①

在两晋南北朝时期，也有以贵金属为币的情形。如梁初，南方交广之域以金银市易；北方周武帝时，河西地区则间或使用金、银

① 关于黄金的基本单位，从斤过渡到以两计，实际是黄金在我国古代经济中货币地位趋于消失的一个标志。对于我国历史上黄金的重量单位逐渐从斤过渡到两，最早注意到这一事实的是清代史学家赵翼，他在《陔余丛考》卷三《金银以两计》条中云："金银以两计，起于梁时"；但是黄金以两计，在晋代早已见于记载了。《晋书·王机传》即言杜弢余党杜弘，尝送"金数千两"与机，求讨贼自效云。

钱。① 这一情况，根据 1959 年以来出土的高昌麴氏割据王朝时期的约 700 件文书、契约等实物材料，可知当时止是兼以银钱作为支付手段，官府租税也按亩征收银钱，同时兼用布帛，与史书"用西域金银之钱""赋税则计田收银钱，无者输麻布"的记载皆相符合。②

所谓西域金银钱，系指拜占廷金币及波斯萨珊朝银币。这些外国金银古币，在我国新疆地区以及内地许多地方曾不断有实物出土，尤其是波斯萨珊朝银币，新中国成立以来出土的数量竟达千余枚之多，大部分均出土于"丝绸之路"上，南方的广州也有发现。凡此，皆反映着南北朝以迄隋唐时期中西交通的发展及经济文化频繁交流的情况。③

---

① 参见《隋书·食货志》;《北史·西域·高昌传》。

② 参见《吐鲁番晋—唐墓葬出土文书概述》,《文物》1977 年第 3 期。

③ 关于外国金银古币在我国境内的发现，过去即有一些记述，新中国成立以来则有更多的发现，尤其是波斯银币发现的次数、数量之多，殊为使人惊异。

关于拜占廷金币，新中国成立后最初于陕西咸阳独孤罗（公元 534—595 年）墓中出土一枚查士丁尼二世（公元 561—587 年）金币；近些年来又陆续有新疆吐鲁番阿斯塔那墓地出土的东罗马金币和它的仿制品。内蒙古毕克齐镇水鹰沟出土的一枚列契一世（公元 457—474 年）金币；河北赞皇李希宗（公元 501—540 年）夫妇墓出土的三枚拜占廷金币，有一枚为狄奥多西斯二世（公元 408—450 年）金币，有两枚为查士丁尼一世舅甥共治时（公元 527 年 4—8 月）金币等。(夏鼐：《赞皇李希宗墓出土的拜占廷金币》,《考古》1977 年第 6 期。)

关于波斯萨珊朝银币，截至 1975 年，共出土 34 起（其中新中国成立前只有 4 起），总数达 1178 枚（其中新中国成立前只有 6 枚），包括许多阿拉伯—萨珊式银币，出土地点大部分是在"丝绸之路"上，或者在它的东端的西安到另几个都城（洛阳、大同）的延长线上，还有两处是广东的英德和曲江，当是沿着海道来的。这些银币上面都铸有国王的名字，时代由沙卜尔二世（公元 310—379 年）直到萨珊朝最后一王伊斯提泽德三世（公元 632—651 年，即中国史书上的"伊嗣侯"），延续近三百五十年；而以库思老二世（公元 590—628 年）银币为最多，达 593 枚；其次为卑路斯（公元 459—484 年）银币，为 122 枚；此外，还有将近 300 枚的所谓库思老二世式的阿拉伯的萨珊银币。所发现的这些银币，有的是窖藏，例如青海西宁的一批，出土在 100 枚以上，装在陶罐中；又如新疆乌恰的一批，则达 947 枚之多。有的银币是放在佛教寺庙的塔墓中的舍利函内，更多的情况则是在坟墓中，作为随身的饰物或随葬品。所有这些，均反映着当时中西交通的频繁往来以及经济文化的交流情况。

在两晋南北朝时期，我国贵金属金银的形状，主要是铸成饼和铤形，① 而且也有铸成金银钱的。汉代盛行黄金，可是未有铸成金钱的记载以及金钱实物的出土，这一时期却出现了金银钱，则可能是受到外国金、银钱流入的影响。这一时期的史籍有关于金、银钱的记载，后世也有这一时期金、银钱实物的出土，② 可是这些中国式的金、银钱，从性质上说，不是具有一般经济意义的货币，而是宫廷、贵族、官僚、地主们的赏赐、馈赠品或玩好饰物。这种用途的金银钱的铸造历代都有，直到明清时期皆散见于一些书籍记述，而且一些墓葬中也常有金、银钱的实物出土。

---

① 参见《南史·武陵王纪传》。
② 关于金银钱的最早记述，如《南史·吕僧珍传》："及僧珍生子，（宋）季雅往贺，署函曰：'钱一千'；阍人少之，弗为通，强之乃进。僧珍疑其故，亲自发，乃金钱也。"《北齐书·王昕传》："（汝南王）悦数散钱于地，令诸佐争拾之，昕独不拾；悦又散银钱，以目昕，昕乃取其一。"

关于金银钱实物的出土，新中国成立以来曾多有发现，见于发表的这一时期的金银钱的出土，有：1976 年在江苏宜兴西晋周氏墓群的一座墓中，发现一枚方孔圆形金钱，无文字，含金 86%，重 1.42 克；（《江苏宜兴晋墓的第二次发掘》，《考古》1977 年第 2 期。）1955 年 5 月，南京光华门外黄家营子的一座墓葬中发现了 2 枚银五铢钱；（《江宁县黄家营子第五号六朝墓清理简报》，《文物参考资料》1956 年第一期。）此外，1977 年在山西祁县白圭镇北齐青州刺史韩裔墓中还曾出土了 4 枚圆形方孔、外表贴金的"常平五铢"钱（《山西祁县白圭镇北齐韩裔墓》，《文物》1975 年第 4 期）等。

第 三 节
魏晋南北朝时期的信用

魏晋南北朝时期虽然长期处于动荡不安的情形下，然而高利贷在南北各地仍很普遍。

在此期间，民间的借贷称为出责（债）、放债、举贷、举货等；举借之物，或为钱币，或为实物，均以券为凭。

当时经营高利贷的，多为豪门世族、官僚、地主等，这些人凭借财势，对债务人的盘剥非常苛刻。如南朝宋文帝子刘休祐在荆州时，每当收获前青黄不接时，以"短钱一百"贷放给贫苦农民，等到收获季节则需偿还"白米一斛"，然后又按"一斗一百"的折价把米贷给缺粮的人，但是后来又不收米，而又必须用铜钱来偿债；[①]再如顾恺之的第三子顾绰，"私财甚丰，乡里士庶，多负其债"，放

债的文券就有一大厨之多;① 王导之孙王殉则"颇好积聚，财物布在民间"②，其所贷放的，应包括许多实物。高利贷全以实物进行，也是很多见的。如谢弘微之孙谢朏，为吴兴太守，"以鸡卵赋人，收鸡数千"；王玄谟营货利，"一匹布责人八百梨"③。

在北朝方面，情形也是这样，如高欢的府佐陈元康溺于财利，就"放债交易，偏于州郡"；④ 李元忠的家人则"在乡多有举债求利"的事。⑤

西魏、北周时，许多富商大贾也放高利贷，他们乘农民交税受官府催迫时"与之举息"；⑥ 除此，寺院也进行放债取息活动，如济州僧人道研就"在郡多有出息"⑦。

在高利贷的重利盘剥下，债务人无力偿债，被迫卖田宅，甚至还常有以妻女作质的事情。⑧

然而举债营利，在当时多少仍是为士林所非议，因而在史书中也常有焚烧"券书""焚契免责"之类事情的记载。⑨ 除此，各朝也常降旨禁止宗室、贵族们放债，⑩ 但是，违禁放债生息的事，实际是普遍的现象。

---

① 参见《宋书·顾恺之传》。
② 《宋书·王弘传》。
③ 《南史·谢弘微传》；《宋书·王玄谟传》。
④ 参见《北齐书·陈元康传》。
⑤ 参见《北齐书·李元忠传》。
⑥ 参见《周书·苏绰传》。
⑦ 《北齐书·苏琼传》。
⑧ 参见《宋书·何承天传》；《南齐书·虞愿传》。
⑨ 参见前引《宋书·王弘传》《宋书·顾恺之传》《北齐书·李元忠传》；又《魏书·崔亮传附光韶传》；《北齐书·兰陵王孝瓘传》。
⑩ 参见《南齐书·豫章王嶷传》。

在南北朝时期，已经有典质事业了。这种抵押信用机构的出现，标志着当时信用关系的进一步发展。

典质事业究竟发生于何时？这不太容易确定，见于记载的我国两家最早的信用机构都是寺庙，一为南齐的招提寺，一为萧梁的长沙寺。其一，《南齐书·褚澄传》载："渊薨，澄以钱万一千就招提寺赎太祖所赐渊白貂坐褥，坏作裘及缨；又赎渊介帻，犀导及渊常所乘黄牛。"

其二，《南史·甄法崇传》载："法崇孙彬，……尝以一束苎就州长沙寺库质钱，后赎苎还，于苎束中得五两金，以手巾裹之，彬得，送还寺库。道人惊云：'近有人以此金质钱，时有事不得举而失，檀越乃能见还，辄以金半仰酬。'往复十余，彬坚然不受。"

典当事业最初发生于寺庙之中，这是由于许多寺庙都广有土地、钱财，而且寺庙作为一种特殊经济事业，多为封建统治者所保护，一般人也迷信神佛，因而虽值战乱，寺庙的财产也不易受到侵犯，这就为寺庙接受他人财物进而利用所积累的钱财，受质营利，提供了便利条件。这种关于典质业最初发生于寺庙的事实，在古代的东方和西方都有类似的情形。

从上引两条记载中，可以看到，寺庙作为典质事业所接受的物品，包括贵重的毛皮、黄金、日常使用的乘牛，以至细微的一束苎等，这些物品无不成为典质的对象。

除上所述，《北史·羊祉传》还记载有"（弟子敦）遇有疾苦，家人解衣质米以供之"的事，可见，典质事业，在当时的南方、北方都已多有了。

第五章

——

隋唐时期的货币与货币流通

第 一 节
隋朝的短暂统一与隋五铢钱的流通

一、隋朝的社会经济概况

隋朝（公元 581—618 年）结束了西晋以来近三百年的长期分裂、混乱的时期，重新建立了统一的多民族国家。全国统一以后，南北民众获得休养生息，这时，不但北方黄河流域地区的经济已经恢复，南方长江流域地区，经东晋、宋、齐、梁、陈各代数百年的开发，东南地区经济亦渐上升为中国封建经济的重要组成部分。于是，在隋朝前期政治安定，农民租税、徭役负担有显著减轻的情形下，社会生产也出现了空前繁荣的局面。西晋统一时全国人口仅1 473 423 户，隋朝建立后，到大业二年（公元 606 年）则有8 907 536 户；全国垦田数字，据记载，在开皇九年（公元 589 年）

南北统一时则为 19 404 267 顷。① 在农业生产迅速发展的情形下，隋代曾广事置仓积谷，国家的洛口仓储谷即达 2 400 万石，全国各地的义仓也均储积大量谷物，而朝廷由于收入大增，还曾出现库藏皆满，绢匹露积廊下的情形。

在农业生产恢复与发展的同时，商业在全国统一以后也得以发展。京城长安有都会、利人东西二市，两市内"四面立邸，四方珍奇，皆所积集"②；隋炀帝即位后，营建东都洛阳，迁徙全国富商大贾数万家充实京城，遂使洛阳商业曾盛极一时；而在南方，南朝的商业本来比北朝发达，建康是六朝的京城，因而也是"市廛列肆，埒于二京"③。

在经济发展、户口益多、府库盈溢的情形下，隋代开凿了贯通南北的大运河。大运河的修凿虽然劳民伤财亦甚，可是大运河修成后，却对加强全国经济联系、商业及交通的发展产生了非常深远的影响。

为适应全国统一、经济及商业发展的要求，隋朝建立后，即着手整顿钱币制度，并在全国范围实现了统一的隋五铢钱的流通。

二、隋五铢钱及其流通

隋文帝（公元 581—604 年）受周禅即位后，于开皇元年（公元 581 年）九月铸行统一的合标准的五铢钱。新钱"文曰五铢，而

---

① 参见《通典·食货七·历代盛衰户口》；《通典·食货二·田制下》。
② 宋敏求：《长安志》卷八。
③ 《隋书·地理志》。

重如其文"，① 每千钱重四斤二两。隋时一斤等于古三斤，所以隋五铢钱一枚约重3克。

为了推行这种钱，于开皇三年（公元583年）四月，曾命令各关均用百钱作为样钱，凡是携带铜钱过关的人都要经过检查，只有合乎标准的钱才许入关，不合乎标准的钱则销毁为铜，改铸新钱；除此，对于古钱以及前代遗留下来的"五行大布""永通万国"及北齐的"常平五铢"钱也都禁止使用。这样，经过封建中央政府全力整顿以后，从开皇五年（公元585年），隋五铢钱终于成为境内流通中的统一货币，史称"自是钱货始一，所在流布，百姓便之"②。

隋文帝在短期内实现五铢新钱的统一，除采取严法重刑禁止私铸及古钱流通的措施外，又不断增铸新钱，并对古钱进行改铸，③以满足流通中对钱币不断扩大的需要，这是保证新钱顺利实现统一流通的主要原因。

当时，除封建中央政府铸钱外，开皇九年（公元589年）灭陈以后，为适应国内流通范围的扩大，还在扬州、鄂州、益州等地，允许晋王广等按定式立炉铸钱。④

统一的隋五铢钱的流通，结束了魏晋南北朝以来货币流通的长期混乱局面，并使这一时期相对衰退的货币经济又复兴起来。这一情况，从地下出土的实物材料方面也有反映，新中国成立以来，我

---

① 参见《隋书·文帝纪》；《隋书·食货志》。

② 《隋书·食货志》。

③ 关于隋代销古钱改铸新钱一事，顾炎武《日知录·钱法之变》条特别指出："尝论古来之钱凡两大变，隋时尽销古钱一大变，（明熹宗）天启以来一大变也。"

④ 参见《隋书·食货志》。

国南北均有隋五铢钱的出土。如 1957 年 8 月西安玉祥门外发掘的隋代石棺墓一座，陪葬品中就有隋五铢钱 5 枚。[①] 南方湖南长沙隋墓出土的隋五铢钱更可反映当时货币经济的发展情况：1952—1958 年在长沙共发掘两晋、南朝及隋墓 47 座，其中两晋墓共 27 座，但仅 3 座墓中出土少量铜钱，多者亦仅数枚，而且多是汉代铜钱；南朝墓葬共 13 座，有 2 座墓出土有刘宋四铢钱及其他古钱，数量稍多于两晋墓葬；隋代墓葬 7 座，也有铜钱出土，则均系隋五铢钱，一座墓出土铜钱数达 93 枚，另一墓中的铜洗内则置有隋五铢钱 12 枚。[②] 从南方长沙地区两晋以来墓葬出土铜钱实物材料的对比中，可以清楚反映统一的隋五铢钱在各地的普遍流通以及货币经济的复兴情形。

统一的隋五铢钱的正常流通，到隋炀帝（公元 605—618 年）后期便遭受破坏了。炀帝奢侈纵欲，穷兵黩武，文帝时所积贮的足供数十年之用的财富，很快就消耗尽净了；而人民在无休止的徭役负担和繁重的赋税重压下，终于无法忍受而群起反抗，全国各地的农民起义爆发了。这样，在隋王朝政治、经济迅速趋于瓦解的情形下，一度建立起来的统一的隋五铢钱制度，也很快崩溃了，物价上涨，私铸盛行，又复出现"米斗千钱"的现象。[③] 最初，千钱犹重二斤，以后即渐轻至一斤，甚至还出现了"剪铁鍱、裁皮、糊纸以为钱"的现象。[④] 这种情形，一直延续到隋亡。

---

① 参见《西安西郊隋李静训墓发掘简报》，《考古》1959 年第 9 期。
② 参见《长沙两晋、南朝、隋墓发掘报告》，《考古学报》1959 年第 3 期。（按：隋代铸钱往往加入铅镴，因而钱色发白，这种钱称为"五铢白钱"；长沙隋墓出土的隋五铢钱，呈灰白色，即这种"五铢白钱"。）
③ 参见《资治通鉴》卷一八一、卷一八四。
④ 参见《隋书·食货志》。

第 二 节
唐开元通宝钱制度的创立及其意义；
唐代前期的货币流通

一、唐代的社会经济概况

唐朝（公元 618—907 年）承隋以后，又重新建立了统一的多民族国家。在这一时期，封建地主经济在全国范围内得到较长时期稳定的发展，整个封建社会的经济和文化，均呈现出富盛繁荣的景象，我国的封建社会已达到了成熟时期。

在唐代，土地制度最初仍沿行北朝以来的均田制，然而到开元、天宝（公元 713—741 年，公元 742—756 年）以后，由于封建地主私人田庄的普遍发展，均田制便遭到破坏了。这时，庶族大小地主阶层日益发展，代替了豪门世族对土地占有的垄断，而封建国家的土地所有制也变成以官庄、皇庄为主要的形式了；与此相适应，封建的租佃关系在官私土地上普遍发展起来，开始成为农业生产中的支配的形式。在这一过程中，由于农业生产工具与生产技术的改善，如唐代的犁已与近世的木辕犁很近似了，因而农业生产又有了显著的发展。在手工业方面，纺织、陶瓷、采矿、冶铸、造纸、制糖、酿酒、制茶等也都发展起来。以最著名的丝织业为例，玄宗时政府收入的庸调绢就达740余万匹，可以想见全国产量之大；而唐代丝织品的种类则有锦、绣、绫、绮、罗、纱、縠、绢、缣、绨、缬、彩、绅、缎等名目，最著名的有成都的锦、定州的绫、亳州的纱等，这些丝织品都早已闻名于中外。

唐代的手工业，包括官营手工业、私营城市作坊以及农民家庭手工业三部分。官营手工业当时有很大发展，它的经营范围很广，大至开矿、冶铸、房屋、舟车，小至一针一线等宫廷日常用品均一应俱全。它的产品则代表着当时的先进技术水平，唐代许多行业中的好产品，都是先由官营手工业中开始，然后才推及民间的。但是官营手工业的产品，主要都是直接供给宫廷和官府消费的，因而它们与市场的联系不多，只有城市的私营手工业作坊的产品，才完全是商品性的生产。当时城市中的私营手工业作坊最多的有：纸坊、糖坊、饼坊、金银作、绣作、染店等，而且由于这些作坊手工业的发展，唐代手工业中还出现了"行"的组织。

唐代全国政治的统一，社会经济比较长期的安定，为商业的发展造成了有利的条件。当时，大运河贯通南北，全国陆上的交通大道也都广设驿站；以长安为中心，可以直达东北方的幽州、登州，西北方的敦煌，西南方的汉中、成都，以及南方的广州等地，因而国内各地水陆商务均很活跃，对外贸易也很发达。全国南北有许多商业城市兴起并繁盛起来，最著名的有长安、扬州、益州、广州、汴州、杭州等地。京城长安的商业区有东西二市，市内各有数百行，一行往往有数百家店铺；最繁华的西市，还有从事信用授受、兑换金银等业务的质库、柜坊、金银店等，这就构成了我国初期的金融市场。处于长江、运河交汇处的扬州，是一个纯粹的商业城市，它的繁荣与富庶非常突出，当时有"扬一益二"之称，而为人倾慕不已，所谓"十里长街市井连"（张祜诗），"夜市千灯照碧云"（王建诗），"天下三分明月夜，二分无赖是扬州"（徐凝诗），都是当时人笔下称颂扬州繁华的佳句。① 当时，在城市中的市场都设有"市令"，专门管理市廛交易，而且是"午时击鼓三百下，而众大会；日入前七刻击钲三百下，散"②。除此，在唐代后期，在乡村间和城市附近还出现了许多草市、墟市一类的定期集市。

商品生产与商业的发展，促使唐代的货币经济也发达起来。唐代承袭了魏晋南北朝以来的货币流通遗产，"钱帛兼行"在整个唐代一直是法定的货币流通制度；但是在金属铸币流通方面，统一的唐"开元通宝"钱制度建立起来了，而且在整个唐代，经常感到流通中铜钱的不足，特别是均田制被破坏以后，两税法在唐代中期代替了租庸调制，这一赋税改革，扩大了货币流通范围，促成了为时数十年的长期货币紧缩现象，而形成了所谓"钱荒"。"钱荒"的出现，标志着金属货币在整个社会经济中地位与作用的加强；与此相应，绢帛在唐代中期以后，它的货币性逐渐衰退了，而贵金属白银

① 参见王楙：《野客丛书》卷十五。
② 《唐会要》卷八十六，"市"。

的生产与使用渐广，特别是唐末、五代时，已开始有正式进入流通的迹象。

二、唐"开元通宝"钱制度的创立及其意义

唐开元通宝钱制的建立，是我国货币史上继汉五铢钱制之后的一件大事。从西汉至南北朝，以迄隋朝的七百余年间，是为我国货币史上的五铢钱系统时期。虽然魏晋以来，金属铸币流通很是混乱，但五铢钱在流通界仍为人们交换使用的重心。唐代建立后，从武德四年（公元 621 年）宣布废止五铢钱，改行"开元通宝"钱，从此，我国金属铸币制度才正式脱离以重量为名的五铢钱系统，而发展为"通宝"钱制度。

唐朝建立时，仍沿用隋朝的五铢钱，但流通中劣币充斥，亟待整顿。如唐高祖李渊初入长安时，当时民间行使一种"线环钱"，这种钱十分轻薄，积八九万文才满半斛，① 所以在武德四年七月，宣布废除五铢钱，并开始铸行"开元通宝"钱。新钱径八分，重二铢四累，积十文重一两，一千文重六斤四两。②

这种新钱名曰"开元通宝"，或称开元钱。开元即开国，作为钱文有"爰创轨模"，即创立一种新的钱制的意思。③

"开元通宝"新钱的行用很是成功，史书均称"轻重大小最为

---

① 参见《新唐书·食货志四》。
② 参见《唐会要》卷八十九《泉货》。
③ 参见《唐会要》卷八十九《泉货》，乾封二年正月二十九日诏。

折衷，远近甚便之"。① 从此，终唐之世，除高宗及肃宗时偶铸以年号为名的"乾封泉宝""乾元重宝"钱外，钱文均以"开元通宝"为定制。

唐代以前，我国铜钱铸造的成色是没有标准的。汉代还盛行"即山铸钱"的办法，即用矿山开采的原铜来铸钱；到了唐朝，对于铜钱的成色开始规定一定的制度，如天宝年间规定铜钱的成分是：铜 83.32%、白镴 14.56%、黑锡 2.12%，这是铸钱制度上的一个明显进步。当时，全国共置九十九炉铸钱，每炉计铸钱三千三百贯，每年铸钱额达三十二万六千余贯文。②

统一的开元通宝钱的大量铸造与流通，反映着唐代货币经济的复兴和发展，这从许多古遗址或墓葬中钱币出土情形可获得证实。魏晋南北朝时期钱币实物的出土曾显著减少，可是唐代的遗址或墓葬中开元钱的出土却又是普遍而常见的现象了，而且不乏大量钱币贮藏或作为陪葬品的情形。如 1964 年河北邯郸峰峰矿区留旺发现一陶缸古钱贮藏，重约 83 斤，除汉五铢钱及少数南北朝的钱币外，绝大多数均为开元通宝，达 18 000 余枚。③ 再如，1959 年 11 月北京南郊养鸡厂发现一座五代时的辽墓，在大量的殉葬钱币中，较完

---

① 参见《旧唐书·食货志上》。

按：关于开元钱的读法，或云读为"开元通宝"，或云应为"开通元宝"，曾一直有争议；从开国奠基、"爰创轨模"的意义言，读作"开元通宝"显然是当时欧阳询"制词"之本意。由于圆形铜钱作为流通手段，是民间日常接触之物，而一般人并不深求其意，回环读为"开通元宝"，便形成一种流俗的读法；这种读法，很可能当新开元钱普遍流通不久就发生了，于是以讹传讹，一些史籍记载也有歧异，因而后人对开元钱文的读法，也就不易取得一致的意见了。

② 参见《通典》卷九《食货九·钱币下》。

③ 参见《邯郸地区发现一批古铜钱》，《考古》1965 年第 11 期。

整的铜钱约有 73 900 枚，而最多数也是开元通宝钱；较标准的开元钱，每枚重 3.9—4.2 克。① 开元通宝钱的流通范围也扩大了，如在我国新疆各地的唐代遗址中，也几乎"俯拾即是"。②

唐开元通宝钱的创制，与秦半两、汉五铢钱一样，在我国钱币形制发展的历史上，皆为带有划时代意义的事情。自此以后，历代的铜钱都不再以重量为名，而皆名之曰"通宝""元宝"等，金属铸币便全然脱离了量名钱体系，而发展成为更高一级的铸币形式了。这种"通宝"钱制，不仅是唐朝一代的定制，而且在唐朝以后还持续流行了近千年；而开元钱的大小轻重，则往往被作为后世"制钱"的楷模。

开元通宝这一钱制的改变，也有其社会意义：铜钱名曰"通宝"，它反映着人们对货币作用进一步的认识，也反映货币地位在社会经济生活中的增强。因为，"通宝"即通流的宝货之意，一方面，作为商品交换的工具而通流不息；同时，以钱为"宝"，则反映着货币即财富这一观念的增强以及货币权力的扩大。

开元通宝钱不但在我国钱制革新方面具有重要意义，而且对我国的衡法还产生了重大的影响。原来我国古代的重量计数均以二十四铢为一两，而自从二铢四累的开元通宝钱流通以后，十进位的一两十钱制便逐渐形成了，这一事实，显然也便利了人们日常的经济生活。③

---

① 参见《北京南郊辽赵德钧墓》，《考古》1962 年第 5 期。
② 参见《新疆出土文物》，文物出版社 1978 年版。
③ 参见《日知录》卷十一《以钱代铢》。

三、唐代前期的私铸与恶钱流通问题

开元通宝钱铸行以后，很快成为全国统一的铸币。这时，由于政治安定，生产迅速发展，于是在太宗时（公元 627—649 年）就出现了所谓"贞观之治"。当时，牛马被野，民物蕃息，一派兴盛景象；货币流通的状况也较稳定；而且由于连年丰稔，物价水平很低，经常出现"米斗三四钱""米斗四五钱"以至"米每斗直两钱"的情形。[①]

可是，在货币经济获得发展的情形下，货币流通方面也逐渐产生一些新的情况。就唐朝前期看，私铸和恶钱流通是太宗以后，即高宗至玄宗朝（公元 650—756 年）约百年间，影响货币流通稳定的经常性问题。

当时，恶钱的来源主要是江淮以南的荆、潭、宣、衡等地，这些盗铸钱的地方，多是处于陂湖、深山之中，波涛险峻，山深林密，人迹罕至，以致官府也无力禁止；[②] 而权豪、商人们却把恶钱贩运到京师各地，于是就造成了货币流通的混乱情形。如武后时，京城流通的私钱有鹅眼、熟铜、排斗、沙涩等；玄宗时有鹅眼、古文、线环钱等。[③] 这些劣钱的流通，促成物价的波动，影响到人们的日常经济生活。

为了整顿货币流通，高宗时曾采取以好钱换取恶钱，出粜米

---

① 参见《贞观政要·政体》《贞观政要·务农》；《通典·食货七·历代盛衰户口》。

② 参见《旧唐书·食货志上》；《新唐书·食货志》。

③ 参见《旧唐书·食货志上》。

粟，搭收恶钱等措施，可是收效并不显著。①

高宗乾封元年时（公元 666 年）还曾一度铸造过以年号为名的"乾封泉宝"钱。这是一种虚价钱，新钱径一寸，重二铢六絫，但其规定以一当十的比价与开元钱并行流通。铸造这种钱的原因，据说是因旧钱的流通年月既深，"伪滥斯起"，因而企图以改铸新钱的措施，作为整顿恶钱流通的办法；然而由于这种新钱作价过高，因而发行以后，未及一年，旧钱就大都为人们收藏起来，以致造成商贾不通、粟帛踊贵的情形，结果，在第二年就又停止了这种新钱的使用，恢复了原来的开元通宝钱制度。②

武后长安（公元 701—704 年）年间，曾采取在长安市中公开陈列样钱的办法，以便杜绝恶钱的使用，但是由于好钱恶钱在事实上拣择很是困难，因而造成了"交易留滞"的情形，所以，最后仅宣布禁用铁锡钱、铜砂、穿穴等几种恶杂钱，而对于熟铜、排斗、沙涩之类的私钱则都听其流通了。③ 玄宗时（公元 712—756 年），也曾一再禁止恶钱流通，还曾采取政府出绢布或用好钱限期收换恶钱的措施，可是由于人们久已习用劣钱，这些措施却往往又招致商民的惊扰与不安。④ 所以，私铸及恶钱流通问题，在唐代高宗以后的约百年间，一直都在兴伏不定，而成为影响货币流通稳定的一个经常性问题。

唐代前期的私铸与恶钱问题，虽然对货币流通的稳定时常产生

---

① 参见《唐会要》卷八十九《泉货》。
② 同上。
③ 参见《旧唐书·食货志上》。
④ 参见《新唐书·食货志四》；《旧唐书·食货志上》。

消极的影响，可是总的看来，恶钱问题并未发展至十分严重的程度；而从货币流通发展的基本情况看，当时主要的问题还是在于流通中货币的不足。由于唐代前期社会经济获得较长期的安定，生产增加、人口繁殖，交换和商业也日益发展起来，因而流通界对货币的需求是不断增加的，钱贵物轻已是常见的现象，不但唐太宗贞观之治时出现了斗米三五钱的低物价情形，而且在发生恶钱问题的高宗至玄宗时期，物价水平也是比较低的。尤其是玄宗开元、天宝年间，其时米价每石常在 30—100 文，至多也不超过 200 文，[①] 因而谷贱伤农之声屡闻；而且恶钱流通时也很少见百物踊贵的记载，相反，有时政府严厉禁断私铸，或用好钱限期收换恶钱时，却往往会引起商民不便的反映。

所以，唐代前期的私铸及恶钱流通问题，是在流通中货币经常相对不足的情形下发生的。在这种情形下，由于物轻钱贵，而官钱又不能充分满足流通界的需要，因而私铸与私钱流通的情形也就不易杜绝了。除此，流通中的私钱虽然轻薄，但也未发展到十分滥恶的程度。如玄宗时，两京流通的鹅眼、古文、綖环等劣钱，每贯也仍有三四斤重，与官钱的标准重量相去并不太远。综合这些情况，便可以看出，当时的私铸和恶钱流通，主要还是货币经济发展过程中，在货币流通方面所连带产生的一种消极现象罢了，它与唐以前各封建王朝实行铸币贬损政策时，所引起的同一现象，还是有区别的。

---

① 参见郑棨：《开天传信记》；《通典》卷七《食货七·历代盛衰户口》；《新唐书·食货志一》。

四、安史之乱期间的铸币膨胀

唐肃宗时（公元 756—761 年），正值安史之乱后，军费支出浩大，政府财用拮据，因而根据第五琦的建议，于乾元元年（公元758 年）开始发行"乾元重宝"钱。这种钱，径一寸，每缗重十斤，按照一当十的比价与开元钱并行流通。乾元二年（公元 759年），又铸一种新的"乾元重宝"大钱，新钱背面的外郭为重轮，所以称为"重轮乾元钱"，或称"重棱钱"。这种大钱径一寸二分，每缗重二十斤，对开元钱的作价则为一当五十。[①] 这些虚价大钱的发行，正是"干戈未息，帑藏犹虚"的时候，因而它的填补财政亏空的目的是很明显的。当时，政府就明言"冀实三官之资，用收十倍之利"[②]。大钱发行以后，重轮乾元钱、乾元当十钱、开元钱三钱并行，不久，市面就呈现混乱状态，其结果竟至发生"米斗钱七千，饿死者满道"[③] 的现象。

由于大钱的作价过高，于是长安城中的"权豪""奸人"们都竞为盗铸，纷纷毁钱改铸大钱，甚至连寺庙中的铜像、钟磬等物也多被毁而铸钱了，几个月内犯盗铸钱令而被榜死（捶击至死）的人，就多达 800 余人。[④]

在这种情形下，到上元元年（公元 760 年）六月，政府只好宣布重轮钱改为一当三十行使，并抬高旧开元钱的价值，使与乾元当

---

① 参见《新唐书·食货志四》。

② 《唐会要》卷八十九《泉货》。

③ 《新唐书·食货志四》。

④ 参见《旧唐书·食货志上》。

十钱等价，皆为一当十钱而并行流通。当时人们对这种钱币虚抬作价的情形称为"虚钱"，因而财产转让、市场交易出现了所谓虚钱、实钱计价的双重价格现象。① 及至公元 762 年 4 月代宗即位后，又宣布各种大小钱皆等价流通，这样，大钱便为人们自动销毁而退出流通，从而逐渐恢复了原来开元通宝钱的正常流通制度。②

由于唐朝政府未再继续实行铸币膨胀政策，而封建政府财政在理财家刘晏的尽力经营下也有了起色，因而物价也逐渐趋于平复。但是，由于社会经济因战乱而受到较大的破坏，虽然其后流通中未再发生劣币充斥现象，而且由于铜价趋贵，旧钱常为人们埋藏或销铸为器，致使流通中的铜钱数量还常感不足，可是总的物价水平较之盛唐时期却提高了许多，稍有灾荒，米价每斗就往往涨至千钱以上③。直到德宗建中初（公元 780 年），实行两税法时，米价一般还为每斗百多文或二百文的水平，缣一匹则为三千余钱或四千钱。④

---

① 参见《唐会要》卷八十九《泉货》。
② 参见《唐会要》卷八十九《泉货》；《新唐书·食货志四》。
③ 参见《旧唐书·五行志》；《旧唐书·代宗纪》。
④ 参见《新唐书·权德舆传》；李翱：《李文公集》卷九。

第 三 节

唐代中期货币经济的发展；

两税法改革后钱荒的出现及其影响

一、唐代中期货币经济的发展

唐代中期货币经济有显著的发展，对于经济、财政与货币流通都产生了重大的影响，特别是两税法施行后，由于通货紧缩，曾出现了"钱荒"，这一现象标志着我国的货币经济也进入一个新的阶段，说明金属铸币流通在整个社会经济中的地位与作用，较前是更为增强了。

由于社会经济特别是商业及货币经济的发展，在唐代前期的百余年间，流通中已经常常感到货币的不足了。安史之乱时，由于战争的影响，曾一度发生铸币膨胀的现象，并引起物价的波动与货币购买力的低落，可是由于南方一直受战争的影响较小，因而经济和商业仍继续有所发展。当时大宗交易的商品有绫绢、茶叶、竹木、羊马、米粟等，以新兴的茶业为例，由于饮茶之风已普及于南北，因而"其茶自江淮而来，舟车相继，所在山积"；而且"自邹、鲁、沧、棣，至京邑城市，多开店铺，煎茶卖之，不问道俗，投钱取饮"；除此，每当回鹘入朝时，也是"大驱名马，市茶而归"①，这都说明当时商业向上发展的情形。

商业的发展促使城市的繁荣，而城市中众多的手工业作坊，众多的城市小生产者，包括出卖手艺的各种工匠以至"引车卖浆"者流，还有城市附近"卖炭翁"之类的农民们，则全都与市场有着紧密的联系，所有这些，都在促进着货币经济的发展，并扩大了对货币的需要。所以，事实上，在安史之乱以后，战时一度膨胀的铸币流通及货币购买力低落的情形，就已经有遏止之势了；及至两税法推行，并开始以钱定税，于是不久就呈现出通货紧缩、货币不足、"钱贵物轻"的景象了。这一情形，一直持续了五六十年之久，并在我国的货币流通史上第一次正式形成了所谓"钱荒"。

二、钱荒的出现及其影响

"钱荒"是我国封建社会货币经济发展过程中，因流通中货币相对不足而引起的一种货币危机现象，最初出现于唐代中期实行两税法改革以后。变租庸调为两税法，是唐初均田制破坏的必然结果；而两税法实行以钱定税，则是与唐代中期货币经济日益发展，

---

① 封演：《封氏闻见记》卷六《饮茶》。

货币税收在国家财政中地位的日益加强有关。还在代宗时（公元762—779 年），刘晏对盐法进行整顿以后，盐利收入在代宗末就曾由以前的 60 万缗增至 600 余万缗，这一数目约居当时赋税收入之半①；后来德宗贞元时（公元 785—805 年）开始按每十税一的税率征收茶税，每岁的茶税收入也有 40 万缗之多②，因而，在封建国家的财政收入中，货币税收的重要性一直是在增加的。德宗建中初（公元 780 年）实行两税法改革，并采用以钱定税方式，则正是在这种发展趋势下促成的。

两税法实行以钱定税，曾使国家财政收入的结构发生重大的变化。盛唐玄宗天宝（公元 742—756 年）时，国家的岁入为：税钱 200 余万缗，粟 1 980 余万斛，庸调绢 740 余万匹，绵 185 余万屯（6 两为屯），布 1 035 余万端；③ 而两税法实行以后，国家每年的岁入则为钱 3 000 余万缗，米 2 000 余万斛了。④ 因而，货币在国家财政中的地位与作用，是大为加强了。

两税法改革及以钱定税施行以后，对于货币经济与货币流通的影响，更具有重要而深远的意义。它显著扩大了货币流通的范围，使广大农民的布帛等生产物，更多地被卷入流通之中，而国家的各种支出以及民间对货币的使用与需要也都增多了，因而两税法的推行又反而进一步地促进了货币经济的发展。这样，不但是中原及长江中下游这些原来经济发达地区的货币经济更为发展了，而且一些货币经济不够发达的地区也都开始使用铜钱了。如在两税法实行

---

① 参见《旧唐书·食货志下》。
② 参见《新唐书·食货志四》。
③ 参见《通典·食货六·赋税下》。
④ 参见《新唐书·食货志二》。

前，淄青、太原、魏博等地在安史之乱后都一直是杂用铅铁，处于边裔的岭南地区则一直是杂用金银、丹砂、象齿等，但在两税法实行后，铜钱在这些地区则都在不同的程度上开始流通了。①

经济、商业的发展，货币流通区域的扩大，均增加了对货币的需要；可是流通中的货币数量却未能相应增加。从政府铸钱的数量看，玄宗天宝（公元 742—756 年）时每年的铸钱总数为 327 000 缗，而宪宗时（公元 806—820 年）全国的铸钱额却只有 135 000 缗②。在这种货币供应实际上不能满足货币经济发展需要的情形下，当两税法施行使得大量货币回笼以后，于是货币日趋紧缩的现象不久就显示出来了，结果遂使原来还是钱轻物重的情形，却很快转变为钱重物轻了。钱重物轻的情形显示以后，人们又都开始蓄积铜钱，许多权贵、军阀在京师的贮钱，少者还往往在 50 万贯以上，③因而这又使大量的铜钱退出流通，大为延缓了铜钱的流通速度；另外，由于铜贵，铸钱往往不敷成本，因而封建政府是很少铸钱的，但是销钱为器的现象却增加了。如在德宗贞元九年（公元 793 年）江淮一带，人们销铜钱一千可得铜六斤，然后用于制造器物，则每斤可售 600 余文，因而流通中的货币就更为减少了。④ 这些因素综合起来，于是就以两税法的施行为转折点，通货日益紧缩，流通中的货币不足现象日趋于严重，终于形成了所谓"钱荒"。在这一过程中，钱日重，物日轻。陆贽曾指出：德宗建中元年（公元 780 年）初定两税时，当时绢一匹的价格为三千二三百文，而德宗贞元

---

① 参见《新唐书·食货志二》。
② 参见《新唐书·食货志四》。
③ 参见《旧唐书·食货志上》。
④ 参见《旧唐书·食货志上》。

十年（公元 794 年）每匹绢则已下跌到一千五六百文；① 到宪宗时，李翱则说：四十年前初定两税时，当时绢一匹为钱四千，米一斗为钱二百，而四十年后，则绢一匹不过八百，米一斗不过五十；② 所以，钱重物轻的情形是更为严重了，四十年间的物价水平下跌到五分之一至四分之一。

面对这种局面，封建政府曾采取各种措施以求缓和"钱荒"：

（一）奖励采铜，增加铸钱。如德宗贞元九年（公元 793 年）曾允许天下铜山任人开采，铜则由官收买，充作铸钱之用；③ 又如宪宗元和三年（公元 808 年），曾于郴州用平阳铜坑采铜，置炉铸钱，每年约可铸钱 135 000 缗；元和十五年（公元 820 年），还令收购民间铜器，使州郡铸钱，所铸钱便充军府州县公用。④ 然而这些措施的收效均不大，到文宗太和八年（公元 834 年）时，全国的铸钱额则还不及十万缗。⑤

（二）严禁销钱，禁铜为器。禁止销钱为器，是唐朝的一贯政策，钱荒以后，更是一再申令，但在事实上则往往形同具文。如文宗开成三年（公元 838 年）时李珏就曾指出："今江淮以南，铜器成肆，市井逐利者，销钱一缗可为数器，雠利三四倍，远民不知法令，率以为常。"⑥

（三）禁止蓄钱、禁钱出境。如宪宗元和三年，曾预告蓄钱之

---

① 参见陆贽《陆宣公奏议》卷十二《均节赋税恤百姓第一》。
② 参见李翱《李文公集》卷九《疏改税法》。
③ 参见《旧唐书·德宗纪》。
④ 参见《唐会要》卷八十九《泉货》。
⑤ 参见《新唐书·食货志四》。
⑥ 《旧唐书·杨嗣复传》。

禁；元和十二年（公元817年）时，下令禁止蓄钱，规定不问品秩高下，人们贮存铜钱均不许超过5000缗，超过者限期1—2月购买实物收贮；穆宗长庆四年（公元824年）又放宽期限，使贮钱超过法定数1—10万贯的，应在一年内用去，超过10万贯的，限两年内处置完毕。① 然而当时京师的一些大宗贮钱者，多为拥有特权和实力的权贵、军阀，官府对他们是无能为力的；而铜钱与实物不同，人们埋藏地下，或分散隐蔽则不易发现，所以，蓄钱之禁始终也不能贯彻，只是徒增民间的骚扰而已。除此，还曾采取禁钱出境的措施，如德宗贞元初（公元785年）曾禁止铜钱携出骆谷、散关，后来，许多州县也禁钱出境，结果严重妨害了正常的商业及商品流通，以致造成"商贾皆绝"的情形。②

（四）政府出钱收买布帛，平抑物价，鼓励人们交易使用绢帛等。宪宗元和八年、十二年，政府曾于京城出内库钱各50万贯收买布帛等，企图遏止物价的低落，③ 然而杯水车薪，无济于事。至于鼓励人们使用绢帛等物，如德宗贞元二十年（公元804年）命市井交易以绫、罗、绢、布、杂货与钱兼用，宪宗元和六年（公元811年）又命公私交易，十贯钱以上者即须兼用匹段，④ 可是人们乐用铜钱，不用绢帛，乃是货币经济发展的自然结果，显然不是行政命令所能左右的。

由于铜钱的购买力日趋上升，因而人们使用的时候，还往往发生"除陌"，即使用短陌钱的现象。如宪宗元和十五年（公元820

---

① 参见《旧唐书·食货志上》。
② 参见《新唐书·食货志四》。
③ 参见《唐会要》卷八十九《泉货》。
④ 参见《新唐书·食货志四》。

年），京师民间用钱，每贯要扣除二十文。对此，政府最初也曾一再出令禁止，然而从长庆元年（公元 821 年），终于解除禁令，并明令规定"以九百二十文成贯"①。到昭宗（公元 889—904 年）末，京师用钱已以八百五十为贯，河南则以八百为贯。② 后来，这种除陌办法，经五代一直延行到宋时。

总之，唐朝政府对付钱荒的各种措施，均未能实现预期的要求。正如元稹所说："元和以来，初有公私器用禁铜之令，次有交易钱帛兼行之法，近有积钱不得过数之限，每更守尹，则必有用钱不得加除之牓，然而，铜器备列于公私，钱帛不兼于卖鬻，积钱不出于墙垣，欺滥遍行于市井，亦未闻鞭一夫、黜一吏、赏一告讦、坏一蓄藏；……"③ 所以，铜钱不足、钱重物轻的局面一直在继续着。

在钱荒的过程中，广大的小生产者，特别是农民，生活受到严重的影响。由于两税法是以钱定税，两税法的施行促使通货紧缩，并形成钱重物轻的局面，因而在这一过程中，豪族、富商们便又积钱以逐轻重，乘时取利，这就更使钱重物轻的现象趋于严重，而农民的负担则随之加重，农民的生活也日益困穷了。在这种情形下，当时有很多人反对两税法。如陆贽就指出："定税之数，皆计缗钱，纳税之时，多配绫绢，往者纳绢一匹，当钱三千二三百文，今者纳绢一匹，当钱一千五六百文，往输其一者，今过于二矣。"他还着

---

① 《唐会要》卷八十九《泉货》。
② 参见《新唐书·食货志四》。
③ 《元氏长庆集》卷三十四《钱货议状》。

重指出，以钱定税是"所征非所业，所业非所征"①；再如，白居易也说："当丰岁，则贱粜半价不足以充缗钱；遇凶年，则息利倍称不足以偿逋债。"② 并在《赠友诗》中写道："私家无钱炉，平地无铜山。胡为秋夏税，岁岁输铜钱？钱力日已重，农力日已殚。贱粜粟与麦，贱贸丝与绵。岁暮衣食尽，焉得无饥寒？"③ 这样，终于在两税法施行的四十年后，于穆宗长庆元年（公元821年）改变了以钱定税的办法，而又恢复了征收布帛粟麦等实物了。④

以"资产为宗"的两税法，代替了以"丁夫为本"的租庸调法，是我国封建社会税制发展过程中的一大进步，它反映着当时社会经济的深刻变化；而两税法初行时采用以钱定税，则与唐代中期货币经济的发展相关。以钱定税的办法施行以后，又反而促进了当时货币经济的发展，使货币流通的范围和地区都扩大了，并促成了钱重物轻以及钱荒的现象。可是以钱定税这一事实，由于当时还是我国封建社会的全盛时期，实物地租还占统治地位，因而税制上的货币征收方式，自然要在事实上遭受许多困难，从而使这种方式，不可能一开始就可稳固地保持下去，所以，终于在四十年后又恢复了实物征收方式。但是，以钱定租在当时促进货币经济发展的作用则是不应予以忽视的。于此，顺便指出，在历史的反复中，随着货币经济的向前发展，封建财政的榨取方式也仍然会由实物贡赋向货币贡赋的方式转化。在我国封建社会后期，两宋以后货币征收范围

---

① 《陆宣公奏议》卷十二《均节赋税恤百姓第一》；《均节赋税恤百姓第二》。

② 《白氏长庆集》卷六十三《策林二》。

③ 同上书，卷二《赠友诗》。

④ 参见《新唐书·食货志二》。

逐渐扩大，以至明代中叶"一条鞭法"之以银定税，都是沿着这一历史趋势向前发展的。

唐代中叶两税法的改革与以钱定税的施行，促成了钱重物轻以及钱荒现象，然而造成这一现象的基本原因则在于当时货币经济的发展以及与此相关的流通中货币的不足，所以改变了两税法的以钱定税方式，但仍不能使当时的钱荒趋势遏止下来，钱重物轻、铜钱不足的情形仍继续保持着。这一情形，一直到武宗会昌（公元841—846年）时，并省天下佛寺，并取铜大量铸钱，才使延续六十年之久的通货紧缩现象，一时和缓下来。

第 四 节
唐末、五代的货币流通

一、"会昌开元钱"；唐末的货币流通

唐武宗于会昌五年（公元 845 年），并省天下佛寺，并毁佛像、钟磬等铸造铜钱，这是唐代晚期货币流通史上的一件比较重要的事情。

由于南北朝以来，佛教繁兴，金、铜用于佛寺方面的耗费难以数计。如《魏书·释老志》载："兴光元年秋，敕有司于五级大寺内……铸释迦立像五，各长一丈六尺，都用赤金（铜）二十五万斤。"《旧唐书·王缙传》载："（唐代宗时）五台山有金阁寺，铸铜为瓦，涂金于上，照耀山谷，计钱巨亿万。"可见金、铜耗于佛寺的数量相当可观。所以，会昌年间并省天下佛寺一举，曾一时使得

铸钱的铜料充裕起来，当时曾毁寺四千六百所，① 把寺中的铜像、钟、磬等物销毁铸造铜钱。这次大规模铸钱，因铜料骤然增加，所以允许各州就地鼓铸。最初，淮南节度使李绅于钱背铸一"昌"字，表示会昌年号；随即政府就命令各州铸钱，皆于钱背铸明本州州名，这种有背文的开元钱，便被称作"会昌开元钱"。②

会昌开元钱大量铸行以后，由于通货数量显著增加，因而绢帛价格开始回升，文武百官的薪俸也都发放铜钱了。③

但是不久，宣宗即位，又一反武宗的排佛政策，而且又将新钱再行销铸为佛像。④ 不过，从会昌开元钱的传世品以及近年出土实物情况看，会昌开元钱被保留在流通中的数量还是不少的。如1959年北京南郊发现的赵德钧墓就出土了许多会昌开元钱，背面所铸的地名有：昌、京、洛、益、蓝、襄、荆、越、宣、洪、潭、兖、润、鄂、平、梓、兴、梁、广、福、桂等。⑤ 这些背文地名遍及全国各处，说明这种钱铸造数量很多，流通范围很广，对缓和当时通货不足，确实曾起了一定作用。

可是就唐代晚期的整个货币流通情况看，流通中的铜钱数量始终是不充足的。当时民间一直使用短陌钱，而且除陌数额则日趋增多，这就反映出通货不足的情形一直是在延续着。⑥ 至于黄巢起义及军阀混战期间某些时候和地方出现的"米斗三十千""米斗五十

① 参见《旧唐书·武宗纪》。
② 参见《新唐书·食货志四》。
③ 参见《唐会要》卷八十九《泉货》。
④ 参见《新唐书·食货志四》。
⑤ 参见《北京南郊辽赵德钧墓》，《考古》1962年第5期。
⑥ 参见《唐会要》卷八十九《泉货》。

千"之类的畸形价格，那仅是一时一地的特殊情形。①

二、五代十国的货币与货币流通

公元 875 年以后，王仙芝、黄巢等农民起义爆发，继之军阀混战，李唐政权很快趋于瓦解，随后进入五代十国时期（公元 907—960 年），社会经济又处于动乱之中。政治分裂，币制亦复分裂，货币流通也很紊乱。可是，在五代十国时期，由于铜的缺少，各割据政权较少铸造铜钱，民间使用仍多沿用唐开元旧钱，铜钱数量少，因而在流通中大致仍保持一定的购买力。如后唐天成二年（公元 927 年）时"斗粟不过十钱"②；后晋天福八年（公元 943 年），田赋折耗，一升仅以两文足钱计。③

在十国范围内，钱氏的吴越国是一直流通唐开元旧铜钱的地区，地方比较富庶，农业、水利也较为发展，民间白米一石只值五十文。④

由于铜钱不足，五代时民间用钱使用短陌也更短了。如后唐天成二年时，政府就申令民间市肆买卖都要遵守"八十陌钱"的规定；后汉隐帝（公元 949—950 年）时规定官府收支铜钱时，收入仍以八十为陌，支出则为七十七文。⑤

当时，促使货币流通紊乱的，主要是铅钱、铁钱的流通，五代

---

① 参见《旧唐书·黄巢传》；《旧唐书·高骈传》。
② 《旧五代史·唐书·明宗纪》。
③ 参见《五代会要》卷二十七《仓》。
④ 参见《范文正公政府奏议》卷上《答手诏条陈十事》。
⑤ 参见《五代会要》卷二十七《泉货》；《旧五代史·王章传》。

政府曾一再申令禁止铅、铁钱的流通，① 而在十国范围，却有一些割据政权，则曾先后铸造过铁钱及铅钱作为正式通货，使与铜钱并行流通。

关于铸钱，偏处北方的五代小朝廷曾铸造新铜钱，据史书记载，有后晋的"天福元宝"、后汉的"汉元通宝"、后周的"周元通宝"等钱，② 后晋政府还一度允许民间铸钱，③ 最重要的一次铸钱，则是后周世宗显德二年（公元955年），又一次并省天下佛寺，当时废除了国内佛寺3 336所，销毁寺中佛像，并收聚民间铜器，铸造"周元通宝"钱，④ 这是五代时期铸钱最为大量的一次。

与五代政权并立的十国，它们所统治的地区要广大得多，人口亦众，所以在币制方面的变动也大。

十国中以南唐较为重要，其领土较广，也较富庶，因而钱币的铸造也较多。南唐地区除铸行开元通宝钱外，⑤ 还有"唐国通宝""大唐通宝"钱等。⑥ 李后主时，更行用铁钱。最初使与铜钱并行流通，于是民间都纷纷藏匿铜钱，商人们更以十枚铁钱收换一枚铜钱，大量运钱出境，于是政府正式规定以铜钱一文，当铁钱十文。⑦

南方地区，在南唐以前，湖南楚王马殷、福建闽王审知父子，

<hr>

① 参见《五代会要》卷二十七《泉货》；《旧五代史·王章传》。

② 对于五代十国时期的钱币，史书记载多有阙略及歧异；传世的五代钱币，还有后梁"开成通宝"钱、后唐"天成元宝"钱等。

③ 参见《五代会要》卷二十七《泉货》；《旧五代史·王章传》。

④ 参见《新五代史·周本纪》；《五代会要》卷二十七《泉货》。

⑤ 南唐开元钱铸造于何时？史书无记载。这种钱的外廓较阔，钱文有篆、隶两种书体，成"对钱"，这种不同书体的对钱，在宋代很是流行。

⑥ 参见《十国春秋·南唐元宗本纪》；《十国纪年》；马令：《南唐书》；洪遵：《泉志》。

⑦ 参见《新五代史·南唐世家》；洪遵：《泉志》。

广州南汉刘龚（岩）就已大量铸造铁钱及铅钱了。

楚王马殷曾铸铅钱，行于长沙城内，城外即用铜钱；又听从高郁献策，铸"乾封泉宝"大铁钱。① 马殷在接受梁太祖天策上将军称号时，于乾化元年（公元911年）还曾铸造"天策府宝"铜铁钱。②

闽王王审知父子曾大量铸造铅钱、铁钱。王审知铸造的钱币，仍以"开元通宝"为文；后来，王延羲于永隆四年（公元942年）铸"永隆通宝"大铁钱，一当铅钱百；王延政于天德三年（公元945年）铸"天德通宝"大铁钱，亦以一当百。③

南汉刘龚在广州曾铸乾亨铜钱及铁钱。乾亨铜钱是公元917年刘龚称帝国号大越，改元乾亨时所铸，乾亨二年改国号为汉，因国用不足，又铸铅钱，十当铜钱一。到刘晟乾和（公元943—958年）以后，城内使用铅钱，城外使用铜钱。④

处于西南的四川，在五代十国时期战乱较少，境内比较安宁，地方也较富庶，所以铸钱比较多。前蜀王建父子曾铸有"永平元宝""通正元宝""天汉元宝""光天元宝""乾德元宝""咸康通宝"等铜钱；后蜀孟知祥父子则铸有"大蜀通宝""广政通宝"铜钱，但后来，孟昶在广政年间（公元938—965年）后期，也铸行了铁钱，使之与铜钱兼行。当时，每钱一千，兼以铜钱四百，银一两值铜钱一千七百文；绢一匹，值铜钱一千二百文。⑤

---

① 参见《新五代史·楚世家》；《十国纪年·楚史》。
② 参见《十国春秋·楚武穆王世家》。
③ 参见《十国春秋·闽太祖世家》；《十国春秋·闽天德帝本纪》。
④ 参见《十国春秋·南汉高祖本纪》；《十国纪年·汉史》。
⑤ 参见《十国春秋·前蜀高祖本纪》；《十国春秋·后蜀后祖本纪》。

十国范围一些割据政权使用低贱金属铅、铁大量铸钱，加剧了货币流通的紊乱，在其流通地区，现仍不时有实物出土，一定程度上可看出当时货币流通的紊乱状况。如在长沙，1959 年对新中国成立以来发掘的 300 余座十国时的楚墓进行了清理，其中，近半数的墓葬都出土了铁质的天策府宝；开元通宝铜钱也很多，其中有很多小开元铜钱，直径仅二厘米左右；另外，有些铅钱中有模糊不清的"开元通宝"字样，胎薄如纸，直径约 2.3 厘米；还有一些没有文字的钱币。[①] 在福州，1957 年 7 月曾发现一瓮"开元通宝"铅钱，共 40 余斤。这些铅钱，背穿上有"福"或"闽"字，楷书，径长 2.3 厘米，每枚重 1.32—1.39 钱，钱的制作非常粗糙。[②] 在广州，1953—1957 年在市郊曾先后四次出土了大批南汉"乾亨重宝"铅钱，总计有 1 200 多斤，钱的大小厚薄极不统一，文字欹斜不正，铸工甚劣。[③]

五代十国时期一些地区铸造的铁钱和铅钱，它们的流通均具有地方性，完全不为外区所接受，因此，进入宋代以后，全国的金属铸币流通形成了所谓铜钱区、铁钱区，就是这一时代的遗产。

---

① 参见周世荣《略谈长沙的五代两宋墓》，《文物》1960 年第 3 期。
② 参见《福州发现五代合金的古钱》，《文物参考资料》1958 年第 3 期。
③ 参见《广州发现南汉铅钱》，《考古通讯》1958 年第 4 期。

第 五 节
唐代绢帛的流通及其衰落

一、唐代绢帛的流通与衰落

唐代的货币流通，沿袭了南北朝以来的以绢帛为币的习俗，绢帛不但在民间广泛使用，而且政府法律也确认这一事实，因而绢帛遂成为重要的法定支付手段之一，终唐之世，货币流通始终保持着钱帛兼行的局面。

绢帛是丝织物的总称，包括锦、绣、绫、绮、罗、纱、縠、绢、縑、绨、缬、彩、䌷等，这些丝织物都可以作为货币使用，但是最重要的则是绢与縑。所谓绢，是一种丝纱较疏的织物；縑则是一种很细密的丝织物，它的丝数比绢多一倍，所以称为縑。除丝织物外，布即以麻、纻、葛等为原料的织物，在民间也仍被作为货币流通。为了便于授受和行使，布帛等织物均有定式：根据政府规定，绢以四丈为匹，布以五丈为端，均宽一尺八寸。通常，绢帛的使用均以匹计，在较大价格的交易中比较多用，这是绢帛一经割截，价值便要遭受减损的缘故。然而用于粟米柴薪等日用零星交易时，也常见以尺帛作为交换手段的。

绢帛作为法定的货币，唐政府曾屡有明令，如开元二十年（公元732年）九月制："绫、罗、绢、布、杂货等，交易皆合通用；如闻市肆必须见钱，深非道理。自今以后，与钱货兼用，违者，准法罪之。"① 又，开元二十二年（公元734年）十月六日敕："货物兼通，将以利用，而布帛是本，钱刀是末；……至今以后，所有庄宅口马交易，并先用绢、布、绫、罗、丝、锦等物，其余市价至一千以上，亦令钱物兼用，违者科罪。"② 唐代中叶以后，如宪宗元和六年时（公元811年），也曾通令"公私交易十贯钱以上，即须兼用疋段"③。所以绢帛在唐代一直被作为法定的支付手段。

国家以绢帛作为法定货币的事实，是绢帛在民间广泛行使的结果。在唐代，民间交易广泛地使用绢帛，包括较大价格的庄宅、马匹，以至日用的粟米柴薪之类的东西④；除此，行旅的路资⑤、舟

---

① 《册府元龟》卷五〇一《钱币三》。
② 《唐会要》卷八十九《泉货》。
③ 《唐会要》卷八十九《泉货》。
④ 参见《顺宗实录》卷二。
⑤ 参见《唐摭言》卷十五。

车的赁费①、赏赐②、赠遗③、贿赂④、笔墨酬谢⑤，以及借贷⑥、蓄藏⑦等，也使用绢帛。在政府收支方面，租税中的庸、调皆用绢帛。两税法实行以后，最初以钱定税时，也多以绢帛折纳⑧，穆宗长庆（公元821—824年）以后，更是直接征收绢帛了。而政府计赃、计罪罚，则一直使用绢帛。⑨政府支出方面，官吏的俸禄包括禄米及月俸，其中月俸本以钱计，但是有时也半给匹段；⑩其他政府经费及军费的支出，也多用绢帛，一次供军的数目往往为数十万匹，甚至数千万匹；⑪至于皇帝赏赐用绢帛段匹的事例，在史书中更是多不胜计。

绢帛作为货币广泛行用的事实，不仅因为绢帛本身是具有价值之物，以及段匹多有定式而便于授受，更重要的原因还在于它还有着非常广阔的国内外市场。当时，国内大多地方均有丝帛生产，不但北方的河南道、河北道（今河南、河北、山东地），而且上自川蜀，下至吴越的长江流域也都是盛产丝织物的地方。这些丝织物除供南北各地人们的衣着、服物之用以外，我国境内的少数民族，如突厥、回鹘等每年也需要大量的绢帛。不但如此，还通过陆路、海路贸易远销至中亚、西南亚、日本、朝鲜各国，因而绢帛成为商业

---

① 参见《入唐求法巡礼行记》卷四。
② 参见《旧唐书·马周传》。
③ 参见《旧唐书·唐休璟传》。
④ 参见《旧唐书·李巽传》;《唐语林》卷三。
⑤ 参见《新唐书·皇甫湜传》。
⑥ 参见《法苑珠林》卷七十一。
⑦ 参见《旧唐书·郑注传》;《太平广记》卷四九五《邹凤炽》。
⑧ 参见《册府元龟》卷四八八《赋税二》。
⑨ 参见《唐律疏义》卷四《名例四》、卷十一《职制下》、卷十五《厩库》、卷廿六《杂律》。
⑩ 参见《唐会要》卷九十二《内外官料钱下》。
⑪ 参见《册府元龟》卷四八四《经费》。

资本普遍愿意接受的东西，从而也就加强了它的流通与行使能力，以致民间日用所需、行旅所费、物价的表示与支付、劳务的报酬等，也都使用绢帛了。

绢帛作为货币使用，主要是以匹计，它的单位价值较高，所以比较适用于较大价格的交易；而绢帛作为农村家庭手工业的生产物，因而不仅官府及上层阶级使用，而且中、下阶级也多可以用作货币。关于绢帛的购买力，在贞观之初，一匹绢才值一斗米；而在贞观五年、六年时，由于关中频岁丰稔，一匹绢则值粟十余石。[1]至于绢帛与铜钱间的交换比例，玄宗开元、天宝年间都曾出现过一匹绢 200 文的低价。[2] 但是，当时各地的绢价并不尽相同，山南绢贱，每匹约二三百文；河南绢贵，每匹则要 700 多文。因此，开元十六年（公元 728 年），政府以 550 文一匹作为定赃的标准[3]，这大致可以作为盛唐时期的标准绢价。其后，到实行两税法以前，绢一匹曾涨至三四千文，两税法实行后的四十年，曾回落至 800 文一匹。文宗开成三年时（公元 838 年），扬州白绢一匹仍要 660—670 文，宣宗大中六年（公元 852 年）时，宋州、亳州的绢价是每匹 900 文，这是当时各地比较高的绢价。[4] 绢帛一直保持着较高的购买力，则与对外贸易的大宗需要的事实相联系。

但是，以绢帛为币，毕竟是表示着社会分工还不够发展，商品种类较少，交换及货币经济仍不十分发达的事实；而绢帛与铜钱比

---

① 参见《旧唐书·马周传》。
② 参见《通典》卷七《食货七·历代盛衰户口》；《新唐书·食货志一》。
③ 参见《唐会要》卷四十《定赃估》。
④ 参见《新唐书·权德舆传》；《入唐求法巡礼行记》卷一；《唐会要》卷四十《定赃估》。

较起来，一经割截，价值就要遭受损失，久藏则会变质或朽坏，而且短狭、薄绢之弊也在所难免，因而绢帛作为货币的缺点始终是存在的。所以，一俟社会生产以及交换与货币经济有了进一步的发展，金属铸币的流通便会扩大，而且会排斥绢帛的流通与使用。绢帛作为货币而盛行，大致是在初唐及盛唐时期，而在盛唐时它已开始显示出为铜钱流通所排挤的迹象。因为，开元年间政府一再申令绢帛的法定货币的地位，并使民间兼用钱帛，就正好反映出市肆交易中，人们已不愿收受绢帛，从而说明它的货币作用已开始趋于衰退了。

及至唐代中叶以后，由于商业及货币经济都有了显著的发展，特别是当时最具有代表性的茶业的兴起及其市场的开拓，都促使铜钱流通的扩大，然而它却并不引起绢帛使用的增加。这是因为在南北的商业交易中，盛产茶叶的长江中、下游地区，同时也是盛产丝织物的地方，所以，茶业的兴起只是扩大了铜钱流通，而并不需要绢帛；铜钱的不足，曾促使汇兑事业"飞钱"的产生，但是绢帛的货币作用，在中唐以后却趋于衰退了。两税法后，贞元二十年（公元804年）曾命令市井交易以绫、罗、绢、布、杂货与钱兼用，元和六年（公元811年）也又一次通令公私交易，十贯钱以上者即需兼用段匹，然而随着货币经济的进一步发展，绢帛货币作用的衰退显然不是政府法令所能左右的，因而元稹所指出的"钱帛不兼于卖鬻"，就正是当时实际情况的写照。

我国封建社会经济的发展，一直都是不平衡的，虽然在中唐以后，我国的货币经济也有了显著的发展，但是广大农村或边远地方，大致仍然一直保持着用布帛处多，用钱处少的状态。根据《敦煌资料》一书所收入的有关买卖、典租、雇用、借贷的契约百余件，其时间从中唐以迄五代及北宋初，记载有农村中最常见的土地、房舍、牲畜，以至人身的买卖和借贷的支付，主要都是使用麦、粟和布帛，并且绢帛又多是外出旅行时才需要，铜钱的使用很是少见。兹列举一些事例如下：

卖牛："黑牸牛一头，三岁，……准作汉斗麦壹拾贰硕，粟两硕。"

"紫牸牛，陆岁，……断作麦汉斗壹拾玖硕。"

"买伍岁耕牛一头，断作价值生绢一匹。"

雇牛："黄自牛一头，年八岁，十月至九月末，断作雇价每月壹石。"

卖地："地一段，共柒畦拾亩，……其地亩别断作斛斗汉斗壹硕陆斗，都计麦壹拾伍硕，粟壹硕。"

"地一段两畦共五亩，……断作生绢，价值生绢一匹，长肆丈。"

卖房舍："断作舍物，每尺两硕贰斗五升，准地皮尺数，算著舍椽物贰拾玖硕伍斗九合五圭乾湿谷米。"

租地："地四畦共十亩……奠种三年，断作价值乾货斛斗壹拾贰石，麦粟伍石，布壹匹肆拾尺。"

雇工："从正月到九月末，将作雇价壹驮，春衣一对、汗衫一领、褐裆一腰，皮鞋壹两。"

外出时则多需要绢帛充作路资。如"往伊州充使"，就向人借贷"白丝生绢壹匹""往于西州充使"，则"贷黄丝绢壹匹"等。[1]

---

① 参见中国科学院历史研究所编：《敦煌资料》第一辑，"五、契约、文书"，中华书局 1961 年 9 月版。

凡此，均可反映出当时农村中货币经济的不发达状况。

更有甚者，在一些偏僻山区中，如长庆二年（公元 822 年）韦处厚曾谈到在山南道（今湖北、四川地）有的地方，"不用现钱，山谷贫人，随土交易，布帛既少，食物随时，市盐者或一斤麻，或一两丝、或蜡、或漆、或鱼、或鸡，琐细丛杂，皆因所便；今逼之布帛，则俗且不堪其弊"①，这更是完全的实物经济了。

二、唐末、五代贵金属白银正式进入流通的趋势

中唐以后货币经济的发展，使铜钱流通的范围及地域扩大了，同时，绢帛的货币作用则趋于衰退。这时，流通中的货币一直感到不足，特别是绢帛的货币作用衰退以后，在大额的交易中缺少适当的流通手段；虽然适应南北交换与商业活动的需要，已有"飞钱"的产生，但仍然远远落后于交换及货币经济发展的客观需要，在这种情形下，唐末、五代时，贵金属白银遂开始有正式进入流通的趋势。

贵金属白银在唐代仍然主要是被用作器饰、宝藏，银块则多铸成一定的形式，如饼状、铤状，银铤是最通行的形式。② 铤，有长、直之意，即条形物，长木称梃，长竹称筳，贵金属白银则称铤。铤，或作笏③，都是以所铸的长条版状的样式而得名。银饼是比银铤更为早有的形式。饼，即圆饼形。一些唐代银铤、银饼等实物，新中国成立后每有出土。如 1956 年 12 月在西安市东北郊唐大明宫遗址范

---

① 《唐会要》卷五十九《度支使》。
② 参见《唐大诏令集》卷一〇八。
③ 参见于逖：《灵应录·陈太》。（按：铤、笏二者有时可以互用。笏是手版，所以银一笏，又或称一版。）

围内，曾出土了四块唐银铤，均是杨国忠等人进献之物。这些银铤均重"五十两"，经实测，杨国忠所进的两块银铤，重量均约为67两（16两秤）；最轻的岭南所进"银五十两"铤银，重量则为62两（16两秤）。① 除最通行的50两重的银铤外，也还有较小的银铤，如1962年在陕西蓝田县关村庙康庄一古冢边就曾发现一块"壹铤重贰拾两"的小银铤，实测重805克。② 但通常银一铤或银一笏，皆指50两，③ "铤"是正式规定的白银的计算单位名称（见图5-1）。④

由于白银与黄金一样，均为本身具有价值的贵金属，因而文献中也就不乏有关白银使用的记载，包括贿赂⑤、谢礼⑥、旅费⑦，以及皇帝赏赐臣下⑧、供应军费⑨、地方进献⑩等用途。但白银在民间

---

① 唐大明宫遗址所出土的四块银铤，形式像笏，第一铤长市尺九寸六分，宽二寸一分五厘，重今市秤六十七两二钱，银铤正面刻字一行："专知诸道铸钱使兵部侍郎兼御史中丞臣杨国忠进"；背面刻字三行："中散大夫使持节信安郡诸军事检校信安郡太守上柱国尉迟岩""信安郡专知山官承议郎行录事参军智庭上""天宝十载正月日税山银一铤五十两正"。第二铤亦为杨国忠进献，重今市秤六十七两七钱，背文所记重量为"宣城郡和市银壹铤五拾两"及"天宝十载四月二十五日"等字样。第三铤重今市秤六十二两四钱，正面刻字有："岭南采访使兼南海郡太守臣彭果进"，及"银五十两"字样，背面无文字。第四铤刻字亦在正面，无背字，重为今市秤六十二两。（李问渠：《弥足珍贵的天宝遗物》，《文物参考资料》1957年第4期。）

② 这块银铤是唐末广明元年（公元880年）容管地方官进献的"贺冬银"，有刻字二行："容管经略使进奉广明元年贺冬银壹铤重贰拾两""容管经略招讨处置等使吕崔焯进"。（《陕西蓝田出土的唐末广明元年银铤》，《文物资料丛刊》第一集，文物出版社，1977年12月版。）

③ 参见刘崇远《金华子·杂录》卷下。

④ 参见《唐六典》卷二十《太府寺》。

⑤ 参见张鷟《朝野佥载》卷三。

⑥ 参见段成式：《酉阳杂俎》卷一《天咫》。

⑦ 同上书，卷十二《语资》。

⑧ 参见《旧唐书·魏元忠传》。

⑨ 参见《旧唐书·宪宗纪下》。

⑩ 参见《旧唐书·德宗纪下》。

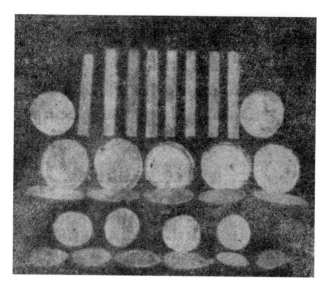

图 5-1　1970 年西安何家村出土的唐代银铤、银饼

实际使用时，则多是先变卖成铜钱而后支付[①]，并且，在整个唐代，均未取得法定支付手段的地位。如《唐律》就曾规定："若私铸金、银等钱，不通时用者不坐"；[②] 而宪宗元和元年（公元 806 年）六

① 参见《酉阳杂俎续集》卷三《支诺皋下》。

② 《唐律疏义》卷二十六《杂律》"私铸钱"条疏义。

按：金、银钱是一种玩赏品，主要供宫廷赏赐及贵族、官僚们馈赠之用。唐代的金、银钱，近年曾屡有发现。如 1955 年 3 月，在西安东郊韩森寨附近一座天宝四年（公元 745 年）的唐墓就曾出土 2 枚银开元通宝钱。(《西安韩森寨唐墓清理记》，《考古通讯》1957 年第 5 期。) 关于金钱，纯金的很少见，最多见的都是鎏金钱。如 1955 年在洛阳邙山山麓南的一座归葬于德宗兴元元年（784 年）的唐墓中，曾出土 20 余枚鎏金开元通宝钱；1965 年在福州市郊五代十国时期的闽国主刘延钧之妻刘华墓中也曾出土一枚鎏金开元通宝钱。(《五代闽国刘华墓发掘报告》，《文物》1975 年第 1 期。)《旧唐书·玄宗纪》曾记载先天二年（公元 713 年）九月"己卯，宴王公百寮于承天门，令左右于楼下撒金钱，许中书门下五品以上官及诸司三品以上官争拾之"，所撒之金钱，可能都是鎏金开元钱。对这次金钱盛会，唐代诗人缅怀旧事，每有吟诵，如杜甫《曲江对酒》诗云："何时重此金钱会，暂醉佳人锦瑟旁"；张祜《退宫人》诗则有"长说承天门上宴，百官楼下拾金钱"之句。

月禁岭北采银之诏也说："天下有银之山必有铜矿，铜者可资于鼓铸，银者无益于生人。"① 可知，唐政府在法律上并不把金银作为货币。

不过应该指出，我国南方岭南一带，进入唐代以后，一直仍沿袭南朝时"交、广之域以金银为货"的局面。在代宗大历以前，岭南除用银以外，还杂用金、锡、丹砂、象齿等，其后，虽然已用铜钱，但白银为币的事实则一直未废，所以元和时元稹还说："岭以南以金银为货币"；② 而张籍《送南迁客》诗也有"海国战骑象，蛮州市用银"之句。③

关于贵金属的生产，主要是白银，在中唐以后，产地已不限于岭南，而已经扩及岭北了。据《新唐书·地理志》记载，产银的地方有 68 府州，以岭南道和江南西道为最多，但产额并不大。元和初每年银矿课额为 12 000 两；宣宗时每年也只有 15 000 两。④ 至于船舶输入白银的情形则无法详知。

关于白银的使用情形，在唐末及五代的文献记载中开始多见起来。唐末，白银不但大量用于贡献、军费⑤，而且还被用于政府经费接济。⑥

进入五代十国时期以后，公私蓄积白银的风气更日益显著，

① 《唐会要》卷八十九《泉货》。
② 参见《元氏长庆集》卷三十四《钱货议状》。
③ 参见《张司业诗集》卷二。
④ 参见《新唐书·食货志四》。
⑤ 参见《资治通鉴》卷二五七；《旧五代史·梁太祖本纪》。
⑥ 参见《旧唐书·昭宗纪》；《旧唐书·哀帝纪》。

白银用于贡献、济军的记述频繁，一次往往皆多全"万两""十万两"；[1] 私人以银蓄积及输财之事也甚多，如李继韬的母亲杨氏"善蓄财"，母子二人到京师，用于贿赂的白银竟达"数十万两"。[2] 而且，其时还有民间用伪造的"铁胎银"典钱于质库的事。[3] 可见，白银的蓄藏及行使都已渐普遍了。凡此，均可看到，在唐末、五代时，适应货币经济的发展，继绢帛的货币作用衰退以后，白银已开始有正式进入流通的趋向。

三、云南地区的贝币流通

云南地区，从古滇国时已经以天然贝为币而大量流通了。秦汉时期我国建立了统一的铜铸币制度，此后，在云南地区也有五铢钱的流通，可是贝币的流通则一直保持着，而且到唐代建立南诏国（公元 738—902 年）后，这一情形也仍继续着。

在云南晋宁石寨山战国晚期至西汉时的古滇国遗址，于 1953 年、1956 年、1958 年曾进行了三次发掘，均曾发现大量的作为货币的天然贝，还有铜鼓形贮贝器。1953 年在一座大墓中出土满盛海贝的大铜鼓 2 件，以及稍小的 3 件鼓形贮贝器；1956 年对滇王墓葬群的发掘，出土物则最为丰富，大量的贝满盛于鼓形贮贝器中，数量有数十万颗之多，同时，还出土有极少数半两钱、五铢钱。另

---

① 参见《旧五代史·唐书·明宗纪六》；《册府元龟》卷四八五《邦计部·济军》；《册府元龟》卷一六九《帝王部·纳贡献》；《旧五代史·周书·世宗纪》。

② 参见《新五代史·李嗣昭传》。

③ 参见《新五代史·慕容彦超传》。

外，这次发掘还发现"滇王之印"金质王印一颗。1958年冬的发掘，在一座大型墓中也发现有一堆贝，盛贝器是木质的，已朽腐，仅见痕迹。该墓还出土一枚五铢钱；另有一墓则出土十余枚五铢钱。大量实物贝的出土，而只有极少的五铢钱等铜铸币同出，这一事实说明天然贝是古滇国流通中的最主要的货币（见图5-2）。[①]

图5-2　云南晋宁石寨山出土的古滇国铜鼓形贮贝器及海贝

在此以后，云南地区的一些地方在一定时期，金属铸币流通也

　　① 参见《两年来云南古遗址及墓葬的发现与清理》，《文物参考资料》1955年第6期；《云南晋宁石寨山古墓群清理初记》，《文物参考资料》1957年第4期；《云南晋宁石寨山第三次发掘简报》，《考古》1959年第9期。

　　按：1953、1956年两次发掘所出土的大量贝币，均盛于鼓形贮贝器中。这些铜贮贝器，有盖，圆形，盖上大多数都焊铸有各种人物等图形，生动地呈现出战争、狩猎、祭祀等场面。如一件贮贝器盖上，中央坐着一个铜女俑，四周的小铜俑则有织麻者、侍卫者、捧盘跪立者等，都围绕在铜女俑的身旁，俨然呈现出一幅奴隶主的日常生活写照。再如，一件贮贝器盖上，焊铸的铜俑有反缚而跪者、缚曳于地者、负薪者、提篮者、抬轿者，中央有一圆柱，柱上有龙虎之属。这幅图像，似为祭祀的场面，跪缚的人可能是供杀祭的奴隶。所以，这些贮贝器的出土，对于研究古滇国的社会经济状况也有很重要的价值。石寨山一些重要的古滇国墓葬，多属于两汉时代。

曾有所发展，这尤其表现在云南等地区东汉后期的墓葬，常有作为殉葬品的摇钱树的出土。这是一种地区性的习俗，在云南昭通、贵州的兴仁、兴义、清镇及四川的一些地方，均曾出土过摇钱树。摇钱树分为陶座及金属制作的钱树两部分，钱树枝叶纷披，枝叶上往往铸有神话传说或表示吉祥的各种图像。如 1959 年 11 月云南昭通温家营后的一座古墓中出土的摇钱树残片，树枝上有铜钱 4 枚，其中 3 枚较小，无文字；1 枚较大，钱的两面有"五铢作□""五铢□□"字样；另外，枝上还有骑马者、骑鹿者、射箭者数人。再如，1960 年 3 月云南昭通桂家院子一座大墓所出土的摇钱树，在枝叶上就铸出鱼龙漫衍等百戏图像；除此，该墓还出土有五铢钱，破碎的不计，完整者有 60 余枚。这些墓葬可能是与汉族联系密切的"南中大姓"，如孟璇、孟琰、孟获一类人的墓葬（见图 5-3）。①

图 5-3　1959 年云南昭通温家营后古墓出土的摇钱树残片

在贵州兴仁、兴义、清镇及四川的一些地方发现的摇钱树，枝上除铜钱外，也多铸有西王母等神话人物，鹿、猿、凤鸟等动物及

---

① 参见《云南昭通文物调查简报》，《文物》1960 年第 6 期；《云南昭通桂家院子东汉墓发掘》，《考古学报》1962 年第 8 期。

各种奇花异草。另外，在摇钱树的陶座上，同样也浮雕着各种图像，如抱瓮骑羊人、持竿打击钱树上的钱的人和把这些钱挑走的人等。出土摇钱树的墓葬，往往也有五铢钱、货泉等钱币的出土。[①]

在云南昭通地方，还曾出土过一批三国时期的"直百五铢"钱。[②]

凡此，皆反映着云南地区在西汉以后，货币经济及金属铸币流通也曾有过一定程度的发展。

可是，金属铸币流通从未居于主要地位，一直到唐代，云南地区交换的水平还是比较低的，实物经济状态显著，以天然贝为流通中主要货币的情形一直保持着。

关于南诏国的货币流通情形，《新唐书·南诏传》云："以缯帛及贝市易，贝者大若指，十六枚为一觅。"时人樊绰《蛮书》则云："本土不用钱，凡变易缯帛、毡罽、金、银、牛、羊之属，以缯帛幂数计之，云某物色直若干幂。"[③] 另外，该书在记述南诏国贸易情况时说："蛮法煮盐，咸有法令，颗盐每颗约一两二两，有交易即以颗计之。"[④] 所以，在南诏国，除天然贝外，缯帛及盐也是重要的交换手段。但是，天然贝这种实物货币形态，在云南地区则始终居于主要的地位；而且这一事实，后来还一直延续下去，直到明代，在云南地区仍然盛行着以贝为币。

---

① 参见《贵州清镇、平坝汉墓发掘报告》，《考古学报》1959 年第 1 期；《贵州兴义、兴仁汉墓》，《文物》1979 年第 5 期；《成都天回山崖墓清理记》，《考古学报》1958 年第 1 期；于豪亮：《钱树、钱树座和鱼龙漫衍之戏》，《文物》1961 年第 1 期。

② 参见《从诸葛亮在云南的遗迹试谈他的民族政策》，《文物》1976 年第 4 期。

③ 《蛮书》卷八《蛮夷风俗》。

④ 《蛮书》卷七《物产》。

第 六 节
唐代的信用及金融事业

一、我国最早的金融市场的形成

唐代是我国封建经济的昌盛时期，由于国家的统一，社会经济比较长期地安定，商业繁荣，对外贸易也非常发达，许多城市十分富庶、繁华；在这种情形下，货币经济有显著发展，各种金融事业也相应产生。在京城长安最繁华的西市中，已有供给抵押信用的质库，官府放债牟利的公廨本钱，收受、保管钱财的柜坊，从事生金银买卖与兑换的金银店等，还有我国最早的汇兑事业"飞钱"，所有这些，都标志着我国古代封建社会信用关系已发展到一个新的阶段。

质库，就是当铺。在南北朝时，文献中有明确记载的还都是寺院兼营典质业务，可是在唐代已经是独立的私人事业了。设立质库的包括商人及贵族、官僚等；① 质库办理抵押放款，称为收质或纳质。当时政府曾规定质库不能随意变卖押品，对于过期不赎的物品，可以在报告当地官府后予以处理，但是如偿还押款后仍有剩余，则应将余款退还给债务人。

许多商人、富户以及贵族、官僚们，除经营质库以外，更多的是直接从事放债活动，这种行为称为出举、举放、举债、责息钱等；以田地、房宅等不动产为抵押的放债，则称为贴赁、典质等。关于皇室、贵戚和官吏们放债出举的行为，也包括经营邸店、质库等事业，政府曾屡次申令禁止，可是整个唐代，官僚、贵族们从事放债牟利的，始终是习见的事情。② 至于商人、富户从事放债活动的就更普遍了。③ 他们有时放债的数额很大，特别是用于买官行贿方面的活动，为此目的，以倍称之息所贷放的钱款，都是"动逾数万"。④ 还有一些外国商人，即所谓"蕃客""波斯番人"等也从事放债活动，他们放债盘剥的对象也非常广泛，包括"衣冠子弟、诸军使、商人、百姓等"。⑤ 在高利贷的盘剥下，不少人濒于破产，不仅黎庶百姓深受其苦，而且一些勋贵之家也往往不免其害，如唐

---

① 参见《旧唐书·武承嗣攸暨妻太平公主传》；《全唐文》卷七十八《武宗三·加尊号后郊天赦文》。

② 参见《旧唐书·高季辅传》；《唐会要》卷八十八《杂录》、卷六十九《县令》。

③ 参见《唐会要》卷六十七《京兆尹》；《太平广记》卷一三四《刘钥匙》。

④ 参见《资治通鉴》卷二四三。

⑤ 参见《全唐文》卷七十二《文宗四·禁与蕃客交关诏》；《唐大诏令集》卷七十二《乾符二年南郊赦文》。

代名臣魏征的后人，就把宅第也质钱于人了。①

唐代的官府也参与放债活动，各级官府利用专款进行放款及其他商业活动，收益所得则供作官吏的薪俸或膳食、油烛及修缮费用等，这种公款称为"公廨本钱"。公廨钱制度在隋代就有了，后来在隋文帝开皇十四年时（公元594年）曾一度废除，但三年后又予恢复，只允许经营商品贩卖生利，却不再允许放债收息。② 唐代沿袭了公廨钱的办法，却又有所发展，有捉钱令史专门办理这种事务。③ 从唐初到唐末虽曾有兴废，但大致上均一直保有这种官府信用事业，只是这种事业的经营则日趋于败坏，不但官吏中饱，而且以后还加入了许多商人的资本，甚至还有人不要官府本钱，自立虚契，以冒做这种事业的。这是因为"捉钱户"可以免除徭役，而且可以借此投身要司，并依托官本牟求私利。④

在唐代，政府对于公私放债的利率是有限制的。如玄宗开元十六年（公元728年）时规定："天下负举，只宜四分收利，官本限五分收利。"⑤ 但在不同时候，对放债利率的规定每有变动，如长庆、会昌时，官府放款就规定按四分收利。⑥ 对于放债收取复利，即所谓"回利作本"，则始终是作为违法的事情。⑦

柜坊，是一种专门收受和保管钱财的私人事业。在一些书中，

---

① 参见《唐会要》卷四十五《功臣》。
② 参见《隋书·食货志》。
③ 参见《唐会要》卷九十三《诸司诸色本钱上》。
④ 参见《唐会要》卷九十三《诸司诸色本钱下》。
⑤ 《唐会要》卷八十八《杂录》。
⑥ 参见《唐会要》卷九十三《诸司诸色本钱下》。
⑦ 同上书，卷八十八《杂录》。

常可见在柜坊"镢钱"的事情，① 商民在柜坊或某些大商号镢钱的数目，往往多至百贯、千贯，甚至十万贯或更多的钱财，② 而且存户还可能凭类似支票的"帖"或其他信物支钱。③

另外还有一种寄附铺，大概也与柜坊类似，也是办理保管寄户出售寄存的物品，长安西市的"景先宅"就是一家寄附铺。除去这些以存款为业的商店，有些大商店，如药店、外国商人的"波斯店"等，也往往因商业往来关系，寄存人们的钱财。④

金银铺是以打制器饰为主要业务，但也兼营金银器饰及生金银买卖。他们是由巡游的金银匠发展来的。在唐代，金银匠人已经逐渐独立门面成为金银铺，而且构成一种独立行业，即金银市或金银行了。⑤ 由于金、银的货币性质一直并未完全消失，而且唐末、五代以后，白银的使用已逐渐增加，且有正式进入流通的趋势，因而金银铺买卖生金银的业务，也多少具有货币兑换业务的性质了。

总之，随着城市的繁荣，商业、货币经济与信用关系的发展，除了商人、富户们提供个人性质的信用外，还出现了质库、柜坊、金银铺这类专门办理放款、存款、生金银买卖和兑换业务的私人事业，还有官府的公廨本钱，以及最早的汇兑事业"飞钱"等，这就构成了我国最早的金融市场。

但是这种金融市场在当时条件下，受到封建政治势力的摧残往往是难免的事。例如，唐德宗建中三年（公元782年）卢杞为相

---

① 参见《太平广记》卷二四三《窦义》；《唐大诏令集》卷七十二。
② 参见《太平广记》卷三〇〇《三卫》、卷九十九《王氏子》。
③ 同上书，卷一四六《尉迟敬德》、卷二十三《张老二公》。
④ 参见蒋防：《霍小玉传》；《太平广记》卷十六《杜子春》。
⑤ 参见《太平广记》卷三十五《王四郎》；赵璘：《因话录》卷三。

时，为了筹措军费，就曾强取"僦柜纳质钱"。由于金融市场的钱财很多都是属于一般商民的，如柜坊所保存的，就主要是商人和富户的钱财，而质库则主要是以一般城市平民为经营对象，因而封建政府这种强制勒借的行为，激起了长安商人的罢市及市民们遮道哭诉、请愿的行动，最后终于迫使封建政府对广大商民作出了让步。①

二、我国最早的汇兑事业——飞钱

飞钱是中唐时期商业及货币经济发展的产物。据记载，在唐宪宗时（公元806—820年），"时商贾至京师，委钱诸道进奏院及诸军、诸使、富家，以轻装趋四方，合券乃取之，号飞钱"②。飞钱又称"便换"，如《旧唐书·食货志》中就有"茶商等公私便换见钱"之语，③ 都是指这种最早的汇兑事业。

从上所引，可见需要以钱汇兑的多是商人，而最初经营汇兑业务的，除商人外，还有各道进奏院及各军、各使，即地方官府的驻京办事处或代表人，它们在京师接受商人们的汇款，而商人们持文牒或公据至各地，即可合券而取钱。

飞钱的发生，正是两税法后钱荒开始趋于明显的时候。当时为了缓和钱荒，政府于德宗贞元（公元785—805年）时曾禁止商旅携钱出骆关、散关以及禁铜为器，命市井交易以绫、罗、绢、布、

---

① 参见《旧唐书·卢杞传》。
② 《新唐书·食货志四》。
③ "便换"一语，可能在民间更为习用。如赵璘《因话录》卷六云："有士鬻产于外得钱数百缗，惧以川途之难赍也，祈所知纳于公藏，而持牒以归，世所谓便换者，置之衣囊。"唐以后也继续使用便换一词；北宋初政府设置便钱务，专门办理汇兑业务。

杂货与钱兼用等措施，各地方州县也往往禁钱出境。然而这些措施并未能缓和钱荒，而各地禁钱出境更往往促成"商贾皆绝"的情形。由于商业的向上发展是无法遏止的趋势，而商业活动扩大，则会引起对现钱的更多需要以及大量现钱的运送事宜，这样，在其时绢帛货币作用已经趋于衰退，但大宗交易方面，白银也还未能发展成为流通手段的情况下，就促成了"飞钱"这种汇兑事业的产生。飞钱的产生，特别是与当时茶商的活动有关联。因为北方及西北不产茶，而当时茶叶在北方的市场已经开拓，人们饮茶也已成习惯，因而京师商人需要大量现钱去南方贩货，而川蜀及东南的茶商来京师售货以后，也需要将现钱携带回去，在这种情形下，政府禁钱出境之限终于不可行，而飞钱这种汇兑事业也就在这种需要下产生了。前引"茶商等公私便换见钱"之语，正也说明飞钱的产生与茶商的活动是有着更多的关联的。

　　飞钱这种汇兑事业产生以后，封建政府于宪宗元和六年（公元811年）时曾企图予以禁止。[①] 这可能是当时正值钱荒严重，现钱缺少，而主观上认为飞钱办法会促成商人、富户们更多地积敛铜钱的缘故；然而禁止飞钱以后，反而引起大量现钱被携出京外，人们也更加藏钱不出，并促使物价更趋跌落了，因此，在宪宗元和七年（公元812年）解除了飞钱禁令，并且政府也开始兴办官营汇兑事业，由户部、度支、盐铁三司专门办理飞钱事宜。最初，每千钱要收汇费100文，由于商人都不汇，于是乃改为"敌贯"与商人便换，即实行平价汇兑办法了。[②] 这种官营汇兑事业，一直保持到唐

---

① 参见《旧唐书·食货志上》。
② 参见《册府元龟》卷五〇一《钱币》。

代晚期，但其时，如懿宗时（公元 860—874 年）商人持券赴各州府兑钱时，而各州府则往往有留难兑付的事发生。①

三、唐代农村中的信用关系

高利贷这一古老的资本形态，在农村中从来都是贫苦农民颈上的一副沉重枷锁。陆贽是一位比较重视农民利益的政治思想家，他在贞元年间叙述唐代当时的农民生活情况说："人小乏则求取息利，人大乏则卖鬻田庐；幸逢有年，才偿逋债，敛获始毕，糇粮已空。执契担囊，行复贷假，重重计息，食每不完。倘遇荐饥，遂至颠沛，室家相弃，骨肉分离，乞为奴仆，犹莫之售！"② 这一情况是带有普遍性的，有关这类事情的记载非常多见，如《原化记·戴文》记述说："贞元中，苏州海盐县有戴文者，家富性贪，每乡人举债，必收利数倍，有邻人与之交利，剥刻至多。"③

在高利贷的压榨下，大量农民不但丧失了土地、房屋，耕畜、衣物等，而且以人身为质的情形，在唐代也所在多有。如韩愈所作《柳子厚墓志铭》中就讲到柳州地方，"其俗以男女质钱，约不时赎，子本相侔，则没为奴婢"④。以人身抵债为奴婢之事，在唐代虽然为法律所禁止，⑤ 可是，在"乞为奴仆，犹莫之售"的苦境下，任何法律条文及舆论力量都是不会奏效的。

---

① 参见《唐会要》卷五十九《尚书省诸司下·度支使》。
② 《陆宣公奏议》卷十二《均节赋税恤百姓第五》。
③ 《太平广记》卷四三四。
④ 《韩昌黎文集》卷四。
⑤ 参见《唐律疏义》卷二十六《良人为奴婢质债律》。

从遗留下来的一些有关唐代高利贷情况的实物材料中，也可清楚地见到当时贫苦农民在高利贷盘剥下的悲惨景象。

由于大多数农村以及一些边远地区，人们的日常生活还都是用粟麦、布帛处多，而用钱处少，因而借贷关系仍都是以实物为主。如《敦煌资料》一书，① 所收的有关买卖、典租、雇用、借贷的近百件唐代契约、文书中，三十余件为民间借贷契约，这些契约绝大部分都是举借粟麦、布帛等，如贷麦、贷大麦、贷豆、贷绢、贷褐等。也有出外旅行时大多举借绢帛，但利息有时也还是以粟麦偿付。如"甲子年氾怀通兄弟贷生绢契"② 所载，在甲子年六月贷白生绢一疋，约定于次年二月末偿还本绢，但利息则约定于当年秋天偿付"麦粟四石"。这是贫苦农民所需要的主要为口粮或种子，他们的生产物则主要是粟麦的缘故。

高利贷作为贫苦农民颈上的一副沉重的枷锁，造成家产典卖净尽的情况并不鲜见。如在当时遗留下来的借贷契约中，大都书明："如违限不还，一任掣夺家资杂物"等语；而在当时的许多买卖或典租土地、房屋、耕牛以及卖儿、典身的契约中，不少都写有"为无粮食及债负""债负深圹"之类的话，农民生活的困境，于此即可见一斑。

有些地方也有货币借贷关系，这多是在邑庙及其附近地方。《敦煌资料》中也收有少数举钱的契约。如唐代宗大历十六年（公

---

① 中国科学院历史研究所资料室编：《敦煌资料》第一辑，中华书局 1961 年版。

② 敦煌从唐德宗建中二年（公元 781 年）至宣宗大中四年（公元 850 年）凡七十年，为吐蕃所管辖时期，这一时期的文书事物，大都只署甲子，而无年号。

元781年)① 的一件契约中记载有：举钱人杨三娘子于药方邑"举钱壹千文（每）月纳钱贰百文，计六月本利并（纳）"；再如，《唐建中七年（公元786年）苏门悌举钱契》中则记载有："举钱壹拾伍千文，其钱主□□□限八月内壹拾陆千文。"这种按时还清本利的方式，与后世的印子钱很相似。

总之，不论是史书等文献记述，还是当时遗留下来的文书、契约等实物资料，从中均可清楚地见到农民在高利贷重压下的悲惨生活。

---

① 代宗大历仅十四年，故该年当为德宗建中二年，契约年号书写之误，系边远地方不知年号已有更改的缘故。

第六章

宋元时期的货币与货币流通（上）

第 一 节

宋代的钱制；铜钱及铁钱流通

一、宋代的社会经济概况

赵宋政权结束了五代十国的分裂割据局面，重新建立了中央集权的封建国家，但它在我国历史上一直是一个国势衰弱的朝代。北宋时期（公元 960—1127 年）由于东北、西北国防线的丧失，长期处于辽、西夏的威胁之下；金朝兴起后，南宋政权（公元 1127—1279 年）苟安一方，则长期造成南北朝对峙的局面。

在两宋各约一个半世纪的比较安定的时期中，我国的封建经济有很大的发展，人口及垦田的数目都增加了，而且全国的经济重心已开始移往南方。农业方面，龙骨踏车的使用和占城稻从福建大量传入江淮地区，标志着农业生产技术有了进一步的提高；

而南宋时的太湖流域的稻米生产，一年可获两熟，上田每亩的收成可达五六石，当时已有"苏湖熟，天下足"的说法。在手工业方面，矿冶、纺织、瓷器、造纸、印刷、造船等业都有很大发展。矿冶业包括金、银、铜、铁、铅、锡等，在冶炼上已经大量使用了煤炭。丝织业较前更为发展，在繁盛的东南地区，"茧薄山立，缫车之声，连甍相闻"①。瓷器更是宋代的一种有显著发展的手工业，国内出现了许多名窑，生产的瓷器制作精美而驰名于国内及海外。造纸、印刷术的发展，有助于促进文化事业；而宋代纸币的产生，在物质技术条件方面，也显然是与此相联系的。

农业、手工业的发展，促进了商业及城市的繁荣，在宋代，更多的集市、镇市发展起来了，如：瓷器中心地景德镇就是在北宋时建镇的；北宋的开封府境内有三十五个镇；南宋临安府赤县（钱塘、仁和附郭）所管的镇市则有十五个。这都标志着国内各地区的经济联系更密切了，而且更多的生产品均被投入交换之中。因而，宋代除边远的偏僻县区以外，各州府和县治，甚至有些县辖的镇、市、关、寨、渡等也都设有商税务或税场，全国的商税总额，北宋时年达七八百万贯。② 对外贸易也日趋重要，广州、杭州、明州、泉州等都是重要的对外贸易城市；政府设有市舶司收税，南宋初，市舶收入达 200 万缗，③ 这是一笔相当大的收入。

两宋时期商品经济的发展情形，更集中反映在都市生活中。这

① 李觏：《李直讲先生文集》卷十六《富国策第三》。
② 参见《宋史·食货志下八·商税》。
③ 参见《文献通考》卷二十《市籴·市舶互市》。

时，大城市的市场交易已打破了时间的限制，街市买卖昼夜不绝，而且交易也不限于市区，而是随处街面皆有店铺、酒楼、旅舍、"瓦子"等，以及各种小商小贩。北宋的都城汴京，城内一些金银、彩帛、真珠、香药等大店铺，"每一交易，动即千万"[①]；南宋的临安已是百十万人口的大城市，每日街市食米，除府第、官舍、宅舍、富室等有租税或俸禄米者外，"细民所食，每日城内外，不下一二千余石，皆需之铺家"[②]。因而，两宋时期的商品经济较前已有了显著的发展，与此相关，货币经济也更为发展了。

宋代的货币流通与货币制度，仍以钱为主，包括铜钱及铁钱流通；纸币产生了，并在南宋时期发展成为与金属铸币并行的广泛行使的法定支付手段。除此，绢帛已日益退回到日用商品的地位；但白银在流通中的重要性则较前更为显著了，不但民间开始用银，而且有时也被用于纳税，从而呈现出更多的货币性。

二、宋代的钱制：年号钱

宋朝开国后，最初铸"宋元通宝"钱，仍然是沿用唐开元通宝制，及至太宗太平兴国（公元976—984年）时，乃开始铸造"太平通宝"钱，是为宋代实行年号钱制的开始。其后，太宗第四次改元"淳化"（公元990—994年）时，又改铸"淳化通宝"。从此以后，历朝每次改元，都更铸新的年号钱，于是年号钱基本上

---

① 孟元老：《东京梦华录》卷二《东角楼街巷》。
② 吴自牧：《梦粱录》卷十六《米铺》。

成为定制，① 一直历经宋、元、明以迄清末，仍始终沿用这种年号钱制度。

宋钱，包括铜钱、铁钱，其钱文仍名为"宝"，通常多名为"通宝"、"元宝"及"重宝"等；② 而钱文的书法，则真、草、隶、篆皆备。最初，宋元通宝、太平通宝仍仿唐开元通宝钱，为隶书；可是从淳化钱开始，宋太宗赵炅亲笔以真、草、行三体书写钱文，从此便创造了宋钱多书体的钱制形式。这种皇帝亲书钱文的钱，称为"御书钱"。③ 从淳化钱开启了宋钱多书体的先例以后，宋代各朝铸造的同一种年号钱，往往同时有两种书体，或篆、楷，或行、隶等相配成对，这些钱的铜质、大小、厚薄，以及穿孔、轮廓广狭等全都相同，所以俗称"对子钱"。这种对钱也是宋钱的一种特色。

① 宋代的年号，更改得特别勤，两宋各朝共改年号 50 余次，因而宋钱的品种也最多。太宗以后不用年号铸钱者有：北宋仁宗宝元年间（公元 1038—1039 年）铸造"皇宋通宝"钱，南宋理宗宝庆年间（公元 1225—1227 年）铸造"大宋元宝"钱，宝祐年间（公元 1253—1258 年）铸造"皇宋元宝"钱；这是年号有"宝"字，用作钱文则字有重复的缘故。除此，北宋徽宗于建中靖国元年（公元 1101 年）铸造"圣宋元宝"，则因为四字年号的前二字"建中"为唐德宗的年号。所以不能仿"太平兴国"年间的先例，以年号的前二字为钱文了。

② 南宋宁宗嘉定年间（公元 1208—1224 年）所铸钱的钱名最为繁复。嘉定之铜钱：小平、折二钱为"通宝"，折十钱为"元宝"。唯铁钱则有各种钱文：小平钱有"元宝""通宝"；折二钱有"元宝""通宝""之宝""全宝"；当三钱有"元宝""之宝""全宝""永宝""兴宝""安宝""新宝""洪宝""万宝""正宝""崇宝""真宝""隆宝""泉宝"；当五钱有"元宝""通宝""重宝""之宝""全宝""兴宝""至宝""珍宝""封宝"。嘉定铁钱繁多的名色，是宋代个别时期的特殊情形。

③ 参见《宋史·食货志下二·钱币》；《珍珠船》卷四。

宋代的御书钱，以宋徽宗赵佶以瘦金体所书之崇宁钱、大观钱最为著名，有所谓"铁画银钩"之称，而为藏钱家们所喜爱。除此，宋钱的钱文，有的据说是当时的名臣或书法家，如司马光、苏轼等人所书写。

不过，宋钱的多书体及对钱形式，延续到南宋淳熙七年（公元1180年），又复归于同一，而开始代之以一种纪年和纪地钱文的钱币形式。如"绍熙元宝"背文"元"的铜钱，就是光宗绍熙元年（公元1190年）所铸；"嘉泰通宝"背文"汉二"铁钱，就是宁宗嘉泰二年（公元1202年）湖北汉阳监所铸的钱。这种钱文形式与多书体的"对制"比较起来，在钱制上显然是更为完备了，它一直沿用至宋末未变；而钱币上所使用的端正的钱文，就是后世人所称的宋体字。

宋钱一般都有小平、折二钱两种，还往往有折三、折五或当十钱等。如仁宗康定年间（公元1040—1041年）铸造当十康定元宝铁钱，仁宗庆历年间（公元1041—1048年）铸造当十铜、铁大钱。[1]

宋徽宗时，蔡京当政期间，又曾铸造"崇宁重宝""大观通宝"等当十大钱[2]以及"当二""当五"夹锡钱等减重劣币。[3] 当十大钱都是虚价钱，是封建政府为了弥补财政亏空而铸行的；南宋理宗淳祐年间（公元1241—1252年）还曾铸造过当百大钱。[4]

从整个宋代金属货币的铸造、流通情况看，北宋时期流通中的货币，还是以铜钱为主，钱币的铸造数量也多，主要是小平钱；南宋时，纸币广泛行使后，流通中的铜钱数量减少，并且主要是折二钱。

---

① 参见《宋史·仁宗本纪》；《宋史·食货志下二·钱币》。
② 参见《宋史·食货志下二·钱币》。
③ 参见《宋史·食货志下二·钱币》；《古泉汇考》引《永乐大典》。
④ 传世的"淳祐通宝"当百大钱，有的重35.5克，有的则仅重14克（思达：《宋钱》，《文物》1978年第5期）。同为当百大钱，轻重悬殊，反映这类虚价钱通行时，钱币不断减重，私铸盛行，货币流通混乱的情形。

三、铜钱区与铁钱区的形成与发展

铜钱与铁钱并行，并形成铜钱及铁钱流通区域，是宋代金属铸币流通始终存在的一个重要现象。这一现象直接沿承了五代十国时的铁钱流通的遗产。当时，江南、四川都已流通铁钱，最初，宋朝平定后蜀时（公元965年），就仍使四川继续使用铁钱，并且不许铁钱出境；① 其后，政府也曾企图在四川流通铜钱，但是由于四川铜贵，政府无力增铸，② 因而四川就始终保持着铁钱流通的局面，而成为国内最重要的铁钱流通区域。

宋朝平定江南，与对待川蜀不同，在货币政策上积极采取了取消铁钱流通的措施。最初，也允许铁钱继续流通，其后就在江南各产铜地区铸造铜钱，并在许多地方投放铜钱，用于购买金帛米麦等物。由于南唐亡时尚积存六七十万缗铜钱，后来又不断增铸铜钱，因而民间流通的铜钱也逐渐增多了，这样，最后遂尽收民间铁钱，改铸为农器什物，于是广大的江南地区便统一于铜钱流通了。③

在宋初，铁钱的流通本来仅限于川蜀区域，但是不久，由于西夏兴起，便因西北用兵的财政需要，先后在晋州等地铸造小平铁钱及当十大铁钱，甚至还在南方江、池、饶等州铸铁钱输陕以充边费，因而铁钱的流通区域遂又扩及陕西、河东地方。④ 这样，宋代的货币流通区域便形成了铜钱区与铁钱区，而一直保持下去。在北

---

① 参见《宋史·食货志下二·钱币》。
② 同上。
③ 同上。
④ 同上。

宋时期，大部分地区均为铜钱流通区，这一区域包括开封府、京东西、河北、淮南、江南、两浙、福建、广东西等地；四川专用铁钱；陕西、河东则为铜钱、铁钱并行区。宋朝南渡以后，形成宋、金长期对峙局面，宋朝在淮、楚地区大量屯兵，因而基于财政上的需要及防止铜钱流入北方，于是便使两淮、京西及湖北荆门地方也使用铁钱，① 所以，在南宋时期，铁钱的流通区又有扩大，而铜钱流通则只限于东南一方了。

宋代铜钱、铁钱并行，而且形成铜钱区及铁钱区的事实，是五代十国时货币流通方面的一项消极遗产；而终两宋之世，铁钱之长期流通，它的行使区域还继续扩大的事实，则与宋代国势衰弱，长期处于外族军事力量威胁之下有关。在这种情形下，一方面，封建政府全无力量整顿币制，以实现国内的币制统一；可是，另一方面又往往要利用铁钱的铸造，从财政上支持军费的开支；除此，行使铁钱也是防止铜钱外流，进行经济及货币斗争的一项重要措施。所有这些，都是造成宋代金属铸币流通不能统一的原因。

铜钱区及铁钱区的形成，造成了货币流通的地区割据性，而铁钱由于本身价值太低，不是良好的流通手段，因而就使商业的发展与各地的物资交流受到阻碍。但是商品经济与商业的发展是不能遏止的，因而宋代铁钱的流通以及铜钱及铁钱区域的形成，就反而成为促使我国纸币的产生与发展的重要原因之一。

关于铜钱与铁钱的比价，可以说并无固定的交换比例关系，即使在某些时候政府有官定的比价，但也不能保持下去。如在四川，太宗太平兴国四年（公元979年）政府规定以铁钱十折合铜钱一，

---

① 参见《宋史·食货志下二·钱币》。

令民用铜钱输租及榷利时，由于铜钱缺乏，商贾便争相携铜钱入川，与民互市，铜钱一则可换易铁钱十四。① 而且，同一时期，不同地方的比价往往各不相同，如太宗至道年间（公元995—997年），铜钱、铁钱的比价，在利州为5：1，绵州为6：1，益州为8：1。② 宋仁宗时，陕西、河东行用铁钱以后，为时不久，铁钱币值便跌落至三枚当一枚铜钱使用。③ 大致上，由于铜贵铁贱，铁钱一般只能折三行使，即一枚铜钱当三枚铁钱；或十枚铁钱当三枚铜钱，而且还往往会跌到十枚铁钱仅抵作一枚铜钱，甚至更低。④

四、宋代铜钱的购买力

关于货币的购买力，因封建经济的区域性，各地物价水平本来就很难一致，而铜钱区、铁钱区的形成，则更使这种地域性质增强了。如宋初，社会经济稍为安定以后，当时国内物价水平都较低，在太宗平河东时，"米斗十钱"；太宗端拱二年（公元989年）都下粟麦"斛直十钱"；太宗淳化二年（公元991年），岭南米价只要四五钱；⑤ 可是，在四川，却因铁钱过多，以至一匹罗值钱二万。⑥

真宗时（公元998—1022年）大致仍然保持着比较低的物价水平，国内各地，如京西、河东、淮蔡、荆襄等地，岁逢丰稔时仍多

---

① 参见《宋史·食货志下二·钱币》。
② 参见《宋史·张咏传》。
③ 参见《宋史·食货志下二·钱币》。
④ 同上。
⑤ 参见《宋史·司马光传》；《续资治通鉴长编》卷三十。
⑥ 参见《宋史·食货志下二·钱币》。

为米斗十钱左右。[①]

仁宗时（公元 1023—1063 年），因西北方面与西夏发生战争，国内物价水平便有所提高，特别是受战争影响大的关中地区，同时流通小铁钱、当十铁钱及当十大铜钱等，曾造成"钱文大乱、物价翔涌"的情形。[②] 但这仅是个别时期的事情，且仍带有地区性物价波动的性质。就总的货币购买力的情况来看，大致上，在熙、丰以前，一般年景下，米每石为六七百文；年成不好时，米每斗则涨至百文以上。[③]

神宗熙宁、元丰时期（公元 1068—1085 年）是宋代仅有的繁荣时期，如王安石《歌元丰》所言"水满陂塘谷满篝，漫移蔬果亦多收""家家露积如山垅，黄发皆叹见未曾"的时候。这一时期的米价，每斗高不过百文或稍多些，低则至二三十文，平时的米价为四五十文[④]，这一情况，延续到哲宗时（公元 1086—1100 年）大致还无太大变化；[⑤] 可是到哲宗后期，物价已有明显上升的迹象了。[⑥]

从徽宗即位（公元 1101 年）后情况就不同了，其时蔡京等擅权，政治腐败，日以聚敛为事；在货币流通方面，则肆行铸币减重

---

① 参见《宋史·真宗纪二》；《续资治通鉴》卷六十九；《宋会要辑稿》食货三九之七、三九之一五。

② 参见《宋史·食货志下二·钱币》。

③ 参见《宋会要辑稿》食货三九之十二；《续通鉴长编》卷一四三；李觏：《李直讲文集》卷二十八，《寄上孙安抚书》；《宋史·食货志下四·盐中》。

④ 参见《宋史·食货志上三·和籴》；《宋史·食货志上四·常平义仓》；《续资治通鉴长编》卷二五一、二五二、二六七、三四八。

⑤ 参见《续资治通鉴长编》卷三六五、四五一。

⑥ 同上书，卷五一二。

及膨胀政策，包括先后铸行崇宁、大观当十大钱以及夹锡钱等；徽宗崇宁四年（公元 1105 年）把四川"交子"改为"钱引"，企图把纸币推行到全国各地，因而促成了货币流通的混乱及币值的跌落。如发行崇宁大钱时，就曾造成"市区昼闭，人持钱买物，至日旰皇皇无肯售"的情况；① 而夹锡钱则由于屡废屡用，造成民间的纷扰不安，在陕西，竟跌价至二十文当一。② 在这种民不聊生的情形下，国内方腊、宋江的起义爆发了，不久，金人亦大举南侵，社会经济遭受破坏，因而北宋末的货币购买力也日趋跌落，宣和时米价每石已至两三千文。③ 靖康之变，汴京残破后，米价每斗曾高至三千文。④

南宋时，高宗绍兴十年（公元 1140 年）以后，南渡政权及社会经济稍微安定下来，其时米价每石两千文左右，年成丰稔时，米每石仍约一千文。⑤ 从绍兴末，纸币开始在东南地区流通，因而物价也逐渐形成以纸币计价或纸币与铜钱的混合价格了。

宋代物价的数字都用省陌，通常所谓"一贯文省"，即七百七十文；但民间实际行使时，行市仍各有长短。如北宋汴京钱陌，官用七十七陌，但街市通用七十五陌，鱼、肉、菜七十二陌，金、银则七十四陌等；南宋临安民间铜钱行使，且曾减至五十陌的行市。⑥

① 参见《宋史·章楶传》；曾敏行：《独醒杂志》卷九。
② 参见李纲：《梁谿全集》卷一四四《御戎论》。
③ 参见《宋史·食货志下四·盐中》。
④ 参见《建炎以来系年要录》卷四。
⑤ 参见《宋会要辑稿》食货四十之二四、四十之二九、七十之四七；《宋史·食货志上三·和籴》。
⑥ 参见《宋史·食货志下二·钱币》；《东京梦华录》卷三，《都市钱陌》；《梦粱录》卷十三《都市钱会》。

第 二 节
宋代的钱荒与铜钱外流

一、北宋的钱荒与铜钱外流

宋代采铜的生产力提高了，铜钱的铸造数量也有较大的增加，但是终两宋之世，仍是"钱荒"之声时闻，这客观上就反映着货币经济在我国封建社会中重要性的增加，而铜钱这种贱金属的铸币，作为主要货币则日益显示出不能满足商业及货币流通发展的需要。

关于宋代铜产数量的增长情形，仁宗皇祐（公元 1049—1054 年）时，铜冶岁课为 5 100 834 斤，英宗治平（公元 1064—1067 年）时为 6 970 834 斤，而神宗元丰元年（公元 1078 年）则达 14 605 749 斤。① 与此相应，铸钱额从太宗至道（公元 995—997

---

① 参见《宋史·食货志下七·坑冶》。

年）中的每年80万贯，增至真宗景德（公元1004—1007年）中的每年183万贯，其后稍减，及至神宗元丰（公元1078—1085年）时则达到宋代铸钱额的最高峰。其时，铜钱的铸造额已由宋初的4监增至17监，每年铸钱额达500多万贯；铁钱则由3监增至9监，每年铸钱额达500多万贯。① 可是，也正是铸钱最盛的神宗熙、丰时期，发生了北宋最显著的"钱荒"情形。《宋史·食货志》引述当时人张方平之言："比年公私上下，并苦乏钱，百货不通，人情窘迫，谓之钱荒。"②

关于造成钱荒的原因，当时许多人都归结于王安石的免役法以及铜钱的外流。免役法，包括免役钱、助役钱和免役宽剩钱，它是使徭役货币化的改革，在赋役制度方面不失为一项具有进步意义的措施，因为，它是符合货币经济发展的趋势的。可是，变劳役为雇役，由政府征收免役、助役和免役宽剩钱，都显然要扩大流通界对货币的需要，会促使更多的农产品投入交换以换取现钱，而且要有一定数量的货币集中到政府手中，从而在一定程度上发生通货紧缩

---

① 参见《宋史·食货志下二·钱币》；《文献通考》卷九《钱币二》。

按：关于宋代铸钱额，以神宗时期，特别是元丰年间为最多，从考古发掘材料中也可证实。如，1974年在我国南海西沙群岛北礁所发现的大量铜钱，其中能够看出文字的单个铜钱有297.5公斤，属于两宋时期的铜钱共有26 343枚，包括各朝46种年号的钱币。元丰年间所铸的"元丰通宝"钱显著得多，计达4 041枚，其余各种年号钱无达3 000枚者；而熙宁年间所铸"熙宁元宝""熙宁重宝"钱计有2 708枚，为仅次于元丰钱者。神宗时期所铸的二种年号钱合计即占全部宋钱的1/4。（《西沙文物》，文物出版社1975年版）再如，1977年3月，陕西铜川耀州窑遗址曾发现一批古铜钱，重约87公斤，19 639枚，大多数（16 668枚）均为宋钱，包括从宋初到南宋孝宗乾道时的钱币，而其中亦以神宗时期的钱币为最多。计："熙宁重宝"594枚，"熙宁元宝"1 584枚，"元丰通宝"2 723枚，元丰钱亦显著多于其他年号宋钱。（铜川市耀州窑遗址发现的窖藏铜钱》，《文物》1979年第5期）

② 张方平：《乐全集》卷二十六《论钱禁铜法事》。

的效果。所以，当时反对新法的许多人，如司马光、苏轼兄弟等，就认为钱荒是由役钱的征收引起的。司马光说："比年以来，物价愈贱，而闾阎益困，所以然者，钱皆聚于官中，民间乏钱……故也。"① 苏轼则说："免役之害，掊敛民财，十室九空，钱聚于上，而下有钱荒之患。"② 据苏轼言，到哲宗元祐初（公元 1086 年），政府收取宽剩钱，十六七年来已有 3 000 余万贯石，常积而不用，③所以，由于免役法的施行，政府是回笼了相当数量的货币的。

但是，实际上，许多反对免役法的人，并不简单是因为征收役钱促成了钱荒，问题的实质则在于，免役法的施行，使原来只是压在农民及中、小地主身上的徭役负担，现在都要由官僚、豪族、大地主来共同分担了。因为，按照免役法，原来担负徭役的农民等固然要出免役钱，但一向享有免役权利的所谓"品官形势之家"，现在也要出助役钱了；即使他们的役钱较一般民户减半输纳，但是这些拥有最大量田资的阶层，较之普通农户的输纳数额还是要大得多，有些所谓"富县大乡上户"所纳的役钱，就有至数百缗，以至千缗的。关于此，当时神宗皇帝曾说："更张法制，于士大夫诚多不悦，然于百姓何所不便？"而文彦博则径直回答说："为与士大夫治天下，非与百姓治天下也。"④ 这就明白道破了他们反对役法改革的真意所在。所以，作为当时一种客观存在现象的"钱荒"，仅是被用来反对新法的一种凭借罢了。

诚然，免役法的施行促使了货币回笼，加上其他新法措施，曾

---

① 《温国文正公文集》卷四十七《乞罢免役状》。
② 《苏东坡奏议集》卷三《辩试馆职策问札子》。
③ 参见《苏东坡奏议集》卷二《论给田募役状》。
④ 《续资治通鉴长编》神宗熙宁四年三月戊子条。

使政府的库藏较前充实多了；可是，随着政府开支的相应扩大，以及铸钱数量的增多，也使相当大量的铜钱又流向民间，因而促使当时钱荒的原因，显然不单是免役法的施行及所谓"钱壅于官"。对此，当时反对新法的刘挚也说："天下诸路监冶所铸，入于王府一岁亡忧数十百万缗，……然今都内之藏，既不闻于贯朽，而民间乏匮时，或谓之钱荒，此何谓也？其故大者，在于泄于四夷而已。"①事实上，铜钱外流也的确是促使钱荒的另一重要因素，而且是终两宋之世的一个长期性问题。

宋代建国之初，就禁止铜钱携出境外，仁宗嘉祐（公元1056—1063年）时更规定偷运铜钱一贯就处死罪，而且严禁销钱为器。但在王安石新法施行期间，于神宗熙宁七年（公元1074年）曾解除了铜钱出境的禁令，而且允许人们用铜铸造器物。铜禁的解除，对于促进铜矿开采事业是有成效的，而且也使国家铸钱的数量大为增加了；可是，钱禁的解除，却也更加造成了"边关重车而出，海舶饱载而回"的铜钱外流情形。②

所谓"边关重车而出"，主要指的是铜钱流向北方辽、金及西夏等少数民族地区或国家，当时最主要的是流向辽国。辽国铜钱的使用，主要是在南方的农业区，即所统治的燕云十六州的汉人地区，但它本身铸钱很晚，而且数量也少，因而流通中主要是南北朝以来流入的古钱，特别是宋钱。如史书载，仁宗庆历（公元1041—1048年）时"契丹亦铸铁钱，易并边铜钱"，仁宗皇祐三年（公元1051年）十一月宋定州路安抚使司曾说："雄州、广信、安

---

① 《忠肃集》卷五《乞复钱禁疏》。
② 参见《宋史·食货志下二·钱币》；《乐全集》卷二十六《论钱禁铜法事》。

肃军榷场，北客市易多私以铜钱出境。"① 所以，神宗解除了铜钱出境的禁令以后，据说北方沿边地方对于铜钱出境，只论贯收税，因而，铜钱的流出就更多了。"元祐更化"后，尽废新法，也恢复了铜禁，但实际上铜钱私运出境的情形，则仍继续着。苏辙叙述他于哲宗元祐四年（公元 1089 年，辽，大安五年）出使辽国所见的情形说："窃见北界别无钱币，公私交易并使本朝铜钱，沿边禁钱条法虽则深重，而利之所在，势无尤止，本朝每岁铸钱以百万计，而所在常患钱少，盖散入四夷势尔也。"② 这种宋钱流入北方辽境的情形，一直延续到北宋末期。如公元 1111 年（宋政和元年，辽天庆元年），宋朝还因定州的请求，又申严铜钱出境的禁令。③

至于所谓"海舶饱载而回"，则主要是从海路运往日本及东南亚地区。这种铜钱流往海外的情形，在南宋时期，随海运发达，对外贸易的扩大而更为增加了。

铜钱外流，以及免役法促使通货有所紧缩的影响，促成了钱荒的发生；而在"钱既难得、谷帛益贱"的情形下，由于铜贵，于是民间就不免发生销钱为器的现象。据说，政府罢除铜禁以后，民间销毁十枚铜钱，可得精铜一两，用以制造铜器，则可获利五倍。④因而销钱为器也是促使钱荒加剧的一个因素。

铜钱外流、免役钱的征收是促成当时钱荒最直接的原因，但就钱荒发生的基本因素看，则还是在于宋代商业和货币经济的发展。

---

① 《宋史·食货志下二·钱币》；《续资治通鉴长编》卷一七一，皇祐三年十一月。

② 《栾城集》卷四十一《北使回还论北边事札子》。

③ 参见《宋会要辑稿》刑法二之五五。

④ 参见《乐全集》卷二十六《论钱禁铜法事》。

在货币流通方面，绢帛已基本上退出流通，商业交易支付及民间日用都更普遍地使用铜钱，因而金属货币流通的需要大为增加了，当时的钱荒就正是在这一经济发展的背景下产生的。所以，免役法施行后所引起的通货一时紧缩，仅是促成钱荒的一项比较直接的因素；但是，这种徭役货币化的措施，其实也正是货币经济发展的产物。至于铜钱外流，主要还是流入我国北方的辽、金及西夏等少数民族统治地区，这对当时的宋朝说来，在政治上虽然是互为敌国，但在经济上各民族间仍是密切联系且不可分割的；因而铜钱流入少数民族统治地区引起钱荒的事实，实质上仍是我国各民族经济联系加强，货币经济日益发展的另一表现形式而已。

二、南宋的钱荒与铜钱外流

宋朝南渡后，长时期偏安于一方。由于我国经济重心已经南移，东南地区又是当时经济最发达的地方，因而南宋百数十年间的铜钱流通始终都不能满足流通的需要。在高宗绍兴时，当金人进攻以后，政治经济局面刚刚有所稳定，而钱荒的现象就又发生了。如高宗绍兴四年（公元 1134 年）就有人说："今日之弊，物贵而钱少。"① 绍兴十年（公元 1140 年）后，受战争影响的物价上涨情形已趋于平复，于是钱荒的现象便明显了；绍兴十一年（公元 1141年）八月又有人指出："荆湖之南，即今米斗百余钱，谷价之贱，未有如此时者，今日钱荒之弊，无甚于湖南。"②

① 《建炎以来系年要录》卷七十九，绍兴四年八月癸巳陈桷言。
② 《宋会要辑稿》食货四十之二四，绍兴十一年八月十三日臣僚言。

当时，促成钱荒的直接原因，仍是大量铜钱之流向北方金朝统治区。如绍兴三十年（公元 1160 年）九月王淮言："两淮间多私相贸易之弊，……若钱宝则有甚焉，盖对境例用短钱，南客以一缗过淮，则为数缗之用，况公然收贯头钱而过淮者日数十人，其透漏可概见矣。"① 孝宗乾道三年（公元 1167 年）七月唐璪言："襄阳府榷场，每客人一名入北界交易，其北界先收钱一贯三百，方听入榷场，所将货物，又有税钱及宿舍之用，并须现钱，大约一人往彼交易，非将现钱三贯不可，岁月计之，走失现钱，何可纪极？"②

当时宋、金在防止铜钱流出方面的货币斗争非常激烈，金人由于本身铸钱不多，流通中主要使用宋钱，因而尽力争取铜钱流入，并防止铜钱南流，为此，便在开封一带专门发行并流通纸币以收兑宋钱，运往黄河以北行使。宋朝亦严禁铜钱流入江北；乾道二年（公元 1166 年）并使两淮地区行使铁钱；孝宗淳熙七年（公元 1180 年）又令京西州军使用铁钱和会子；兴宗绍熙二年（公元 1191 年）又用会子收回两淮铁钱，以抵制金人。但是实际上，铜钱私入北方的情形一直继续着，只是到南宋末期，由于金人的纸币通货膨胀更甚于宋朝，因而铜钱才反而又流回南方了。

南宋政府由于流通中铜钱不足，也曾设法增铸铜钱。如高宗绍兴初（公元 1131 年）岁铸才及 80 000 缗，但每铸钱一千，成本则要 2 400 文；绍兴六年（公元 1136 年），收敛民间铜器铸钱，也不

---

① 《建炎以来系年要录》卷一八六，绍兴三十年九月壬午右正言、王淮言。

② 《宋会要辑稿》食货三八之四二，乾道三年七月十二日唐璪言。

过 40 万缗;① 由于铜产额大幅度下降，因而每年铸钱数额一般不过一二十万缗。②

绍兴末，东南地区开始发行会子，此后，由于纸币流通日益扩大，通货膨胀也日趋发展，因而民间的铜钱流通日少，铜钱多为人所藏匿或销毁为器。如理宗淳祐八年（公元 1248 年）陈求鲁说："京城之销金，衢、信之输（黄铜）器，醴泉之乐具，皆出于钱，临川、隆兴、桂林之铜工尤多于诸郡，姑以长沙一郡言之，乌山铜炉之所六十有四，麻潭鹅羊山铜户数百余家，钱之不坏于器物者无几……"③ 即可概见当时铜钱减少的情形。

除此，铜钱之流向海外，在南宋时期也是一个比较重要的货币问题。这是因为，宋朝南渡后，对外贸易陆路闭塞，海外贸易就日益发达了。当时，中国从外国输入香药、珠玑、象牙、犀角、蕃布、苏木等，这些东西，除用丝、绢、瓷器等偿付外，就要输出金、银、铜钱了。④ 因而，有相当数量的铜钱，因对外贸易的发展而流出；而南宋纸币的通货膨胀，也使这一趋势加强。这样，铜钱不断流往海外，便成为南宋人们经常注意的问题了。如淳祐四年

---

① 参见《宋史·食货志下二·钱币》。

② 参见《宋史·食货志下二·钱币》；《宋史·食货志下七·坑冶》。

按：关于南宋铸钱额大幅度下降的情形，从考古发掘材料中也可清楚反映出来。如我国南海西沙群岛所发现的大批宋代铜钱（26 343 枚），绝大多数均为北宋钱：计有北宋太宗到钦宗八朝（公元 976—1127 年）27 种年号钱 23 739 枚；南宋高宗到度宗六朝（公元 1127—1274 年），即同样约一个半世纪时期，六朝 19 种年号钱计为 2 604 枚，即仅约占这批宋钱的 1/10。（《西沙文物》，文物出版社 1974 年版）在陕西铜川市耀州窑遗址所发现的从北宋初到南宋孝宗（公元 1163—1189 年）时的 19 639 枚铜钱中，仅 6 枚为南宋钱。（《铜川市耀州窑遗址发现的窖藏铜钱》，《文物》1979 年第 5 期）

③ 《宋史·食货志下二·钱币》。

④ 参见《宋史·食货志下八·互市舶法》。

（公元1244年）刘晋之说："巨家停积，犹可以发泄，铜器钤销，犹可以止遏，唯一入海舟，往而不返。"陈求鲁在淳祐八年（公元1248年）也说："蕃舶巨艘，形如山岳，乘风驾浪，深入遐陬，贩于中国者皆浮靡无用之异物，而泄于外夷者，乃国家富贵之操柄，所得几何，所失者不可胜计矣。"① 对此，南宋政府虽然一再申严铜钱入海之禁，但铜钱外流的事情一直存在着;② 而由于海舶载重远过于陆上的驼马，因而流出的铜钱数量是不在少数的。当时，主要是流向日本、东南亚国家（如爪哇、马来西亚等地），且有远至东非沿海的。

三、宋代白银货币性的增强

贵金属白银取代铜铸币逐渐成为流通中主要货币，是货币经济发展的必然趋势，两宋时期的钱荒现象，就反映着货币经济发展的这一客观要求。在宋代，由于是以铜、铁为铸币材料，值低而体重，艰于搬运，所以铜、铁钱流通已不能满足商业发展的需要；而铜钱区、铁钱区的存在，更使商业及各地物资交流受到阻碍。当时人就曾说："其实吴、蜀钱币不能相通，舍银帛无以致远。"③ 然而绢帛在自然性质上不是良好的币材，因而入宋以后，在货币经济进一步发展的过程中已逐渐退出流通，与此同时，贵金属白银的货币性却日益增强了。

① 《宋史·食货志下二·钱币》。
② 参见《宋史·食货志下八·互市舶法》。
③ 《建炎以来朝野杂记》甲集卷十六《财赋三·金银坑冶》。

在宋代，贵金属白银的使用，无论是数额和范围，都较以前有了显著的增加；白银的生产量也增加了。

关于白银的使用，在封建国家的财政收支中，已占有一定的比重。北宋天禧末（公元1021年）全部收入中计有钱2653万余贯，金14 400余两、银883 900余两，以及丝、绵、绢帛、茶盐、谷物等实物，总支出则为钱27 140 000余贯，金13 500余两，银580 000余两，以及各种实物支出。① 到神宗熙、丰年间，岁总收钱6 000余万缗，而岁总收金为37 985两，银则达2 909 086两。② 在南宋时期，孝宗淳熙（公元1174—1189年）中，左藏库对政府禁军百官俸给每岁的支出为钱15 580 000余缗，金8 400余两，银2 930 000余两。③ 所以，在国家财政方面，白银收支的数量一直在增长。

从财政支出的内容看，白银主要是用于赏赐、军费及国家的某些政事费用等。对文武官员的赏赐，如最重要的南郊节，在北宋仁宗嘉祐七年（公元1062年）的大礼赏赐中，用银就曾达354 630余两；南渡以后，高宗建炎二年（公元1128年）的郊赏费用之白银也有19万两之多；④ 而每逢圣节（皇帝的生日）也都要有大量金、银、钱及丝、帛等赏赐支用。至于对文武官员有军功、政绩及其他各种理由的临时赏赐，白银所用也往往达数百、数千两，这一类事例就难以数计了。如石普平定李顺起义余党有功，而赐以"黄

---

① 参见《续资治通鉴长编》卷九十七，真宗天禧五年。
② 参见《建炎以来朝野杂记》甲集卷十四《财赋一》；《玉海》卷一八〇《钱币》。
③ 参见《建炎以来朝野杂记》甲集卷十七《财赋四·左藏库》。
④ 参见庄季裕《鸡肋篇》卷中；《建炎以来朝野杂记》甲集卷十七《财赋四》。

金三百两、白银三千两"；① 丁谓绥抚蛮人有功，赐"白金三百两"；② 赵湘、赵稹有治声，并赐以"白金三百两"；③ 陈彭年等修订《合门旧仪》，赐以"白金千两"；④ 李沆、王旦、王钦若等这些宰相、重臣疾笃或病死时，"赐白金五千两"等。⑤ 用于军费、赈灾的白银，则往往以万、十万、百万两计。如北宋仁宗庆历二年（公元 1042 年）六月甲戌，"出内藏银、䌷、绢三百万助军费"；嘉祐元年（公元 1056 年）七月己丑，"出内藏银、绢三十万，振贷河北"；⑥ 南宋高宗绍兴三十年（公元 1160 年）五月丙戌，"出内库银十万两，下两浙转运司籴马料、大麦等"。⑦ 对于官员、军士的薪俸，往往部分用银支付，则是宋代创行的事。如北宋神宗元丰元年（公元 1078 年）四月乙亥"诏：广西转运司官员使臣诸军料钱等物，愿以其米折银者听"⑧。及至南宋，薪俸部分用银支付已成为经常性的事情了。如绍兴三十一年（公元 1161 年）三月甲午"户部奏：'左藏西库，见钱不多，所有月支券食等钱，欲以银、会品搭：诸司百官以十分为率，六分折银、四分会子；军五分折银，三分见缗，二分会子'；从之"⑨；"乾道八年，枢密院言：二月为始，诸军七人例以上，二分钱、三分银、五分会子；五人例，三分钱、

---

① 参见《宋史·石普传》。
② 参见《续资治通鉴长编》卷五十一，真宗咸平五年正月甲辰。
③ 参见《续资治通鉴长编》卷六十，真宗景德二年五月甲戌。
④ 参见《宋史·魏仁浦传》。
⑤ 参见《宋史·李沆传》；《宋史·王旦传》；《宋史·王钦若传》。
⑥ 参见《宋史·仁宗纪三、四》。
⑦ 参见《建炎以来系年要录》卷一八五，绍兴三十年五月丙戌。
⑧ 《续资治通鉴长编》卷二八九。
⑨ 《建炎以来系年要录》卷一八九。

四分银、三分会子；军兵折麦、餐钱，全支钱"①。

在财政收入方面，大凡商税、盐茶等专卖收入交纳见钱者，往往可部分收纳白银。如真宗景德年间，东西川商税、盐酒皆"半纳银帛"；②仁宗景祐年间，商人买茶，每百贯茶价中，六十贯用见钱，其余四十贯允许折纳金银等。③不仅如此，在一些地方田赋也可用银折纳。如在四川，太宗太平兴国五年时，"民租当输钱者，许且输银、绢"④。南宋孝宗隆兴二年（公元1164年）五月，"诏：温、台、处、徽州，不通水路，其二税物帛，许依折法以银折输"。光宗绍熙元年（公元1190年），"臣僚言：古者赋税出于民之所有，不强其所无；今之为绢者，一倍折而为钱，再倍折而为银，银愈贵，钱愈艰得，谷愈不可售。使民贱粜而贵折，则大熟之岁，反为民害，愿诏州郡凡多取而多折者，重置于罪"⑤。所以，在政府财政的收支中，官员、军兵的薪俸用银支给以及田赋折银事例的出现，说明白银的货币性显著增强了。

至于在民间私人经济交往方面，如馈赠、⑥贿赂、⑦借贷⑧等用途，用银之例亦甚多见；除此，用于购买宅第、田园及珠玉珍奇之物等大额支付⑨，也是白银的一项用途。

---

① 《宋史·兵志八·廪给之制》。
② 参见《续资治通鉴长编》卷六十三。
③ 同上书，卷一二〇。
④ 《宋史·食货志下二·钱币》。
⑤ 《宋史·食货志上二·赋税》。
⑥ 参见司马光：《涑水纪闻》卷十六。
⑦ 参见吴曾：《能改斋漫录》卷十三。
⑧ 参见《续资治通鉴长编》卷九十六。
⑨ 参见《宋史·楚昭辅传》；《续资治通鉴长编》卷一〇二；《建炎以来系年要录》卷一八八。

在宋代，物价还都是用钱来表示，人们得了银子还都是先换卖成钱，然后使用①；民间日常经济周转中，用银表示物价及作为日用物品交易媒介之例还很少见，而且较少典型性。② 所以白银尚未充分获得价值尺度及流通手段这两种基本职能，因而白银还不是流通中十足的货币。

关于宋代白银的生产数量，比较前代也有显著的增长，这从银冶岁课方面的情形可资证明。宋初，黄金的产地有商、饶、歙、抚四州及南安军，白银的产地有凤、建、桂阳三州；到太宗至道末（公元 997 年），银冶岁课收入为 145 000 两；真宗天禧末（公元 1021 年），黄金岁课为 10 000 两，而银冶岁课则增至 882 000 余两。③ 由于矿冶之兴废不常，及至仁宗皇祐（公元 1049—1054 年）中，黄金岁课为 15 095 两，银为 219 829 两；至英宗治平（公元 1064—1067 年）中，金冶为 11 座，银冶为 84 座，而黄金岁课仅为 5 439 两，银则为 315 213 两；到神宗元丰初（公元 1078 年），金冶岁课为 10 710 两，银冶岁课为 215 385 两。④ 大致，宋代银冶岁课收入常为二三十万两，一直到南宋时仍能维持这一水平。南渡初期，高宗绍兴三十二年（公元 1162 年）时，湖南、广东、江东西金冶 267 座，废者 142 座，湖南、广东、福建、浙东、广西、江东西银冶 174 座，废者 84 座；但在宁宗庆元二年（公元 1196 年）银冶岁课收入仍近 30 万两。⑤

---

① 参见廖刚：《高峰集》卷一《投省论和买银札子》；《夷坚志》丁志，卷十《秦楚材》。

② 参见《建炎以来系年要录》卷一八八《西湖老人繁盛录》。

③ 参见《续资治通鉴长编》卷九十七。

④ 参见《宋史·食货志下七·坑冶》。

⑤ 同上。

宋代白银的形制，最普通的是铤形，也叫"锭"。锭、铤二字发音相近，因而铤字在民间口语中逐渐转为锭字，并且还日益为人们所习用了。① 这一名称，可能始于白银使用日广的宋、金之际，而到后来就专用"锭"字，而很少使用铤字了。

宋代的大银锭，重 50 两，小锭则重量不等，如 25 两、12 两许、7 两许、3 两许等。大银锭两端多呈弧状，束腰形，而且多有各样文字，记有地名、用途、重量、官吏、匠人名称等（见图 6-1）。

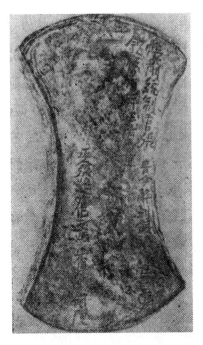

图 6-1　1955 年湖北黄石市出土的宋代银锭

宋代的银锭，各地每有出土。如 1955 年 5 月在湖北黄石市石寨山曾出土一大批宋代窖藏银锭，这些银锭系装在坛中，共 293 件，约重 3 400 两（十六两秤）。银锭上多半铸有文字，有的银锭上的铭文为"帐前统制官张青今解到银柒千陆百两，每锭系市称伍十两重，匠人张焕、扈文炳、宋□宁、何庚"；有的铭文为"连州起淳祐六年（公元 1246 年）经制银锭湖广总所交权司法元蒲四郎记"等。这批银锭，最大者约重今秤 60 两（宋秤"伍拾两"），较小者有重 30 两（宋秤二十五两）、14 两（宋秤十二两半）者，最

① 参见翟灏:《通俗编》卷二十三《货财》。

小的有 7 两半（银锭上未纪重量）、3 两半者（银锭上未记重量）。[①] 再如，1958 年春，内蒙古昭乌达盟巴林左旗出土北宋银锭五件，一锭保存较完整，表面微凹，长 14 厘米，两端宽 8.3—9.5 厘米，腰宽 5.2 厘米，重 1 993.75 克，表面錾刻有铭文："郑祐□福州进奉同天节（宋神宗的生日）银伍拾两专副陈软等监匠" 四行共 20 字；还有两锭刻有文字，一锭重量为 2 003.125 克者，铭文为 "虔州瑞金县纳到政和四年（公元 1114 年）分奉进天宁节银□□□本县典书袁丰银行汤□□验行银田六田五专刻梁开□等" 共四行 45 字；一锭重量为 2 000 克者，面文为："杭州都税院实发转运衙大观元年（公元 1107 年）郊禋银壹千两每锭伍拾两专秤魏中应等监匠作" 共四行 34 字，背文为："左班殿直监杭州都税院郭立" 一行 12 字。这些银锭，是地方为庆贺皇帝圣节及郊祀之用的上供银。[②]

综上所述，能够看出，在宋代，贵金属白银使用的数量及范围较之以前都有显著的增加，它的货币性已有显著增强，随着货币经济的进一步发展，白银本来很快就将取代铜钱而成为流通中的主要货币，可是它的这一发展过程，却因我国纸币的产生及广泛流通而延缓了。

---

① 《湖北黄石市石寨山发现大批宋代银锭》，《文物参考资料》1955 年第 9 期。

② 《内蒙古巴林左旗出土北宋银锭》，《考古》1965 年第 12 期。

第 三 节
宋代纸币的产生与发展

一、最早的纸币："交子"

早在十世纪末，我国产生了最早的纸币——"交子"，因而我国是世界上纸币流通最早的国家。

有关交子产生的事实，史籍中多有记载：① 《续资治通鉴长编》

---

① "交子"起源于民间，故后人追述此事，不免发生歧异，在宋朝当时已是这样了。有些史籍把始作交子之事归之于张咏。如北宋熙宁年间释文莹的《湘山野录》，南宋人章如愚《山堂考索》后集卷六十二《财用·楮币》，南宋末戴埴的《鼠璞》卷上《楮币源流》，以及《宋史·食货志下三·会子》等都记载了此事。张咏于太宗、真宗时，曾两度知益州，有治绩，因而人们对他治蜀时的逸事每多附益。关于张咏始作交子之事，记载最详的（宋）李攸《宋朝事实》及后来（元）费著《楮币谱》皆未言及张咏曾作交子；而《宋史·张咏传》仅言及他不赞成在四川各地划一铜、铁钱行市；《宋史》中其他言及交子之处，如《孙甫传》《薛田传》则皆言交子发生于民间；（宋）王应麟：《玉海》卷一八〇《钱币·天圣交子务》及《文献通考·钱币考》也沿袭《续资治通鉴长编》的记述；所以，对交子的起源问题，不取张咏始作交子的说法，而主要根据《续资治通鉴长编》《宋朝事实》的记载。

真宗景德二年（公元 1005 年）二月庚辰条记述说："自李顺作乱（按：系太宗淳化五年，公元 994 年事），……民间钱益少，私以交子为市，奸弊百出，狱讼滋多。"

又，仁宗天圣元年（公元 1023 年）十一月癸卯条："初蜀民以铁钱重，私为券，谓之交子，以便贸易，富民十六户主之；其后，富者资稍衰，不能偿所负，争讼数起。大中祥符末（公元 1016 年），薛田为转运使，请官置交子务以榷其出入，久不报。……（天圣元年十一月）戊午，诏从所请，始置益州交子务。"

可见，最初当四川李顺起义时民间就开始发生"交子"流通的事情了，所以，我国纸币产生的时间应为十世纪末，即太宗淳化、至道年间（公元 990—997 年）；到仁宗天圣元年（公元 1023 年）以前，民间交子的流通已发展为由十数家富商联合负责发行的制度，而从天圣元年以后，则为官府专有发行权的官交子时期了。

"交子"一词，为当时的俗语、方言，是对票据、证券之类的一种称谓，而并不单是纸币的名称；以后的"会子""关子"的语意与"交子"同，所谓"交""关""会"字均有会合、对照的意思。

交子的产生，是宋代商业、货币经济发展的产物，最初起源于民间，并不是偶然的事情。商业、商品流通的扩大，要求有与其相适应的货币、货币流通满足其发展的需要。宋代承唐之后，仍一直感觉流通中铜钱的不足，这说明客观上已需要更多数量的货币以及单位价值更大的贵金属作为货币了。然而入宋以后，由于商业及货币经济的发展，唐代钱帛兼行的局面已不复存在，绢帛已逐渐失去了货币的资格，可是白银的流通也还未足够广泛；另外，在货币流通方面又由于历史的原因，承袭了五代时期铜钱、铁钱流通的遗产，积贫积弱的北宋政权没有力量建立起统一的货币制度，却使这一局面保持下来，发展成为铜钱区与铁钱区的流通制度，这就严重阻碍了商业发展以及各地的物资交换。特别是在铁钱流通区，由于铁这种贱金属比铜的价值更低。宋代的四川是主要的铁钱行使区域，据云"川界用铁钱，小钱每十贯重六十五斤，折大钱一贯，重十二斤，街市买卖，至三五贯文，即难以携持"①。因而，铁钱由于行旅携持及民间日用支付的不便，结果就成为促使纸币产生的直接因素了。

交子发生于民间，可以随时兑换为现钱，因而是信用兑换券性质；交子作为信用货币而流通，它的产生又是宋代信用关系发展的产物。

在宋代，由于商业、商品流通的发展，商业信用也发生了。当时，许多客商与商品销地的铺商之间，就曾比较广泛地存在着一种所谓"赊"的关系。如苏轼说："商贾贩卖，例无现钱，若用现钱，则无利息，须今年索去年所卖，明年索今年所赊，然后计算得行，彼此通济。"②可见当时商业往来中的商业信用，已经是比较普遍的事情了。虽然交子的产生与当时商业信用的流行没有直接的关联，可是，我国古代封建经济中的信用关系，如果没有发展到一定的水平，那么，交子这种比较高级的信用货币形式，也显然是不能产生的。

---

① 《宋朝事实》卷十五《财用》，张若谷、薛田奏语。
② 《苏东坡奏议集》卷十一《论积欠六事并乞检会应诏所论四事一处行下状》。

与封建经济中信用关系的广泛发展相关联，流通中已出现了各种信用凭证或证券。我们知道，在唐代中叶，基于商业和货币经济发展的需要，就已产生了我国最早的汇兑事业——飞钱，或称便换。这种汇兑事业在宋代仍继续存在着，宋太祖时就曾专门由官设便钱务来办理这种业务。汇兑事业的特点是：持券于"异地"取钱；而交子作为信用兑换券的特点，则是在一定的地区流通，并可随时兑现，亦即为持券于"异时"取钱，因而，二者是有其类似之处的，所以，向来人们都认为纸币就是由飞钱发展而来的。如《宋史·食货志下三·会子》开首即言："会子、交子之法，盖有取于唐之飞钱。"应该说，这一说法是符合我国信用货币的历史发展情况的。北宋四川交子的流通，就仍然保持着不少飞钱性质。如仁宗时，交子改为官营以后，就曾把四川交子发往秦州，备作商人输纳粮草之用。这些交子由商人携往四川兑现，[①] 所起的作用就显然与飞钱并无二致。

除去便钱务这种官营汇兑机构的汇票"券"以外，宋代当时还流行着一些政府发行的茶、盐证券等。如商人以银、钱入纳于京师，或纳粟于边郡，就可领取茶、盐交引券，然后持赴茶、盐场领取茶、盐；这些茶、盐证券的名称，就是所谓"交引""钞"等。它们的产生，也是运用飞钱的原则，虽然在性质上，这些茶、盐钞引与交子是不同的，它们主要是作为商人易取茶、盐的凭证；商人们也可以在市面上（交引铺）用以换售现钱，因而这些政府发行的茶、盐钞引，当时已经是可以买卖的有价证券性质的东西了。茶盐证券既可以流通，又可以转让，因而它们在流通界的作用与纸币已

---

① 参见《续资治通鉴长编》卷一六〇。

是很相近了，所以，在茶盐证券已很流行的情形下，产生纸币也就是比较自然的事情了。事实上，茶、盐证券的名称交引、钞等，与纸币的名称交子、会子等全然是类同的，都是民间对于票券的习惯称谓；而且"交子"一词作为最早的纸币名称，就很可能是人们对茶、盐证券名称的沿用与转化，因而，宋代纸币的产生，与当时茶、盐钞引流行的事实，客观上也是存在一定的联系的。

综合以上各种情况看来，在宋代当时商业、货币流通及信用关系发展的水平下，纸币与信用兑换券产生的条件已经完全成熟了，因而也就首先在当时深感铁钱流通不便的四川，产生了我国最早的纸币——交子。

从我国纸币产生的历史看，确切说，最先产生的是信用货币性质的兑换券，四川交子的性质就是一种信用兑换券；至于交子流通发展为官府专营以后，其性质逐渐由信用货币而纸币化的事实，则与封建政府利用货币发行弥补财政亏空有关。事实上，历代封建政府早已习用铸币贬损、铸行虚价大钱之类的财政剥削方式，因而，信用货币的纸币化，以至最后发展为完全不兑换的政府纸币，也就是很自然的货币流通现象了。

二、北宋的交子制度与交子流通

北宋四川的交子流通，大致可分为两个时期：仁宗天圣元年（公元 1023 年）以前的私交子流通时期，与天圣元年以后的官交子时期。

当十世纪末民间初行交子时，大率都是商家自发的、零散发行的，主要是为了在流通中暂时代替铁钱。这时的交子还没有统一的形制与样式，大约与普通的收据类似，是一种有商店的印记、密押、可以临时填写金额的纸券，起着货币代用品的作用。

交子正式作为纸币而流通，应当是由十余家富商联合主持发行统一形制的交子的时候。这时，交子的发行已经获得地方政府的正式许可，发行交子的富商称为交子铺或交子户，他们对地方政府负担一定的义务，如每年为官府担负盘量仓库、修理塘堰等出夫出料之类的费用，作为获得发行交子权利的代价。这种十余家富商联合发行的交子流通制度，至迟也是大中祥符年间（公元 1008—1016 年）的事情了，可能还要早些。因为，其时发行交子的十余家富商已经衰落，并发生交子不能随时兑现的情形了。由富商联合发行的交子，在形制上都是用同一色的纸张印造，票面上印有屋木人物的图案，有铺户的印记、密押，形成朱墨间错具有统一样式的纸券；但交子票面的金额则仍是应领用人的请求而随时填写，可以随时兑现，但兑现时每贯要收手续费 30 文。富商联合发行交子以后，交子的流通就比较广泛了，特别是每年丝、蚕、米、麦将熟的时候，商民需要较多的流通手段与支付手段，这时是交子发行最多的时候。可是，由于交子户往往利用收进的现钱"广置邸店、屋宇、园田、宝货"，即用于购买房地产等不动产方面，便使得资金呆滞，经营发生亏损，终于不能保证及时兑现，而破坏了交子的信用，因而挤兑、争讼的事情也就发生了。在这种情形下，最后于天圣元年起，交子事业便被收归官营了。①

① 关于交子早期由十余家富商联合发行及流通的情况，以及交子收归官营的经过，(宋) 李攸《宋朝事实》卷十五《财用》的记述，最为翔实可信。

仁宗天圣元年（公元 1023 年）十一月开始实行官交子制度，政府设交子务专门办理交子发行事宜，遂于天圣二年（公元 1024 年）二月开始发行官交子流通，[①] 自此以后，纸币流通便更趋于完备了。官交子的发行与流通制度的主要内容，大致可归纳如下：

（一）有一定的发行限额，每界的发行额为 1 256 340 缗；

（二）有一定的流通期限，大抵是三年一界，界满后持旧交子换新交子；

（三）备有发行准备金，即所谓"本钱"，大凡每造一界，应备本钱 36 万缗；

（四）交子的行使区域限于四川，兑现时或持旧易新，每贯仍须纳工墨费 30 文。[②]

交子的流通是符合于当时商业发展及民间周转支付需要的，可是交子的发行权收归官营后，显然不可避免地会被用于弥补财政的需要。如仁宗庆历年间（公元 1041—1048 年）因西北用兵，就曾先后两次发行交子 60 万贯，供应给秦州充作军费开支，而这些交子的增发，"并无现钱桩管，只是虚行刷印"[③]，即都是没有准备金的财政性发行，并且还使交子的流通扩及川蜀以外的地区。

北宋交子的行使范围是逐渐扩大的，它的扩展范围大致与铁钱流通的范围相符。在神宗熙宁年间（公元 1068—1077 年）曾先后于河东潞州[④]以及陕西发行交子[⑤]，推广交子制度，但均未获成功，

① 参见李攸：《宋朝事实》卷十五《财用》。
② 参见《宋史·食货志下三·会子》；《建炎以来系年要录》卷一四一。
③ 参见《宋朝事实》卷十五《财用》。
④ 参见《宋史·食货志下三·会子》。
⑤ 参见《续资治通鉴长编》卷二二二、二七二。

因而，主要是四川的交子扩及境外流通。如熙、丰年间，就时常以四川交子供应给熙河路等使用，主要是在当地用以支付给四川商人，以便携回使用或兑换现钱。①

从哲宗绍圣（公元 1094—1098 年）以后，四川以交子供应给陕西的数额日益增加，因而交子在四川境内与境外使用的界线便逐渐模糊了。当时，由于陕西通行四川交子，于是发生四川商人私自携带交子到陕西使用的情形。② 与此相关，四川交子的发行也日益增加，还在神宗熙宁时，四川交子便开始在两界同时使用，③ 已有膨胀的迹象；到绍圣以后，四川交子的膨胀便显著了。当时增发交子供给陕西沿边籴买及募兵之用的数额，少者数十万缗，多者至数百万缗，④ 于是，交子的面额价值也就维持不住了，大约在仁宗、英宗、神宗三朝，交子一贯仍一直能保持足价或九百数十文的价格，而哲宗以后，交子增造日多，交子的价格便日趋跌落了。⑤

徽宗崇宁、大观年间（公元 1102—1110 年），是北宋纸币制度最为败坏的时期，而且也是交子制度的大变革的时期。到徽宗崇宁三年（公元 1104 年）时，京西北路也开始使用交子，⑥ 崇宁四年（公元 1105 年）又实行了一次纸币制度改革，即把交子改为"钱引"，并使纸币流通的地区，除闽、浙、湖广、东京开封府以外，

---

① 参见《续资治通鉴长编》，卷二五八、三〇八。

② 参见《文献通考》卷九《钱币二》。

③ 参见《宋史·食货志下三·会子》。

④ 同上。

⑤ 参见吕陶：《净德集》卷一《奏为官场买茶亏损园户致有词诉喧闹事状》。

⑥ 参见《宋史·食货志下三·会子》。

其余各路差不多都通行了。但是到第二年，各地的钱引流通又都停止了，① 只是四川的纸币仍然继续流通。

崇宁四年（公元1105年），交子制度改为钱引时，四川仍然保持着交子旧法，到大观元年（公元1107年）时才改交子务为钱引务，但当年发行的纸币仍用旧印，只是到大观三年（公元1109年）时才开始改印钱引新钞。②

上述的情况都是蔡京当权时发生的。当时为了聚敛货财，在货币流通方面的措施主要就是铸行当十大钱、夹锡钱，以及推广纸币，积极进行通货膨胀政策。由于滥发纸币，四川纸币的流通额在大观年间增多至两千数百万缗，而且不再有现金准备，因而，最后钱引一贯曾贬值至十余文或数十文。③ 四川交子改为钱引后，多习称"川引"，一直到南宋时期仍然继续流通着。

三、南宋的纸币流通与通货膨胀

南宋是纸币广泛发展的时期，当时纸币的行使已遍及东南诸路、两淮、荆湖及四川各地。以"行在"杭州为中心的东南地区，是当时经济最发达的地方，因而在东南诸路行使的"会子"，是南宋最主要的纸币。

宋朝南渡，迁都杭州之初，即还在会子发行之前，已经有"关子"流通。高宗绍兴元年（公元1131年）因婺州屯兵，不通水路，

---

① 参见《宋史·食货志下三·会子》。
② 参见《宋史·食货志下三·会子》。
③ 参见《宋史·食货志下三·会子》。

军费输送很不便，于是使商人入钱于婺州换取关子，商人持关子可以赴杭州榷货务领钱或茶、盐、香货钞引，而领取现钱的关子，就是所谓"现钱关子"；所以，关子最初也是带有汇票性质的东西。[①]现钱关子的发行，后来又扩及两淮、湖广等地。由于政府常发行关子用于籴买米粟，而民间也有使用的，于是在流通中实际上已与纸币无异。但是现钱关子，也包括"公据"之类的证券，它们发行都规定有一定的期限，不若"交子"各界新旧相因，所以，关子在性质上还不是纸币。[②]

南宋初，除发行现钱关子以外，还一度发行过交子，企图于东南各路行使，但由于缺乏"本钱"，所以，不久就停止了。[③] 至于会子的发行与流通，则是绍兴末年（公元 1162 年）的事情了。

会子原来也起于民间，或名"便钱会子"，可见也是汇票或钱票一类的东西。从绍兴三十年（公元 1160 年），会子的发行收归于官开始，临安府便开始发行会子，使流通于城内外；[④] 第二年，政府乃置"行在会子务"，后改隶于都茶场，完全仿照川蜀钱引之法发行会子。会子的面额，最初以一贯为一会，后来又增发 200 文、300 文、500 文的会子，而且从孝宗乾道四年（公元 1168 年）规定三年为一界，每界的发行额为 1 000 万贯。[⑤] 关于会子的行使区域，最初是在两浙使用，以后逐渐扩及淮、浙、湖北、京西等地。[⑥] 由

① 参见《建炎以来系年要录》卷四十八。
② 同上书，卷一八二。
③ 参见《建炎以来系年要录》卷九十八、一○一。
④ 参见《建炎以来朝野杂记》甲集卷十六《财赋三·东南会子》；《建炎以来系年要录》卷一八七。
⑤ 参见《建炎以来系年要录》卷一八八；《宋史·食货志下三·会子》。
⑥ 参见《宋史·食货志下三·会子》。

于纳税、上供，民间买卖田宅、马牛、舟车，以及日用支付都可使用会子，因而会子成为南宋流通中的最主要的货币。

会子的发行是不断增加的：孝宗淳熙三年（公元 1176 年）开始两界并行，光宗绍熙元年（公元 1190 年）又曾三界并行，到宁宗庆元元年（公元 1195 年）遂改定每界会子的发行额为 3 000 万贯；① 而流通中的纸币数量，在宁宗嘉泰年间（公元 1201—1204 年），两界的发行量已多至 4 120 余万缗，② 到嘉定二年（公元 1209 年），会子的发行量则达 11 560 余万贯，③ 因而，通货膨胀的现象是日益显著的。

还在会子发行后不久，就曾因发行过多而发生贬值的情形。南宋人洪迈曾记述说："印造益多，而实钱浸少，至于十而损一，未及十年，不胜其弊。"④ 但是，由于南宋孝宗的历届政府，当纸币贬值显著时，往往就出钱、银等收换会子，⑤ 因而会子的价值，直到宁宗时，大致上还可以维持六七百文的市价（会子每贯为省陌，即一贯应为 770 文）。⑥ 但会子的价格，往往是距离行都愈远，而价格亦愈低。如宁宗嘉泰年间（公元 1201—1204 年），在行都临安，官会一贯可换七百二三十文；但每千钱往往要有二三十"砂毛、减轻钱"，所以，实际一贯会子的实值还不足七百文。这时，行都附

---

① 参见《宋史·食货志下三·会子》。

② 参见《建炎以来朝野杂记》甲集卷十六《财赋三·东南会子》。

③ 参见《宋史·食货志下三·会子》。

④ 洪迈：《容斋三笔》卷十四《官会折阅》。

⑤ 参见《建炎以来朝野杂记》甲集卷十六《财赋三·东南会子》；《宋史·食货志下三·会子》。

⑥ 参见洪迈：《容斋三笔》卷十四《官会折阅》；卫泾：《后乐集》卷十五《知福州上庙堂论楮币利害札子》。

近的地方，如浙西的湖州、秀州，浙东的婺州、越州，会子一贯仅可换得六百七八十文包括砂毛、减轻钱在内的铜钱；而稍远的衢州、信州，又稍远的建州、南剑州，更远的江东、江西地方，会子一贯则只能换得不足六百钱了。①

会子最初开始流通的时候，并未有两淮、湖广会子之分，可是由于宋、金对峙，淮南毗连金境，因而在货币政策上也有其差异之处。为了防止铜钱流入北方，首先于绍兴末年在淮南地区禁用铜钱，而易以铁钱；其后，孝宗乾道二年（公元1166年），政府专门印造200文、300文及一贯文交子共300万贯，于两淮州、军行使，于是两淮地区，遂发展成为所谓"淮交"的纸币流通区域。②

"湖会"，指湖北会子和湖广会子，最初专用于湖北，大概后来扩大通行于湖广地区，也是由于军饷的供应而发生的。孝宗隆兴初年（公元1163年）曾印造500文及1贯文的"直便会子"，发赴襄、郢等处军前使用，以后，行使范围扩大，遂发展为京西、湖广地区的所谓"湖会"的纸币流通区域。③

至于四川的钱引，在南宋时期也仍然保持着它的独立系统；除此，川陕宣抚副使吴玠还于绍兴七年（公元1137年）在河池发行"银会子"。这是一种以白银为单位的纸币，面额分一钱、半钱两种，最初，每年换发一次，后来改为两年，它与四川钱引发生联系，银会子四钱抵钱引一贯。④ 所有这些特殊区域的纸币：川引、

---

① 参见《续文献通考》卷七《钱币一》。

② 参见《宋史·食货志下三·会子》；《建炎以来朝野杂记》甲集卷十六《财赋三·两淮会子》。

③ 参见《宋史·食货志下三·会子》；《建炎以来朝野杂记》甲集卷十六《财赋三·湖北会子》。

④ 参见《建炎以来朝野杂记》甲集卷十六《财赋三·关外银会子》。

淮交、湖会，以及南宋中央政府所在地的东南会子，都因增发不已而致价值日益"折阅"。如四川钱引的发行，在绍兴末年已积至4 000多万缗；到宁宗嘉泰末年（公元1204年），两界发行凡5 300余万缗，三界合计则共约8 000万缗，较之北宋天圣时的旧额，多至64倍。因而，到嘉定初年（公元1208年），钱引每缗的价值曾跌至不足400钱。①

纸币的不断膨胀，引起流通中铜钱的减少与隐匿，大量的铜钱被销熔为器，或流往北方以及海外，除此，还促成劣币、伪币流通的不良情形。如前面所言，当时行在临安、湖、秀、婺、越等地，通用的铜钱中皆包括有许多"砂毛、减轻钱"；另外伪造会子也出现了，本来，纸币的分界发行，每界发出的纸币都应有相当数目的所谓"水火不到钱"不能尽数收回，可是后来每值界满，发行新会子换易旧会子时，却发生收回的旧会子多于原发数额的现象，于此，即可见伪造会子的盛行情形。②

南宋纸币的急骤贬值，以至趋于崩溃，大致是理宗绍定以后的事。理宗绍定四年（公元1231年），蒙古军攻川陕，五年，会子的发行量已达32 900余万缗；理宗端平元年（公元1234年）蒙古军灭金以后，南宋面临覆亡危机，通货膨胀趋势也日益恶化起来。理宗嘉熙四年（公元1240年）会子的发行更为增加，单是十六、十七两界已达50 000贯之多，③而在这一年，规定第十八界会子一贯值第十七界会子五贯，并收回第十六界会子；淳祐七年（公元

---

① 参见《宋史·食货志下三·会子》。
② 参见《建炎以来系年要录》卷一四一；《宋会要辑稿》刑法二之一四五。
③ 参见《宋史·食货志下三·会子》；袁甫：《蒙斋集》卷七《论会子札子》。

1247 年）更规定第十七、十八两界会子永久通行。① 及至贾似道独揽朝政，于理宗景定五年（公元 1264 年）又开始发行所谓"金银现钱关子"，或称"铜钱关子""银关"，新纸币每贯作铜钱 770 文，一贯值十八界会子三贯，并废十七界会子不用。但是，关子发行之后，"物价益踊，楮益贱"，"十八界二百不足以贸一草屦"。② 这时候，田野萧条，粒食翔涌，民饥欲死，经济濒于崩溃。就在这种情形下，不久以后，南宋政权就灭亡了。

---

① 参见《续通考》卷七《钱币一》；《宋史·食货志下三·会子》。
② 参见《续通考》卷七《钱币一》；方回：《桐江集》卷六。

第七章

———

宋元时期的货币与货币流通（下）

第 四 节
辽、西夏的货币与货币流通

一、辽的货币与货币流通

契丹，即辽国，初建国于公元 907 年，916 年始建年号，而从公元 947 年灭后晋，第一次改国号为辽，以迄公元 1125 年时为金所灭，大致上与北宋同时，是当时我国北部地方的最重要的国家。

在十世纪初阿保机建国以前，契丹还是一个"其富以马、其强以兵""马逐水草、人仰湩酪、挽强射生，以给日用"① 的游牧民族；建国以后，仍长时期地存在着物物交换情形。流通中的一般交换手段或货币形式，有羊、牛、布帛、金银、钱币等。

在建国前后，开始在草原上兴建京邑城市。皇都上京幅员二十

---

① 《辽史·食货志上》。

七里，分南北二城，北为皇城，"南城谓之汉城，南当横街，各有楼对峙，下列市肆"①；但是最为富厚繁庶的还是南京，即现今的北京，唐幽州故城，城方三十六里，"城北有市，百货山偫"。② 这些城市是行政的首府或军事重镇，同时也是工商业的中心。

本来，草原上的交易，多用羊作为计价与支付手段，官吏也领取"俸羊"③，但在十世纪前期，京城上京已经以布帛为币了，④ 因而官府一再申令"布帛短狭不中尺度者，不鬻于市"⑤；除此，史书还有用银"市酒"的记述。⑥

铜钱的使用，主要都是由南方流入的唐、宋钱币，而且辽国境内，主要是在南部农业区，即汉人居住的地区使用铜钱，大致在宋、辽澶渊之盟（公元 1004 年）以前，燕云十六州通用唐钱，⑦ 其后，大量流通与使用的就都是宋钱了。苏辙记述公元 1089 年（宋元祐四年、辽大安五年）使辽所见的情形说："见北界别无钱币，公私交易并使用本朝钱币"⑧，就是当时辽国南部地方货币流通的一般状况。

辽国境内行使唐、宋钱的情形，在考古发掘中也清楚地反映出来。关于燕云地区早期通用唐钱的情形，如 1959 年 11 月北京南郊辽赵德钧墓发掘中所出土的钱币，除残碎者外，较完整的铜钱有

① 《辽史·地理志》。
② 参见《辽史·食货志下》。
③ 《辽史·食货志下》。
④ 参见胡峤：《陷虏记》。
⑤ 《辽史·食货志下》；《辽史·圣宗纪一》；《辽史·道宗纪二》。
⑥ 参见《辽史·穆宗纪下》。
⑦ 参见《辽史·食货志下》。
⑧ 《栾城集》卷四十一《北使还论北边事札子》。

73 900 余枚，就主要是唐开元通宝钱及一些"会昌开元""乾元重宝"钱等。此外，还羼杂有一些西汉以来的铜钱：如汉"四铢半两"、五铢钱、王莽的"货泉"及北朝的永安五铢和常平五铢钱等。① 再如，北京市 1954—1957 年间曾清理了一些辽墓，在西翠路的一座早期辽墓中，也曾发现唐开元钱 6 枚、乾元钱 1 枚，另外，还有薄银片一块。②

关于辽国境内广泛使用宋钱的情形，如 1958 年 4 月北京西郊百万庄发现砖室辽墓两座，共出土铜钱 107 枚，除 8 枚开元通宝、1 枚乾元重宝钱外，其余的钱币皆为宋钱。这些宋钱的年代，包括宋初太宗时的太平、淳化、至道通宝钱，直至北宋末期徽宗时的崇宁、大观通宝钱。③ 再如，1958 年 6 月，在山西大同城西南发现一座辽天庆九年（公元 1119 年）墓葬，出土铜钱 36 枚，除 1 枚莽钱"大泉五十"、1 枚北魏"熙平元宝"钱及 7 枚唐开元通宝钱、1 枚乾元重宝钱外，其余亦全为宋钱。年代最晚是大观通宝钱，其铸造时间与墓葬年代相距不足十年，皆属北宋徽宗之时。④ 这些辽墓出土的钱币，绝大多数均为宋钱，而甚少发现有辽国自铸的钱币。如 1957 年 10 月张家口下花园镇发现的一处时代为北宋末期的铜钱窖藏，一大陶瓮内满盛铜钱近 300 斤，也绝大多数为各种北宋铜钱；除此，还有一些唐钱及零星的汉五铢钱等，而其中辽国自铸的钱币，据云仅发现有一种"太平钱"。⑤

---

① 参见《北京南郊辽赵德钧墓》，《考古》1962 年第 5 期。
② 参见《北京郊区辽墓发掘简报》，《考古》1959 年第 2 期。
③ 参见《北京西郊百万庄辽墓发掘简报》，《考古》1963 年第 3 期。
④ 参见《山西大同郊区五座辽壁画墓》，《考古》1960 年第 10 期。
⑤ 参见《张家口下花园镇发现北宋时代遗址》，《文物参考资料》1958 年第 2 期。

至于辽国本身何时开始铸钱，尚缺乏确切可信的记述，① 现在传世的辽钱，最早的是太祖时的天赞通宝（公元922—925年）；其后，太宗朝有天显通宝（公元926—937年），穆宗朝有应历通宝（公元951—968年），景宗朝有保宁通宝（公元969—978年），圣宗朝有统和元宝（公元983—1011年），这些钱留传皆非常稀少。《辽史·食货志》还言：景宗时曾铸乾亨新钱，圣宗时铸太平钱；② 可是，辽钱比较多见的，是从兴宗时的重熙通宝（公元1032—1054年），其后，道宗朝的清宁通宝（公元1055—1064年）、咸雍通宝（公元1065—1074年）、大康通宝和大康元宝（公元1075—1084年）、大安元宝（公元1085—1094年）、寿昌元宝（公元1095—1100年），天祚帝的乾统元宝（公元1101—1110年）、天庆元宝（公元1111—1120年），钱币年号的年代就皆前后衔接了。所有这些辽钱，皆用汉文，制作皆不够精美，其数量也不能与宋钱相比。③ 在辽国境内，宋钱始终是流通中居于主要地位的钱币。

辽国从澶渊之盟后，由于宋钱的大量流入，辽国本身的铸钱也

----

① 参见《辽史·食货志下》云："鼓铸之法，先代撒剌的（太祖耶律阿保机之父）为夷离堇，以土产多铜，始造钱币"。按照这一说法，时间当在辽国建国以前，其可靠性甚可疑。

② 参见《辽史·食货志下》。

③ 历年辽钱的出土均较少见，如前述1957年10月张家口下花园镇一处时代为北宋末的铜钱窖藏，近300斤的铜钱中绝大部分都是宋钱及少数古钱，其中辽国自铸的钱币，据报道有一种"太平钱"；1972年辽宁巴林左旗辽上京遗址发现了一处铜钱窖藏，铜钱共重280斤，约60 000枚，其中绝大多数仍为汉、唐、五代、宋钱，所发现的辽钱稍多，计有保宁通宝、重熙通宝、清宁通宝、咸雍通宝、大康通宝、大康元宝、大安元宝、寿昌元宝、乾统元宝、天庆元宝。（《辽上京遗址》，《文物》1979年第5期）

史籍中关于辽国铸钱额，亦甚少记载，《泉志》引《虏廷杂记》云："（景宗时）置铸钱院，年额五百贯"；这一铸钱额，数量也很小。

有增加，因而货币经济也有一定程度的发展，政府的租税在一些地区，往往征收铜钱或按钱折征；① 政府还曾下诏，令民间典质男女，按每日十文计佣折价。② 粟价在史书中也有记载：如圣宗时，耶律唐古屯田镇州，由于连年丰稔，"斗米数钱"。道宗初，春州地方，"斗粟六钱"。③

辽国境内铜钱的流通，主要依赖宋钱的流入，所以，辽朝政府一向严禁铜钱出境，并禁毁钱为器。④

白银，在辽、宋交往及物资交换中起到一定的作用。辽境内金、银矿藏本来就比较丰富，采冶也较发达，⑤ 而澶渊结盟以后，宋向辽岁输银十万两、绢二十万匹，后来，因关南地界又增银十万两、绢十万匹。可是，两国间的贸易，宋朝却居于优势地位，宋向辽输出的主要为茶叶、缯帛、粳糯、瓷器、漆器等，而辽向宋输出的主要是羊、马、毛皮等低价物品，宋景德年间（公元1004—1007年），宋朝在与辽的交易中即"岁获四十余万"。由于双方都严禁铜钱出境，而铜钱又主要是流往辽方，所以，每年都有大量的白银又流回宋朝了。⑥ 为此，辽朝在重熙年间（公元1032—1055年）就"禁毡、银鬻入宋"⑦，但实际上，也如宋朝一再禁止铜钱流入辽境一样，白银一直仍是流入宋方。

总括言之，在辽朝的二百余年间，货币经济曾有一定的发展，

① 参见《辽史·食货志上》。
② 同上。
③ 参见《辽史·耶律唐古传》；《辽史·食货志上》。
④ 参见《辽史·刑法志》；《辽史·道宗纪》。
⑤ 参见《辽史·食货志下》；《辽史·地理志》。
⑥ 参见《宋史·食货志下八·互市舶法》；《三朝北盟会编》卷八。
⑦ 《辽史·兴宗纪》。

可是，由于境内各地区的差别很大，因而在北部草原地区，大致一直仍未脱离物物交换，以羊、粟为交换手段的阶段。如到天祚帝末国家将亡之时，交易和支付还依然使用牲畜，[1] 而只是南部汉人居住的农业区才主要使用铜钱。

二、西夏的货币与货币流通

西夏是党项族建立的国家，从李元昊于公元 1038 年正式建国，号大夏，到公元 1227 年为蒙古军所灭，历时约二百年。在西夏境内，汉人主要从事农耕，党项人及吐蕃、回鹘人等则主要从事畜牧。

西夏畜牧业在整个经济中占有最重要的地位，主要牲畜为马、驼、牛、羊等，也是西夏对宋的主要输出品。宋朝缺乏战马，仁宗庆历五年（公元 1045 年），出内库绢二十万匹买马于府州、岢岚军；至和二年（公元 1055 年）又以银十万两买马于秦州；以后，岁以为常。[2] 由于李元昊向宋称臣，宋每年向西夏赏赐银、绢、茶等物。[3]

宋、夏经济交往频繁，官民们在官府设立的榷场进行贸易；就

---

① 参见《辽史·天祚帝纪四》。

② 参见《宋史·兵志十二·马政》。

③ 参见《宋史·仁宗纪三》庆历四年十月；《宋大诏令集》卷二三三《赐西夏诏》庆历四年十月庚寅，"今立誓以后……朝廷每年所赐绢一十三万匹、银五万两、茶二万斤；进奉乾元节回赐银一万两、绢一万匹、茶五千斤；进奉贺正回赐银五千两、绢五千匹、茶五千斤；每年中冬时服银五千两、绢五千匹；并赐臣生日礼物银器二千两、细衣著一千匹、衣著一千匹……俯阅来誓，一皆如约。"

是在两国关系紧张，榷场停闭时，夏国边民也私行驱赶牛马，或用境内所产的青、白盐在边境博籴米谷。

在建国以前，夏国境内民间交易还多为物物交换或使用宋朝的钱币；建国以后，西夏本身也开始铸造钱币。传世的西夏钱币中用西夏文的有：夏景宗元昊（公元 1038—1048 年）时的天授钱，毅宗（公元 1053—1056 年）的福圣钱，惠宗的大安钱（公元 1075—1085 年），崇宗的贞观钱（公元 1101—1113 年），仁宗的乾祐钱（公元 1170—1193 年），桓宗的天庆钱（公元 1194—1205 年）等；用汉文的有：崇宗的元德通宝、元德重宝（公元 1119—1126 年），仁宗的天盛元宝（公元 1149—1169 年）、乾祐元宝，桓宗的天庆元宝，襄宗的皇建元宝（公元 1210—1211 年），神宗的光定元宝（公元 1211—1221 年）等钱。仁宗时，设立通济监专司铸钱事宜，[①] 所以传世的天盛钱及乾祐钱较为常见；这两种铜钱、铁钱都有，乾祐铁钱相较更多。

西夏虽然一直铸造钱币，可是境内流通的钱币仍以宋钱为主，这一状况从考古发掘材料也可获知。如 1953 年内蒙古伊盟（今鄂尔多斯市）准格尔旗纳林镇西夏遗址，搜集到一批铜钱共有四十余种，皆为宋钱，西夏钱币只发现有乾祐元宝铁钱；另据云，该地在新中国成立前还曾发现一大窖铁钱，重约一万二千斤，皆为宋天圣铁钱及西夏乾祐铁钱。[②] 又如，1972 年对宁夏银川的西贺兰山东麓西夏神宗李遵顼陵墓的发掘中，出土的钱币绝大部分都是宋钱，包括北宋太宗到徽宗各朝的钱币及少量五铢钱、开元通宝钱，而西夏

---

① 参见《宋史·夏国下》。

② 参见《文物工作报道》，《考古通讯》1954 年第 2 期。

钱币则只有 1 枚光定元宝。①

总括看来，到西夏后期，货币经济已有一定的发展。如甘肃武威曾发现一件天庆年间西夏文的"会款票"，来会者计 10 人，每人出钱或 50 钱、或 100 钱、或 150 钱，共计 950 钱；② 这是民间合会性质的互助组织，反映着货币关系已发展到民间借贷中了。

可是一般民间借贷占统治优势的，大概仍是实物关系。《敦煌资料》一书载有天庆年间的西夏典麦契十五件，如典"袄子裘一领"、或"马毯一条"、或"皮毯一领"等，全都是以麦计本利，如言"本利大麦九斗一升"等。③

---

① 参见《西夏八号陵发掘简报》，《文物》1978 年第 8 期。
② 参见王静如：《甘肃武威发现的西夏文考释》，《考古》1974 年第 3 期；黄振华：《读者来信》，《考古》1974 年第 6 期。
③ 参见《敦煌资料》第一辑（五）契约文书·附录，中华书局 1961 年版。

第 五 节
金的货币制度与货币流通

一、社会经济概况

崛起于白山黑水的女真族，其完颜部首领阿骨打于公元 1115 年称帝，建国号曰"金"（公元 1115—1234 年），公元 1125 年灭辽，公元 1127 年灭北宋，因而强盛一时，始终与南宋政权形成南北对峙的局面。

金国建立时，女真族的社会已经形成了奴隶制，及至灭辽、灭北宋以后，占有了辽国旧境及黄河以北的广大地区，因受到汉人先进的封建经济、文化的影响，便也逐步发展成为一个封建国家。

海陵王贞元元年（公元 1153 年）迁都燕京（中都，今北京），此后，国家的封建化及经济、生产都有了较快的发展：世宗大定二十七年（公元 1187 年）全国户口增至 678 万多户，人口 4 470 万余人；章宗泰和七年（公元 1207 年）全国户口又增加到 768 万多户，人口 4 581 万余人；① 各族人民辛勤从事农务，垦殖土田，出产了大量粮食，常平仓三年间（至明昌五年时），积粟至 3 876 余万石，米 810 余万石；② 在畜牧地区，牧地及马、牛、羊、驼等牲畜头数也增加了；国内城市手工业、商业及各地物资交流也有发展；纺织、制瓷、造纸、印书等方面都出现了一些著名产品，如纺织业中，相州的"相缬"，大名府的绉縠、绢，东平府的丝绵、绫锦、绢，平阳府的卷子布等皆行销各地；制瓷业中，如钧州瓷窑所生产的民用瓷器，至今还传世甚多；造纸和印刷方面，平阳府的白麻纸曾闻名一时，而且平阳也是当时金朝的一个刻书中心。基于境内商业的发展，金世宗大定二十年（公元 1180 年）规定了商税法，世宗时中都的商税额为 164 000 多贯，章宗永安初增加到 214 000 多贯。③ 除此，金、宋间的贸易交往一直很密切，每年要从宋输入金大量的茶叶及生姜、砂糖、香药、杂货等；同时又有大量丝、绵、锦、绢等从金输入宋。大定时（公元 1161—1189 年），金朝的泗州榷场，每年收税 5 万多贯，章宗承安元年（公元 1196 年）增加到 10 万多贯；秦州西子城场，大定时每年收税 3 万多贯，承安元年则增加到 12 万多贯。④

在货币制度上，金朝受宋的影响，最初是使用铜钱，其后，钱、钞兼用，而且还曾铸造过银币（"承安宝货"）；纸币（交钞）

---

① 参见《金史·食货志一·户口》。
② 参见《金史·食货志五·常平仓》。
③ 参见《金史·食货志四·征商》。
④ 参见《金史·食货志五·榷场》。

是金人最重要的货币，但是金人行使的纸币已不分界，这种取消纸币分界发行限制的措施，是我国纸币流通制度上的一个进步；白银在金人货币流通中也日趋重要，在金人纸币流通后期，通货膨胀严重的时候，民间就普遍使用白银了。

二、金朝的货币制度及纸币的恶性通货膨胀

金建国之初，未尝铸钱，一直都是使用辽宋旧钱，直到海陵王正隆二年（公元 1157 年）的时候，才开始铸造铜钱，文曰"正隆通宝"，轻重如宋小平钱，与旧钱并行流通。[①] 世宗时，又铸造大定通宝钱。世宗大定二十九年时（公元 1189 年），代州阜通、曲阳利用二监，岁铸铜钱十四万余贯，可是因铸钱不敷成本，不久又停铸了。[②] 章宗泰和年间（公元 1201—1208 年）又曾铸钱，而且还铸造了折十大钱。[③]

总括看来，金朝本身铸钱数量不多，而且时铸时罢，甚至有时还限制或禁用现钱，这主要都与纸币通货膨胀有关：纸币贬值使得铜钱价高，铸造铜钱不敷成本，加以人们销毁和藏匿铜钱，遂造成流通中铜钱的不足。[④]

金朝纸币的发行，也始于海陵王时，但比铜钱的铸造还要早四年。在海陵王贞元二年（公元 1154 年）时，金政府置交钞库，开始发行纸币，称为"交钞"。当时的交钞有大钞、小钞之别，大钞

---

① 参见《金史·废帝纪》；《金史·食货志三·钱币》。
② 参见《金史·食货志三·钱币》。
③ 同上。
④ 同上。

分为 1 贯、2 贯、3 贯、5 贯、10 贯五等，小钞则为 100 文、200 文、300 文、500 文、700 文五等；更换制度仍采用分界的办法，以七年为界，界满时纳旧钞换新钞。[①] 所以，金代最初的钞法，实际上是仿宋朝的交子，而只是将每界的期限略予以延长罢了。

交钞最初只通行于黄河以南，它的目的主要是吸收宋代的铜钱，所以，过黄河后就使用铜钱而不用钞了。[②] 但是到世宗时（公元 1161—1189 年）交钞行使的范围已扩及河北及辽东，而逐渐成为流通中最重要的货币了。章宗即位后，于公元 1189 年年末（世宗大定二十九年）废除交钞七年一界的更换制度，[③] 从此，交钞不再立定年限，而建立了无限期流通的制度，使我国的纸币制度更趋于完备了。

在金章宗的最初几年间，纸币的发行量政府还加以控制，大致与流通中的铜钱数量相差不多，[④] 因而币值还大体可以保持稳定。后来，先是与西辽构衅，以后，宋、金发生战争，在此期间，军费增加，财用不足，于是货币流通的稳定便被破坏了。由于交钞发行数多，章宗承安二年（公元 1197 年）出现一贯以上的大钞不易流通的情形。当时，官兵俸给及边戍军需的供应多以银、钞相间，而民间也已使用白银，因而在该年十一月便铸造"承安宝货"银币。银币分一两至十两五等，银币一两值钱二贯，令公私同现钱使用，[⑤] 这是汉武帝以来，又一次政府正式铸造银币。可是不久，便发生掺

---

① 参见《金史·食货志三·钱币》。
② 参见范成大:《揽辔录》。
③ 参见《金史·食货志三·钱币》。
④ 同上。
⑤ 同上。

杂铜锡、盗铸银币的情形，京师商人还因此为之罢市，于是，到承安五年末，便停止承安宝货银币的流通了。[①] 泰和六年（公元1206年），宋金发生战争，交钞的流通更为阻滞，在陕西，交钞竟至不能行使；于是，乃拨发现钱十万贯收换部分大钞，可是同时又开始大量发行小钞，企图以此遂行扩大纸币使用的目的。由于钞法屡变，民人往往怨嗟，聚语于市，金朝统治者在泰和七年，竟然下令严禁人们议论钞法，并许人捕告，赏钱300贯。[②] 以后，就大量添印大、小钞，并令民间交易、典质，一贯以上都用交钞，而不得用钱；商旅携带现钱，则不许超过十贯，开始进一步地实行通货膨胀政策了。

当公元1206年宋金交兵之时，蒙古的铁木真已建国称帝，不久，就开始移师南向，进攻金国。在这一形势下，《金史·食货志》记述当时金国的货币流通状况说："大安二年潢河之役，至以八十四车为军赏，兵疲国残，不遑救弊，交钞之轻几于不能市易矣。"此后，金朝被迫迁都汴京，而通货膨胀也迅速恶化了。

从金宣宗贞祐以后，即金代的最后二十年间，是通货膨胀恶化、纸币急骤贬值而至于崩溃的时期。在这短短二十年期间，交钞崩溃以后，又发行所谓"贞祐宝券""贞祐通宝""兴定宝泉""元光重宝""元光珍货""天兴宝会"等，名目繁多，变更频仍，其实全都是纸币（见图7-1）。

这一时期，根据《金史·食货志》的记述，它的主要变革如下：

---

① 参见《金史·食货志三·钱币》。
② 同上。

1. 宣宗贞祐二年（公元1214年）开始增发20—100贯的大额交钞，继而又发200—1000贯的大钞，结果，每贯钞贬值至一钱，而市肆交易则多用现钱；同时，由于这时金人的通货膨胀已超过了南宋的会子膨胀，因而金国商人便将大量铜钱运往江、淮，反而又促成铜钱的南流了。

2. 贞祐三年（公元1215年），改交钞为贞祐宝券；但新钞发行仅一年，"宝券"每贯又已贬值到几文钱。

图7-1　1965年西安附近出土的金贞祐三年拾贯文交钞铜版
（高21厘米，宽11厘米）

3. 兴定元年（公元1217年）又发行"贞祐通宝"，规定"通宝"一贯当"宝券"1000贯，四贯"通宝"，值白银一两；但到兴定五年（公元1221年）时，白银一两则可买"通宝"钞800余贯了。

4. 元光元年（公元1222年）二月又发行"兴定宝泉"，每贯当"通宝"400贯，二贯当白银一两；五月又更造"宝泉"，使"每贯当通宝五十（千？）"，并且还发行以绫印制的"元光珍货"，使白银及各种纸币并行流通；但不久以后，银价日贵，宝泉日贱，民间交易都只以白银论价，到元光二年，宝泉便几乎不能流通了，于是又规定白银一两的限价为宝泉300贯，并规定买卖物品三两以下的支付不许用银，过三两者，一分用银，二分用宝泉及珍货、重宝等。下令以后，就促成"市肆昼闭，商旅不行"，因而限用令也就徒有虚名了。

5. 天兴二年（公元 1233 年）十月又发行"天兴宝会"，面额以银计，分一钱至四钱四等。这是因为到正大时（公元 1224—1231 年），民间一切交易都早已使用白银了。这种"宝会"是在金帝逃到蔡州以后发行的，几个月后，金国就灭亡了。

金人的纸币通货膨胀，在历史上是比较典型的。当宣宗贞祐二年（公元 1214 年）发行百贯、千贯大钞时，其时已是"钱货不用，富家内困藏缗之限，外弊交钞屡变，皆至窘败，谓之'坐化'，商人往往舟运贸易于江淮，钱多入于宋矣"。[①] 因而，当时的经济及货币流通均已呈崩溃的迹象；其后，更是制度更改频仍，相继发行了宝券、通宝、宝泉、珍货、宝会等各种名目的纸币，纸币贬值也更趋恶化，所谓"小民……得钱则珍藏，而券则亟用之，惟恐破裂而至于废也"[②]，交钞"万贯唯易一饼"，[③] 而最后，民间交易，则普遍使用白银，不用纸币，于是纸币流通也就完全崩溃了。

---

① 参见《金史·食货志三·钱币》；刘祁：《归潜志》卷十。
② 《金史·食货志三·钱币》。
③ 参见《元史·耶律楚材传》。

第 六 节
元代的纸币制度与纸币流通

一、社会经济概况

蒙古族原是我国北部的一个游牧民族，到铁木真统一蒙古各部落时（公元 1206 年）才建国，从此，他们就开始了一系列的对外扩张、征服的侵略战争。公元 1234 年灭金，公元 1279 年灭宋，于是在元世祖忽必烈时（公元 1260—1294 年）便在中原建立了元朝，并以中国本土为中心，形成了一个横跨欧亚的大帝国。

我国的中原地区，早已是封建经济高度发达的地区，但是在蒙古贵族的统治下，经济受到严重的破坏，并使农业经济中渗入了落后部族所有的奴役关系，广大的农民沦为农奴、半农奴；手工业生产也遭到严重的摧残，数以百万计的工匠沦为工奴，庞大的奴隶制或工奴制的官营手工业建立起来了，民间幸存的独立手工业则寥寥无几。在这种情形下，整个元朝统治期间，经济与生产虽然有所恢复，但基本上一直呈现着衰敝现象。

在生产衰敝的情形下，元朝的商业却呈现了畸形的发展。在元代，蒙古统治者由于统治的地区横跨欧亚，为了便于镇压人民的反抗以及从事物资搜刮的需要，便在各地广设驿站，使驿路四通八达，这使得中国本土及中西陆上的交通都很便利，海上的交通也有所发展；与此相关，也就为商业及城市的发展制造有利条件。这样，在元代，虽然原来的许多繁荣的城市，如杭州、开封等都衰落、凋敝了，但是京城大都（北京）及少数海外贸易港市，如泉州、广州等却都呈现出畸形的繁荣状态。

商业方面，最繁荣的是奢侈品的贸易，如香料、珠宝、金银器等交易；此外，广大农民在残酷的贡赋、科差的压榨下，也被迫出卖几乎全部的家庭手工业产品（丝、布）和部分的农产品（粟、米），以换取金银缴纳官租王赋，因而也促使了交换的发展。

在货币流通方面，元朝统治者统一与发展了纸币制度，政府强制发行的不兑换纸币，成为元代基本的货币制度。

二、元代的纸币制度

元代统一的纸币制度，建立于元世祖中统元年（公元 1260 年）。在此以前，已在各地间或有丝钞、银钞等纸币流通。如元太祖铁木真末年（公元 1227 年），何实于博州曾发行丝会[①]；太宗窝

---

① 参见《元史·何实传》。

阔台八年（公元 1236 年）时，曾发行过交钞；① 十三年，刘肃在邢州也发行楮币；② 到宪宗蒙哥初年（公元 1251 年），各地多自行发钞，或二年、或三年一更易，但仍互不相通，因而流通界很是混乱，并出现了"钞本日耗、商旅不通"的情形。这时候，史楫在真定曾实行所谓"银钞相权法"，③ 使白银与纸币并行流通，以稳定币值，扩大纸币流通。所以，在元初，主要是沿袭、仿照宋、金旧法，或以丝为本，或以银为本，由各地方分散发行纸币。

元世祖忽必烈建立了统一的纸币制度。中统元年（公元 1260 年）七月，元政府开始印行"中统元宝交钞"，同年十月，又印行"中统元宝钞"，④ 从此，纸币的发行权才完全专属于朝廷，统一的纸币制度开始建立起来了。

中统元宝交钞，以丝为本钱，以两为单位，丝钞二两值白银一两；中统元宝钞则系以贯、文为单位，有 10 文、20 文、30 文、50 文、100 文、200 文、500 文、一贯、二贯等。后来，还曾发行过 10 文以下的"厘钞"。中统元宝钞的票面额，虽然以贯、文计，但是与铜钱并无联系，因为并没有铜钱的铸造与流通。根据政府规定，宝钞每贯等于丝钞一两，钞二贯则等于白银一两。

中统钞初发行时，均有现银作保证，而且银钞可以互易，即允许纸币兑现，所以中统钞主要是与白银相联系的。正因如此，后来中统钞也往往以两、锭计，即一贯为一两，五十两为一锭，而每钞

---

① 参见《元史·太宗纪》;《元史·耶律楚材传》。
② 参见《元史·刘肃传》。
③ 参见《元史·史楫传》。
④ 参见《元史·世祖纪四》;《元史·食货志一·钞法》。

二锭等于白银一锭。

自发行中统钞、建立了统一的纸币制度之后，元代的纸币制度曾发生过两次重要的变革：即世祖至元二十四年（公元 1287 年）发行"至元通行宝钞"；顺帝至正十年（公元 1350 年）发行至正中统交钞。因而，元代实现了纸币制度统一以后，纸币流通主要经历了三个时期：中统钞时期、至元钞时期及至正钞时期。

元代的中统钞在至元钞发行以后，仍然与至元钞并行通用，而且政府的岁赐、军饷等，仍规定以中统钞为计算标准；但实际上，因发行减少，所以，后来流通中最主要的纸币是至元钞。

元政府于至元二十四年（公元 1287 年）发行至元通行宝钞，规定新钞与中统钞并行流通，二者的比价是：至元钞一贯值中统钞五贯；新钞面额计有十一等，即 5 文、10 文、20 文、30 文、50 文、100 文、200 文、300 文、500 文、一贯、二贯。① 至元钞的流通，从至元二十四年起，到至正十年（公元 1350 年）更发至正交钞时，前后超过了 60 年，因而是元代流通中最重要的货币。

在至元钞流通期间，武宗至大三年（公元 1310 年）时，曾进行过一次币制改革，即发行至大银钞，并铸造铜钱流通。至大银钞制度的特点是正式规定了纸币与白银之间的联系，面额均以银两计，计自 2 两至 2 厘共定为十三等，每至大银钞一两，值至元钞五贯。除此，还铸行至大通宝（汉文）及大元通宝（蒙文）铜钱，并允许历代旧钱一并通用；至大通宝一文值至大银钞一厘，大元通

---

① 参见《元史·食货志一·钞法》；陶宗仪：《南村辍耕录》卷二十六《至元钞样》。

宝一文，则值至大通宝 10 文。[1] 但是，这次币制改革未及一年，就因武宗死而废止，而又恢复了至元钞制度。

到顺帝至正十年（公元 1350 年），元政府又实行了纸币制度的最后一次变革，即发行至正交钞，并采取了至大银钞制度的纸币、铜钱相辅而行的办法，铸造至正通宝铜钱与历代铜钱并用。至正交钞的钞面文字仍为"中统元宝交钞"，新钞一贯合铜钱 1 000 文，或至元钞二贯。[2] 这时，已是元代末期了，所以，终元之世，是以政府强制通用的不兑换纸币流通作为基本的货币制度。

就纸币制度的发展看，元代的纸币制度是我国宋、金以来纸币制度的继续，它继承了我国古代纸币流通近三百年的经验，并使之发展为相当完善的纯纸币流通制度，这在世界货币史上具有重要的意义与影响。因为，元代的版图辽阔，横跨欧亚，在其盛时中国纸币也北穷朔漠，西贯中亚皆通行无阻，有些欧洲人来到东方，都以惊异的眼光看待这一事实。如马可·波罗就曾叙述说："大汗国中商人所至之处，用此纸币以给赏用、以购商物、以取其货物之售价，竟与纯金无别"；甚至把发行纸币一事，看作中国皇帝的"点金术"。[3]

从纸币制度的性质看，元代纸币制度最初是可兑现的信用兑换券，它主要是与白银相联系，有充足的白银作为纸币发行的准备金，即所谓"钞本"或"银本"；而各地纸币的发行，最初曾要求"发钞若干，随降银货""钞有若干，银本常不亏欠"。[4] 当时，为了调节纸币发行，稳定币值，在全国各地，包括蒙古及新

---

① 参见《元史·食货志一·钞法》。
② 参见《元史·顺帝纪五》；叶子奇：《草木子》卷三下《杂制》。
③ 参见《马可波罗行纪》第九十五章，冯承钧译，中华书局 1954 年版。
④ 参见王恽：《秋涧先生大全文集》卷八十《中堂事记·上》。

疆地方，① 均设置交钞库、平准库，掌管纸币的发行、换易及兑现事宜，对人们持钞兑现，或以旧换新，每两仅收工墨费三分；金、银的买卖也是平准库的重要职责，每钞二贯易白银一两，十五贯易赤金一两（后来，赤金官价改为二十贯一两）；而当发现市面纸币过多时，则随时出银收钞，以保持纸币购买力的稳定。但是，纸币的兑现，大致只是中统钞初发行的时候，为时并不太久，其后政府发行纸币，虽设置有钞本，但事实上并不兑现，所以，元代纸币制度的性质，主要是不兑现的信用兑换券；及至政府为了弥补财政亏空，大发无本之钞时，便是实质上的政府不兑换纸币了。

基于推行钞法、稳定币值的需要，元代一直采取集中金银于国库的政策；与此相关，对于金银的买卖，则以官买官卖为原则，而禁止民间金银的私自交易。如世祖至元十九年（公元 1282 年）中书省颁发的《整治钞法条划》，至元二十四年（公元 1287 年）发行至元钞时，尚书省颁行的《至元宝钞通行条划》（即所谓《叶李十四条划》），均明文规定：禁止民间私自买卖金银；② 与禁止金银私相买卖相并行，也禁止民间使用铜钱。如元军平定江南后，便于至元十四年（公元 1277 年）也禁止南方使用铜钱，并一再下令在各地拘收铜钱；③ 并禁止把金、银及铜钱携出海外。④

综上所言，举凡禁用金银、铜钱，专用纸币，集中金银于国库，禁止金银交易与金银出口，以至设置纸币发行准备金，买卖金银，平准钞法等类似近代纸币流通制度的一些措施，在元代的纸币制度中，皆已在不同程度上付诸实施了。而且，元代叶李（公元

---

① 参见《元史·世祖纪》。
② 参见《元典章》卷二十《户部六·钞法》;《元史·世祖纪》。
③ 参见《元史·世祖纪》。
④ 参见《元史·食货志二·市舶》。

1242—1292 年）所拟定的《至元宝钞通行条画》十四款，① 可以说

① 《至元宝钞通行条画》，现据《元典章》卷二十《户部六·钞法》抄录如下：

"行用至元钞法十四款至元二十四年三月尚书省奏奉圣旨定到至元宝钞通行条划开具于后：

一、至元宝钞一贯，当中统宝钞五贯，新旧并行，公私通例。

二、依中统之初，随路设立官库，买卖金银，平准钞法，私相买卖，并行禁断。每花银一两入库官价至元宝钞二贯，出库二贯五分，白银各依上买卖。课银一锭，官价宝钞二锭，发卖宝钞一百二贯五百文。赤金每两价钞二十贯，出库二十贯五百文。今后若有私下买卖金银者，许诸人首告，金银价值没官，于内一半付告人充赏，仍于犯人名下征钞二锭一就给付。银一十两、金一两以下，决杖五十七下；银一十两、金一两以上，决杖七十七下；银五十两、金一十两以上，决杖九十七下。

三、民间将昏钞赴平准库倒换至元钞者，以一折五，其工墨依旧例每贯三分。客旅买卖欲图轻便，用中统宝钞倒换至元宝钞者，以一折五，依数收换，各道宣慰司、按察司，总管府常切体究禁治，毋致势要之家并库官人等自行结揽，多除工墨，沮坏钞法，违者痛断，库官违犯，断罪除名。

四、民户包银愿纳中统宝钞者，依旧止听收四贯，愿纳至元宝钞，折收八百文，随处官并仰收受，毋得阻当，其余差税内有折收者，依上施行。

五、随处盐课每引见卖官价钞二十贯，今后卖引许用至元宝钞二贯，中统宝钞一十贯，买盐一引，新旧中半，依理收受，愿纳至元宝钞四贯者听。

六、诸道盐、酒、醋税，竹货、丹粉、锡碌诸色课程，如收至元钞以一当五，愿纳中统宝钞者并仰收受。

七、系官并诸投下营运斡脱公私钱债，关借中统宝钞，若还至元宝钞，以一折五，愿还中统宝钞者，抵贯归还，出放斡脱钱债人员，即便收受，毋得阻滞。

八、随路平准库官收差办课人等，如遇收支交易，务要听从民便，不致迟滞，若有不依条画，乞取刁蹬，故行阻抑钞法者，取问得实，断罪除名。

九、街市诸行铺户兴贩卖诸旅人等，如用中统宝钞买卖诸物，止依旧价发卖，无得疑惑，陡添价值，其随时诸物，减价者听。富商大贾取问是实，并行断罪。

十、访闻民间缺少零钞，难为贴兑，今颁行至元宝钞自二贯至五文，凡十一等，便民行用。

十一、伪造通行宝钞者处死，首告者赏银五锭，仍给犯人家产。

十二、委各路总管并各处管民长官，上下半月计点平准钞库应有见在金、银、宝钞；若有移易借贷、私己买卖、营运利息，取问明白，申部呈省定罪。长官公出，次官承行。仍仰道宣慰司、提刑按察司常切体察。如有看徇通同作弊，取问得实，与犯人一体治罪，不得因而骚扰，沮坏钞法。

十三、应质典田宅，并以宝钞为则，无得该写斛粟丝绵等物，低昂钞法，如违断罪。

十四、随路提调官吏，并不得赴平准库收买金、银，及多将昏钞倒换料钞，违者治罪。

条画颁行以后，仰行省宣慰司各路府州司县达鲁花赤管民长官，常切用心提调禁约，毋致违犯。若禁治不严，流转涩滞，亏损公私，其视管司县府断罪解任，路府州官亦行究治。仍仰监察御史按察司常切究察，不严亦行治罪。"

是中国也是世界上最早的最完备的币制条例了。元代纸币制度的各项基本原则与重要规定，基本上都包括在这一条例之中：它确定了以银为本以及纸币的法偿性质；规定政府税收、俸饷，民间市易、借贷等均以宝钞为则；规定宝钞票面的单位、种类，至元钞与中统钞的比价，宝钞发行和换易的方法；以及有关设置发行准备金、买卖金银的具体制度与办法；对私易金银、伪造宝钞的惩处等。由于这一条例筹划至为周详，因而大致上终元之世皆一直有效。所有这些均可见到，纸币制度到元代已发展得相当完善了。

三、元代纸币的通货膨胀

古代封建社会中的纸币流通，从信用兑换券而蜕化为纸币，是必然的发展趋势；而纸币制度的实施，则显然为元朝统治者利用纸币通货膨胀加重对人民的剥削造成了便利条件。

在元朝统治中国将近一个世纪的过程中，对内、对外的征服战争以及国内人民的起义，先后相连不断，加以蒙古统治者的无厌豪奢与恣意浪费，如对诸王、贵戚的赏赐，佛事的靡费等均不一而足，因而元朝政府的财政需要与财政开支是不断扩大的。

在元世祖忽必烈时期，最初由于军事胜利通过对富庶的中国本部的掠获，以及封建租税的榨取等集中了大量的金帛财物，因而在建立了统一的中统钞制度之初，由于纸币的发行保有较充足的金银准备，所以，纸币发行额虽然增加，如《元史·食货志一·钞法》记载：中统钞初发行时，即中统元年（公元1260年）的发行额为73 352锭，平定江南前后，因地区扩大，至元十二年（公元1275

年）的发行额为 398 194 锭，至元十三年则为 1 419 665 锭，但在最初的十多年期间，纸币制度与纸币的购买力，大致还是维持稳定的。时人刘宣就曾说："中统建元……印造中统元宝，……稍有壅滞，出银收钞，恐民疑惑，随路桩积元本金银，分文不动。当时支出无本宝钞未多，易为权治，诸老讲究扶持，日夜战兢，如捧破釜，唯恐失坠。行之十七八年，钞法无少低昂。"[①]

但是从至元十七年（公元 1280 年）以后，纸币通货膨胀的现象便显露了。当时回鹘人阿合马擅权，将各地平准库的金银都尽数运赴大都（北京），以致"所行皆无本之钞"；到至元二十三年（公元 1286 年）时，中统钞的发行额已增至 2 181 600 锭，因而也就促使"物价腾踊，奚至十倍"了。[②] 这样，到至元二十四年元政府乃根据叶李的十四款条画整顿钞法，发行至元钞，[③] 并规定至元钞一贯值中统钞五贯，使二钞并行使用，实际上是增发大钞，公开承认旧钞贬值五倍而已。

元朝中期以后，政府财用不足的现象日益加剧。武宗即位（公元 1308 年）后，中书省臣言：政府的赋税收入为钞 400 万锭，归中央政府收入的为 280 万锭；常年的支出为 270 余万锭，但当时的实际支出已达 420 万锭，而且还有应支未支款 100 万锭。以后，由于支出不断增加，使得国库空竭，便动用了钞本 710 余万锭。[④] 仁宗即位（公元 1312 年）时，当时每岁支出额为钞 600 余万锭，可

①　《元史·刘宣传》。
②　参见《元史·刘宣传》。
③　参见陶宗仪：《南村辍耕录》卷二十六《至元钞样》。
④　参见《元史·武宗纪一》，大德十一年九月己丑、至大元年二月乙未中书省臣言。

是各处土木营缮用钞数百万锭，赏赐用钞 300 余万锭，北边军需又六七百万锭，但国库却只有钞 11 万余锭。① 这种入不敷出的状况一直延续着，到文宗天历二年（公元 1329 年）时，七个月的政府支出就已超过岁入的几倍；② 而到元顺帝即位（公元 1333 年）以后，由于灾荒频仍、人民起义不已，政府财政就更濒于困境了。

在这种情形下，元朝统治者除不断增发纸钞外，便是改发新钞，加厉实行通货膨胀政策。据计算，元代的纸币流通数量，到天历二年（公元 1329 年）较之至元钞发行前已增加了七八倍，比至元二、三年时，则增加了 30—60 倍。③ 就在这一年，关中饥荒，米价每斗十三贯；④ 而在元代前期，至元十三年（公元 1276 年）平江南时，米一石仅约值中统钞一贯；至元钞发行时（公元 1287年），米价涨至 10 倍，每石也不过为中统钞十贯或至元钞二贯而已；到元顺帝发行至正新钞时（公元 1350 年），米每石旧钞六十七贯，即比当初涨至六十七倍了。⑤

元顺帝至正十年（公元 1350 年）发行至正中统交钞，废旧中统钞不用，使新至正钞一贯当至元钞二贯，并同时铸行至正通宝铜钱，与历代钱并用。可是恢复铜钱使用以后，却越发加速了纸币的贬值，不多久便又"物价腾踊，价逾十倍"。这时，各地农民起义军已经兴起了，于是，"军储供给赏赐犒劳，每日印造不可数计，舟车装运，轴轳相接，交料之散满人间者无处无之，昏软者不复行

① 参见《元史·仁宗纪一》，至大四年十一月辛丑，平章政事李孟奏。
② 参见《元史·明宗纪》。
③ 参见《元史·食货志一·钞法》"岁印钞数"。
④ 参见《元史·张养浩传》。
⑤ 参见长谷真逸：《农田余话》卷上。

用，京师料钞十锭，易斗粟不可得"。在这种情形下，各地交易都只用铜钱，或直接以物货相易，公私所积之钞，人们均视若"弊楮"，① 因而，流通界已完全陷于混乱，流行的纸币有所谓"观音钞""画钞""折腰钞""波钞""燃不烂"等名目。② 当时，从京师到江南，曾流传着一首民谣云："堂堂大元，奸佞擅权，开河变钞祸根源，惹红巾万千。官法滥，刑法重，黎民怨；人吃人，钞买钞，何曾见？贼做官，官做贼，混贤愚，哀哉可怜！"③ 元代的纸币制度就这样伴随着蒙古贵族统治的崩溃而结束了。

四、白银货币性的增强及其与纸币的关系

如前二章所言，在唐末、五代时，白银已有正式加入流通的趋势，而在宋代它的货币性更增强了。虽然，缗钱在宋代仍为法定的支付手段，交易、计价亦皆以钱文计，但是，一些公私间的支付则往往是金银、绢帛与缗钱杂然并列，计算单位则以两、匹、贯计。这时，白银不但在政府收支中的地位已日趋于重要，而在民间，用银的习惯也显著超过了前代。至于白银与纸币的关系，南宋会子虽然与白银没有直接的联系，但是政府也常用白银易钱收兑会子，以维持纸币的价值；至于吴玠在河池发行"银会子"，虽然它仍是与以钱为本的"川引"相联系，但以银两为纸币单位这一事实，也显然反映着其时白银货币作用的增强（见图 7-2）。

---

① 参见《元史·食货志五·钞法》。
② 参见孔齐：《静斋至正直记》卷一《楮币之患》。
③ 陶宗仪：《南村辍耕录》卷二十三《醉太平小令》。

北方的金人，原来就有使用白银的习惯，而且，金章宗承安二年（公元1197年）还曾铸造过"承安宝货"银币。金人的纸币虽然与南宋同，但也与铜钱相联系，均以钱文计，但在末期通货膨胀严重时，宣宗兴定元年（公元1217年）发行"贞祐通宝"，就曾规定钞四贯当银一两；五年又发行"兴定泉宝"，则规定二贯当银一两；至哀宗正大年间

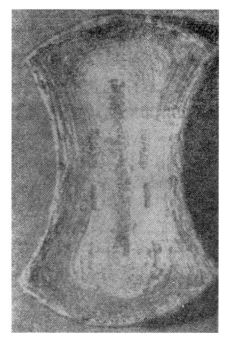

图7-2　黑龙江阿城巨源出土的金代银锭

（公元1224—1232年），民间便都以银市易，白银在流通中已成为最主要的货币；而在金国灭亡以前数月，即天兴二年（公元1233年）十月，在蔡州发行"天兴宝会"时，钞面便直接以银两计，而不计钱文了。

蒙古人在铁木真时（公元1206—1227年）仍保有物物交换的方式，但是由于受到金人及中亚邻近民族的影响，便很快也使用白银了。所以，铁木真在开始统治中国时，民间交易及物价表示等，往往都是用银，[1] 而当最初在各地分散发行纸币时，便也往往以白银为本钱；到忽必烈时，则正式建立了统一的、以银为本的"中统钞"纸币制度。

---

① 参见《元史·张荣传》；李志常：《长春真人西游记》卷上。

为了推行纸币制度，扩大纸币流通，元代虽曾明令禁止民间金银的流通与买卖，可是实际上民间使用白银的情形还是存在的。如1966年河北怀来县小南门姑子坟出土的一枚元代银锭，[①] 银锭正面有铭文"肆拾玖两玖分又壹分""行人郭义"等字样，有"金银梁铺"戳记，银锭右上有元代押一方，右下方有元代押二方，下有"使司"戳记各一方，中左有不明长方戳记等。元代银锭上常有行人名字，"行人"可能就是专司检验银子成色的人。这枚郭义银锭上有"金银梁铺"戳记，并有多处官押，表明曾经过多次检验，并曾长期在市面上流通。因而，史书记载元朝政府一再申严私易金银及用银"回易"之禁，其实也正说明白银已在民间流通的事实。所以，我国白银的使用，到宋元时期已处于成为流通界正式货币地位的前夜了（见图7-3）。

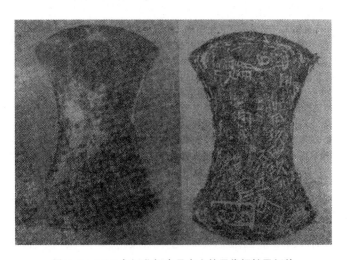

图7-3　1966年河北怀来县出土的元代银锭及拓片

---

　　① 参见《河北省发现西汉金饼和元代银锭》，《文物》1981年第4期。

元代白银的形制作锭形，是沿袭金人的银锭，《金史·食货志》称："旧例，银每锭五十两，其值百贯。"可见，五十两为锭，早已是定制了。元代仿金之银锭，最初在至元三年（公元1266年）开始铸五十两的银锭"文以元宝"①；其后，又有扬州元宝、辽阳元宝等名称，这样，重五十两的元宝银的形制便开始形成并固定下来了。②

---

① 《元史·杨湜传》。

② 参见《南村辍耕录》卷三十《银锭字号》。

元代的元宝银，后世多有出土；最早，明人叶盛（公元1420—1474年）就曾记述说："尝见独石内官弓胜得埋藏银数十锭，形制皆平漫，与今样范不同，正面中书省小字印，背皆阴文元宝二大字也。"（《水东日记》卷十一）

新中国成立以来，各地也不断有实物出土，如，1956年江苏句容赤山湖畔，曾出土元银锭两只，中间一行有铭文："平淮□至元十四年□银伍拾两"，右旁一行为："铸银官□提钦□大使□副使□库子杨良珪"，左旁一行为"提举司□银匠彭兴祖□刘庆□库子韩益"，背面则有阴文"元宝"二大字，重合市两60两7钱1分一只（十六两市称）。（倪振逵：《元宝》，《文物参考资料》1957年第5期）1959年1月，在苏州虎丘山北黄桥乡元吕师孟墓中曾出土大小相等的元银锭十只，锭内有许多同心纹，有的上面刻有"丁吉父记""枚京天铺""仲顶枚记"等铭文。（《江苏吴县元墓清理简报》，《文物》1959年第11期）1966年，河北怀来县小南门姑子坟出土一枚元代银锭，银锭系倒铸而成，呈亚腰形，通长14.1厘米，中腰宽5.4厘米，两头宽9.4厘米，重2 000克。银锭的正面刻款不甚规则，自右而左分四行："肆拾玖两玖分""又壹分""行人郭义蓟秤""王均一秤"。银锭右上方有元代押一，左下方有元代押二，左上角有"枚（郡）?"，中有"金银梁铺"，下有"使司"戳记各一方，中左有不明长方戳记，背面如蜂窝。

1967年，河北平泉县（今平泉市）颜杖子大队出土一枚元代银锭，也是倒铸而成，呈亚腰形，通长13.8厘米，腰宽5.4厘米，两头宽8.4厘米，重2 000克。银锭的正面自右而左刻不规整的文字两行，文曰："杨琮伍拾两三分""行人王智 宋臻秤"，左下角有倒印"使司"检印一方，另有元代常见押四处。银锭的背面，如蜂房密布。（《河北省发现西汉金饼和元代银锭》，《文物》1981年第4期）1973年，福建晋江紫帽山农场又发现一窖银锭，出土大小银锭20枚和零碎银块一斤多，这批银锭，长7.7厘米，腰宽2.7厘米，重360克，最小的一锭长6.1厘米，腰宽2.6厘米，重160克，锭面凿有看不清的文字或符号。（《晋江地区出土一批元代银锭》，《文物》1973年第5期）

第 七 节
宋元时期的信用与金融事业

　　宋代的信用与金融事业，在形式上与唐代有很多类同之处，但在规模与发展程度上都较唐时发达。随着政治中心的转移，金融事业的中心也由长安转移到汴京、再移到临安。当时，经营金融业务的主要是质库、金银铺或金银交引铺。宋人记述北宋汴京情况说："东角楼乃皇城东南角也；……南通一巷，谓之界身，并是金银彩帛交易之所，屋宇雄壮，门面广阔，望之森然，每一交易，动即千万，骇人闻见。"① 南宋临安的情形是："自五间楼北，至官巷南街，西行多是金银，盐钞引交易，铺前列金银器皿及现钱，谓之看垛钱，此钱备准榷货务算请盐钞引，……自融和坊北，至市南坊，谓之珠子市，如遇买卖，动以万数。又有府第富豪之家质库，城内外

---

　　① 　孟元老：《东京梦华录》卷二《东南角楼街巷》。

不下数十处，收解以千万计。"①

在金融事业中，专门经营抵押信用业务的民间金融机构——质库，在各地仍是最普遍的。据说，北方人称以物质钱为解库，江南人称为质库，② 而寺庙所经营的则叫长生库。③

金银铺，除经营金银饰物的打造、买卖外，当然也经营生金银的买卖及兑换业务。宋时金银铺称金银交引铺、金银盐钞引铺或单称钞引铺。这是因为在宋代一些茶盐证券——茶引、盐钞等很是流行，于是一些大金银铺也多经营茶盐钞引的买卖业务。持有这些证券的商人，最初，都要通过交引铺，即要由交引铺作保，才能到政府榷货务兑钱，或到茶盐产地领取茶、盐；如非茶盐商人，则可以把茶盐钞引直接售给钞引铺，然后再由钞引铺转售给经营茶、盐的商人，所以，这已是一种有价证券买卖性质的金融业务了。

至于唐时经营存款或保管业务的柜坊，大概到宋代已经衰落或变质。因为，宋代的文献虽然仍可见到柜坊的名称，但性质上已不再是金融事业，当然，一般商店保管存款及用书帖取钱的事还是有的。

宋代仍有汇兑事业。宋初，太祖开宝三年（公元970年），由政府置便钱务，专门办理汇兑业务，方法与唐代的飞钱同，即人们可在京师向左藏库付现款，然后持"券"赴各州去取现钱。太宗至道末年（公元997年），每年的汇款额达170多万贯；真宗天禧末

---

① 吴自牧：《梦粱录》卷十三《铺席》。
② 参见吴曾：《能改斋漫录》卷二《事始》。
③ 参见陆游：《老学庵笔记》卷六。

年（公元 1021 年），则二百八九十万贯。① 但是，后来由于纸币的广泛使用，而纸币本身往往就带有汇票的性质，所以专门办理汇兑的"便钱"业务就衰落了。

至于在整个社会范围最广泛流行的，仍是一般的高利贷信用，当时称为贷息钱、赊放、称贷等。广大农民在每年青黄不接的时候，以"倍息"告贷是非常普遍的事情，甚至形成严重的社会问题。

宋神宗时，王安石实行变法，曾实行青苗法及市易法，都属于政府信用性质，其目的则是"抑兼并""济贫民"，以阻止高利贷的流行。所谓青苗法，是一种农业生产信用，每年在夏秋两熟以前，即每年正月、二月及五六月间，由各州县地方政府，两次发放现钱或实物给农民，然后分别随同当年的夏、秋两税，于六月及十一月归还贷款；贷款的利息是照所借的数目加纳二分，即合年利率四分。② 市易法则是在城市中对商贩的贷款，办法是由商人以田宅、金帛等为抵押，或联名结保向政府的市易务请求贷款，贷款利率是年息二分。③ 市易法主要是为了平抑物价，但一些小商贩和部分贫民，却也可由此获得低利贷款，而作为谋生之资。青苗法、市易法由于限制了大地主、大商人的利益，因而受到新法反对派的激烈攻击，后来，随变法的失败，均停止施行了。

在中国北方的辽、金统治地区，高利贷也是非常盛行的，诸宫、贵族、官吏、寺庙都放高利贷。苏辙使辽后就曾说："佛徒纵

---

① 参见《宋史·食货志下二·钱币》。
② 参见魏泰：《东轩笔录》卷四；《宋史·食货志上四·常平义仓》。
③ 参见《宋史·食货志下八·市易》；《文献通考》卷二十《市籴》。

恣，放债营利，侵夺小民，民甚苦之。"① 金人统治时，曾规定私人借贷的利率不得超过月利三分，而且利息积久也不得超过本金一倍；但是实际上，竟有不过一月而收息三倍的事。② 金朝统治的地区也有典当，民间经营的称为质典库或解库；除此，还有官府设立的质典库，叫作"流泉"。③

高利贷信用在元代更为流行。还在元初，蒙古人举贷的便很普遍，有所谓羊羔儿息或羊羔儿利的，一年翻一倍，许多回鹘人就举放这种高利贷，以致很多人负息太多，"至奴其妻子，犹不足偿"④。元朝统治全中国后，由于四方征伐不已，赋役繁重，因而高利贷一直非常普遍，元政府虽曾规定民间借贷只能收息三分，而实际上收息五分乃至一倍以上仍是常见的事；而且一些蒙古贵族、权豪势要之家，更往往为索讨债息而占人牛马田宅，甚至夺人妻女作为奴婢。⑤

元代的金融事业，也以典当为主，称解典、解库等，平定江南以后，还曾鼓励殷实富户经营解典；⑥ 政府也还曾设立公典，叫作广惠库。⑦

元代由于白银在民间已很流行，因而兑换业务也日益发达，唐宋以来的金银铺，这时已多称银铺、银匠铺，它们以打造银器为主要业务，同时也进行金银的兑换业务。⑧

---

① 《栾城集》卷四十一《北使还论北边事札子》。
② 参见《金史·食货志五·和籴》。
③ 参见《金史·百官志三》。
④ 《元史·太宗纪》；《元史·耶律楚材传》。
⑤ 参见《通制条格》卷二十八《杂令·违令取息》。
⑥ 参见《通制条格》卷二十七《杂令·解典》。
⑦ 参见《元史·百官志五》。
⑧ 参见张国宝撰：《元曲选·罗李郎大闹相国寺杂剧》。

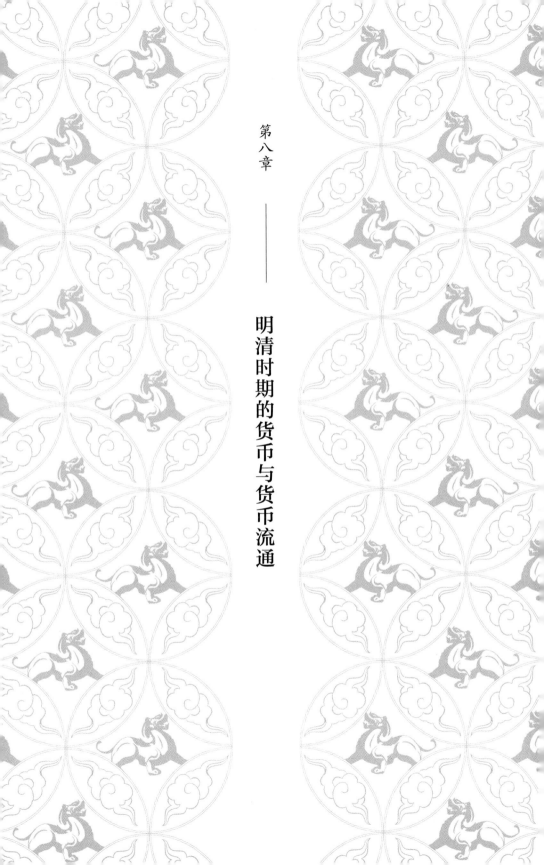

第八章

明清时期的货币与货币流通

第 一 节
大明宝钞制度及其流通

一、明初的社会经济概况

在人民反元斗争胜利的基础上，又重新建立了以汉族为主体的统一的封建专制主义的国家——明朝（公元 1368—1644 年）。

明朝继元朝蒙古贵族的残暴统治以后，为了巩固新政权，在明初曾比较注意减轻农民负担，实行鼓励、恢复农业生产的政策，包括禁止奴婢的买卖、奖励垦荒、减轻赋役等措施，于是，在十四世纪末到十五世纪初，过去遭到严重破坏的农业生产，便迅速地得以恢复发展。太祖洪武二十六年（公元 1393 年）全国垦田的总数已达 8 507 623 顷，人口增至 16 052 860 户、60 545 812 人，[①] 粮食以

① 参见《明史·食货志一·户口、田制》。

及桑蚕棉麻等产量都明显增加了。

明初对于工商业的恢复也颇注意，如洪武年间曾下令停闭各省官营铁冶，允许民间自由开采与买卖，政府对矿冶只征收三十分之二的实物，[①] 还裁并了许多收税关卡，并陆续取消了农具、舟车、丝布、蔬果、饮食、牧畜等物税。[②] 这些措施，对于促进手工业、农村副业、牧畜业的生产，都起到一定的积极作用。这样，在十五世纪以后，国内城市经济与商品货币关系也都有了一定程度的发展，到宣德年间（公元 1426—1435 年），全国已有了北京、南京、苏州、松江等三十多个新兴的商业城市。

明朝前期的农业、手工业生产的恢复和发展，都市及商业日趋繁荣，商品货币关系日趋活跃，便为我国封建经济内部，在明朝中叶以后出现资本主义因素的萌芽，以及在货币经济方面，贵金属白银开始成为普遍通用的货币，提供了条件。

二、大明宝钞及其流通

元、明之际，在货币流通方面，由于元朝纸币制度的崩溃，各地便都恢复了铜钱流通；而且一些起义军建立的地方割据政权，也都铸造过铜钱，如韩林儿的"龙凤通宝"钱，张士诚的"天祐通宝"钱，徐寿辉的"天启通宝"钱、"天定通宝"钱，陈友谅的"大义通宝"钱等。朱元璋则在元至正二十一年（公元 1361 年）开始铸造"大中通宝"钱。建立明王朝时，即洪武元年（公元

---

① 参见《明史·食货志五·坑冶》。
② 参见《明史·食货志五·商税》。

1368 年），又颁行洪武通宝钱制，铸造"洪武通宝"钱，有小平、折二、折三、折五、当十钱等;① 但从洪武八年（公元 1375 年）开始发行"大明宝钞",② 则又恢复、建立了纸币流通制度。

明初恢复纸币制度的事实，与当时元朝残余势力还未肃清、国内还有战事、政府财政力量不足有关。本来，当洪武建元时，曾颁行洪武通宝钱制，企图在全国实行统一的铜钱流通，可是，由于铜钱供给有困难，而官府责令人民以私铸钱作废铜输官，甚至促使人们毁器皿输官，曾引起民间的骚扰不安；在商业周转上，铜钱不便转运，商贾们仍沿元时旧习而便于用钱，因而，当贵金属白银还一时未能发展成为普遍使用的货币时，于是便又恢复了纸币流通制度。所以，大明宝钞这一纸币制度，在客观上便具有明显的过渡性或暂时性。虽然，就整个我国封建社会货币流通发展史来看，宋、元以来几百年的纸币流通的事实，纸币制度处在货币由铜向贵金属白银的推移过程中，一直就是一种过渡性的货币制度。

可是，明初的纸币制度也有其特点，即自始就是政府发行的不兑换纸币，大明宝钞的形制成为定制，始终未曾更改;③ 纸币制度较前带有更大的统一性，而且是钱钞兼用，以纸币为主，铜钱为辅的层次简明的纸币制度。

明初的纸币制度，据《明史·食货志五·钱钞》所述，其内容归纳起来，大要如下：

1. 钞面以钱文计，分一贯、500 文、400 文、300 文、200 文、

① 参见《续文献通考》卷十一《钱币考·明·钱》。
② 参见《明史·食货志五·钱钞》。
③ 参见《成祖实录》卷十四。

100 文六等，后来还曾加发 50 文以下的小钞。

2. 政府发钞不备金、银本钱，禁止民间私易金银，只允许人民持金银向政府换易宝钞；金银的法定官价是：钞一贯等于银一两，四贯等于金一两。

3. 钱钞兼行，但铜钱的支付能力有限制。洪武十年（公元 1377 年）时规定：百文以下的交易支付专用铜钱；而商税的输纳，则以钞七钱三为原则。

4. 宝钞用久昏烂，军民商贾可持旧钞赴行用库换易新钞，政府量值收工墨费。

由于宝钞是政府的不兑换纸币，而宝钞的发行数量又无限制，于是日积日多，收少出多，流通中的纸币便泛滥起来，终至于发生贬值及新旧钞发生差价等情形。洪武十三年（公元 1380 年）开始实行"倒钞法"时，便有人以"堪用之钞"到行用库去易换新钞，[①] 通货膨胀的迹象已经显露了；到洪武二十三年（公元 1390 年），两浙一带，宝钞一贯有折钱 250 文使用的；[②] 洪武二十四年，京城流通中的宝钞，新旧之间的差价多至一倍；[③] 洪武二十七年，两浙、福建、两广、江西一带，宝钞一贯则贬值至 160 文铜钱。[④] 所以，明初的纸币流通仅二十年便趋于败坏了。

为了维持纸币制度，明朝政府采取了许多措施，包括停用铜钱、申严金银的禁令，实行"户口食盐法"，赃罚输钞，以至加添各种苛税等回笼货币的措施。先是，洪武二十七年（公元 1394

---

① 参见《太祖实录》卷一三一。
② 同上书，卷二〇五。
③ 同上书，卷二一一。
④ 同上书，卷二三四。

年），首先开始禁用铜钱，命令人们持钱赴官，依数换钞，于是原来钱钞兼用，钞为主、钱为辅的制度破坏了；禁钱以后，于是人们又纷纷行使金银，当时"杭州诸郡商贾，不论货物贵贱，一以金银论价"，于是又复禁止民间以金银交易；[①] 成祖即位后，又申严交易禁用金银的命令，[②] 并且在成祖永乐二年（公元1404年）实行所谓"户口食盐法"，令全国民户，成年人每月食盐一斤，纳钞一贯，未成年的减半；[③] 后来，又令各处税粮、课程、赃罚都可准折收钞，令盐官纳旧钞支盐，以及发卖官物收钞等紧缩通货、回笼纸币的措施；[④] 宣宗时（公元1426—1435年），除申严金银禁约，并令各处赃罚、亏欠等皆折收宝钞外，[⑤] 更添行许多苛税。如宣德四年（公元1429年）令顺天等三十三府州县商贾所集之处，对市镇店肆、门摊税课都照旧额增加五倍；后来又使菜地、果园、塌坊、车房、店舍等也要输钞纳税，[⑥] 以增加纸币的回笼。

可是，实际上政府禁用金、银、铜钱的命令并未能贯彻，甚至是形同具文。因为，政府之一再申令禁止，就正说明民间一直是在使用金银如故；而且，在金银使用方面，政府的某些税收，如商税、鱼课等就征收银两；[⑦] 而在铜钱使用方面，到宣德十年（公元1435年）正式解除钱禁[⑧]以前，不但民间铸钱，而且政府也铸造过

①　参见《太祖实录》卷二五一。
②　参见《成祖实录》卷十八。
③　同上书，卷三十。
④　参见《明史·食货志五·钱钞》。
⑤　参见《宣宗实录》卷十九、卷二十二。
⑥　同上书，卷五十、卷五十五。
⑦　同上书，卷八十。
⑧　参见《英宗实录》卷十二。

"永乐通宝"（永乐六年）、"宣德通宝"（宣德八年）钱。至于通过税收等途径，虽然可以回笼一些纸币，可是收少出多，增发不已，因而也就收效不大了。

所以，随着流通中钱、银使用的日趋扩大，纸币的流通则日趋于缩小；到英宗正统元年（公元1436年），又弛用银之禁，并将江南、湖广等地的田赋米麦400余万石折收银100余万两，即所谓"金花银"，从此以后，"朝野率用银，其小者乃用钱"，① 因而宝钞流通更为壅塞，钞值也更快地跌落了。正统十三年时（公元1448年）新钞一贯，时价不过十钱，旧钞仅一二钱，甚至"积之市肆，过者不顾"；② 而到孝宗弘治时（公元1488—1505年），政府各关的钱、钞皆折银，钱七文折银一分，钞一贯折银三厘；③ 至此，纸币的流通已名存实亡，只是政府官吏及军士的俸饷，还有一部分折钞发放。所以，弘治以后，纸币流通在经济生活中已无实际意义，④ 商业交易及民间日常支付，都使用白银及铜钱了。其后，政府仍印钞，但主要是作为保存祖制的一种象征意义的措施而已。如神宗万历四十六年（公元1618年）时，军饷中还有用钞支付的，每军士给钞数百贯，但计值则不过数十文。⑤

明代的纸币，面额以铜钱的贯、文计，五贯为锭；钞锭之上的

---

① 参见《明史·食货志二·赋役》；《明史·食货志五·钱钞》。
② 参见《续文献通考》卷十《钱币考·明·钞》。
③ 参见《孝宗实录》卷十一。
④ 参见陆容：《菽园杂记》卷十；王世贞：《弇州史料后集》卷三十七《钞法》。
⑤ 参见《筹辽硕画》卷八；李汝华：《权时通变酌盈济虚疏》。

单位为块，每钞　张为　贯，每千张，即千贯为一块。① 在现实经济生活中，虽然入明中叶以后，宝钞实际上已不行用，但由于我国的纸币流通了数百年，因而钞字则深深地印入人心，所以，到明末时，虽然流通中实际支付的都是白银或铜钱，② 但人们还往往以"钞"或"钱钞"来表示货币。

---

① 参见王世贞：《弇山堂别集》卷十四《皇朝异典述九》；傅维鳞：《明书》卷八十一《食货志·钞法》。

② 参见《今古奇观》卷五《杜十娘怒沉百宝箱》："十娘道：'公子虽在客边乏钞，谅三百金（三百两白银）还措办得来'。"

同上书，卷七《卖油郎独占花魁女》："常言道：'妓爱俏，妈爱钞'。"

同上书，卷十四《宋金郎团圆破毡笠》："见到翁夫妇一团美意，不要他费一分钱钞，只索顺从。"

第 二 节

贵金属白银成为普遍通用的货币；白银流通制度

一、明中叶社会经济的发展与资本主义因素的萌生

到了十六世纪初，中国封建经济有了进一步发展，越来越多的手工业从农业中分离出来，而且分工也日趋于细密，形成许多专门的、新的行业。如棉织业中分为轧花、纺纱、织布、染、踹等专业，丝织业中分为缲丝、织造、浆染等专业，冶铸业中分为采矿、冶炼、铸造等专业。约计起来，手工业行业已不下数百种之多，而且还出现了资本主义性质的手工作坊及工场。

城市手工业的发展，扩大了对粮食以及各种农业原料的需要，因而农业中的商品化程度也增加了：如棉花、桑麻、果蔬、烟叶、蓝靛等都在不同程度上开始被作为商品性作物来经营，这在东南沿

海及城市近郊一带，情形比较显著。所以，到明朝中期以后，在商品生产发展的基础上，我国封建社会内部，如丝织、矿冶、榨油等业中，已开始稀疏地产生了资本主义的萌芽，这说明我国的封建社会已进入它的最后阶段了。

与这一情况相适应，在十六世纪中叶以后，国内的城市与商业都呈现出繁荣景象，货币经济也迅速地发展起来了。

还在宣德年间，国内已有较大的城市三十余处，它们到十六世纪中叶以后，都更为发展了，不少州县都各拥有几个或几十个市镇。如苏州吴江县（今吴江区），在弘治（公元 1488—1505 年）前只有三市四镇；嘉靖（公元 1522—1566 年）时则增为十市四镇；到明末清初则又增为十市七镇；而且不少城市还逐渐成为手工业的专业城市。这些手工业中心地的生产品，如苏州的丝织品、松江的棉布、景德镇的瓷器等都名闻各地，远销四方。松江的棉布被称为"衣被天下"，"富商巨贾携重资而来市者，白银动以数万计，多或数十万两，少亦以万计"。① 景德镇产瓷，"民窑二三百区，终岁烟火相望，工匠人夫不下数十余万，靡不借瓷为生"②；而所产的瓷器行销四方，自云燕而北，南交趾，东际海，西被蜀，无所不至。

在货币流通方面，货币经济发展的最主要的标志之一，则是贵金属白银成为普遍通用的货币。

二、贵金属白银发展成为普遍通用的货币

贵金属白银在我国发展成为普遍通用的货币，是我国宋元以来

① 参见叶梦珠：《阅世篇》卷七《食货四》。

② 唐英：《陶事图说》。

货币经济长期发展的结果；而且，白银这种贵金属的积累与充分供给，作为资本主义生产方式发展的一个历史前提与重要条件，在我国，它于明代中期获得正式货币地位，并发展为流通中主要货币之时，也正是我国资本主义萌芽发生的时候。

白银自宋、元以来，民间流通已日渐推广。明初，为了推行纸币制度，虽然曾经禁止民间用金银交易，可是也未能完全阻止白银的流通及其向正式货币发展的道路。在洪武三十年（公元 1397 年）时杭州诸郡商贾已是"不论货物贵贱，一以金银定价"①；迨至宣德年间（公元 1426—1435 年），由于商业兴盛，国内已有比较大的城市 33 处，这些城市之间的商品交换以及海外市场的开拓，均使货币的需要量大为增加，因而客观上要求自身价值较高的金属来充当货币。就如马克思所言："商品交换越是打破地方的限制，商品价值越是发展成为人类劳动一般的体化物，货币形态也就越是归到那种天然适于担任一般等价物这种社会职能的商品，那就是贵金属。"② 而这一贵金属，在我国当时交换及货币经济发展的水平下，则是白银。关于此，明代当时就有人从现实经济生活感受中指出："凡贸易金太贵而不便小用，且耗日多而产日少；米与钱贱而不便大用，钱近实而易伪易杂，米不能久，钞太虚亦复有浥烂；是以白金（银）之为币长也。"③ 所以，明代从英宗正统（公元 1436 年）时弛用银之禁以后，便"朝野率用银，其小者乃用钱，……钞壅不行"；及至嘉靖元年（公元 1522 年）则"钞久不行，钱已大壅，

---

① 《太祖实录》卷二五一；《宣宗实录》卷五十五。
② 《资本论》第一卷，人民出版社 1963 年版，第 66 页。
③ 王世贞：《弇州史料后集》卷三十七《钞法》。

益专用银矣"①。从此以后，流通中的支付，便都是大数目用银、小数目用钱，白银不但取得了合法的货币地位，而且在流通界发展成为主要的货币了。

赋税征银，对于进一步促进货币经济的发展推广白银的使用非常重要。

在十五世纪中期，如前所言，明英宗解除了银禁，还将南畿、浙江、江西、湖广、福建、广东、广西等地的田赋米麦四百多万石折征银两，即所谓"金花银"，这是白银成为正赋之始，从而确定了它的法定支付手段的地位。到嘉靖四十一年（公元1562年）时，在工匠制度方面，又对各地"班匠"征银，实行以银代役的制度。迨至十六世纪后期，在神宗万历九年（公元1581年）又正式于全国实行一次赋税改革，即推行"一条鞭法"制度。这一新税制的重要内容与特点就是：把丁役、土贡等项都通通归并于田赋之内来"计亩征银"，这样一来，白银便更加成为各阶层人民所普遍需要的东西了。

一条鞭法的产生，是我国封建社会内部商品货币经济发展的必然结果。事实上，由于江南等地区农产品市场的扩大，商品交换的发展，这些地区的人们是希望赋税折纳银两的，许多地方早已是"折银"之声屡闻；而封建政府则也是"太仓之粟，朝受而夕粜之，意在得银耳"②。另一方面，一条鞭法的实施，虽然在实际上仍是加重了对农民的剥削，可是它在发展货币经济、瓦解自然经济及促进资本主义因素的增长方面，显然是起促进作用的。所以，在

① 《明史·食货志五·钱钞》。
② 顾炎武：《天下郡国利病书》卷二十《江南八》。

一条鞭法施行的一些地区，便有"条鞭法行，富商大贾，不置土田"的现象；[1] 而"计亩征银"的结果，则更为扩大了农产品的商品化，并为货币经济的发展开拓了更加广阔的道路。

白银使用的推广，使得白银日益普遍地成为积累财富、计算财富的手段。明代商人有所谓大贾、中贾、小贾之分，这种划分就是按其积银的多寡来计算的。谢肇淛说："富室之称雄者，江南则推新安，江北则推山右。新安大贾，鱼盐为生，藏镪有至百万者，其他二三十万则中贾耳。"[2] 一般说，有银百万两以上的称大贾，几十、几万以至万两以上的则称中贾，千两、百两的则为小贾，再下就是小商贩了。

不但富商大贾贮银，官僚、地主们也是积银成风，尤其是皇室、大官僚、大宦官、大地主们货币财富的积累，规模更是惊人。明英宗朱祁镇就是一个爱好贮银的皇帝，他在正统元年（公元1436年）决定把每年额折的漕粮百多万两金花银尽解内库后，七年又设太仓库，即银库，专用以贮银，太库中库，经常积银八百多万两贮而不用；另外，在两庑中存银，叫外库，以备随时动支之用。[3] 而正德、嘉靖时，刘瑾、朱宁、严嵩父子等人的家资，除大量田宅、金玉服玩、珍珠宝货外，所藏的白银亦皆以千万、百万两计。[4] 这些货币财富的积累，特别是富商大贾的贮银，当然有些是投入手工业作坊或工场中，显然会有助于资本主义因素的产生与增

---

① 参见吕坤：《实政录》卷四《民务》。
② 《五杂俎》卷四《地部二》。
③ 参见《续通考》卷三十《国用一》。
④ 参见郎瑛：《七修类稿》卷十三《刘朱货财》；王世贞：《弇州史料后集》卷三十六《严氏富资》。

长，并促使货币经济更为发展；然而在当时的社会条件下，更多的贮银则是采取窖藏的方式，而成为"硬化"的货币①，或者就是被用作大官僚、地主们骄奢淫逸的消费性支出，或者就是被投入非生产性的商业、高利贷资本之中。这些用途，对于社会生产以及资本主义因素的发展均起到阻碍作用，但是它在经济上、政治上腐蚀封建制度，并在促使其解体上发挥了很大的作用。明代后期社会货币财富集中成为突出的社会问题之一，实际上就正是封建社会后期"货币权力"扩大与货币腐蚀作用加深的反映。

在货币经济发展、白银流通不断扩大的情形下，明代后期不但大宗交易用银，而且连小买卖也用碎银了。我们可以从许多地方志、私人文集、笔记，以至明人小说、话本中见到日益众多的商品都是以银计价。如苏州丝织品的丝、绫绸等，松江各镇棉、布市场上的棉花、布匹，以及与人民生活有重大关系的米价等；②在商品经济最发达的地区，劳动力的价格也有以银计的，如湖州的养蚕、缲丝的雇工等；③而且，在明人小说中还有私田收银租的记述。④这样，贵金属白银的流通，在我国封建社会中经过宋元以来数百年缓慢、曲折的发展，最后便终于排挤了纸币，并取代铜钱而成为流通中的主要货币，从而形成了我国封建社会后期流通界以银为主、以铜钱为辅的钱、银并行的货币流通制度。

---

① 参见周元暐：《泾林续记》。
② 参见《震泽县志》卷二十五《生计》；叶梦珠：《阅世篇》卷七《食货四》；顾起元：《客座赘语》卷一《米价》。
③ 参见黄省曾：《蚕经》。
④ 参见《贪欢报》第二回《吴千里两世谐佳丽》。

三、明清之际银荒的出现及其影响

货币经济的发展，上下率用银，白银成为普遍通用的货币，使对白银的需要大为增加了。这时候，皇室、官僚、富商们都竞事积银，一般中小地主也普遍藏银，特别是明朝统治者，在"倚银富国"财政思想的支配下，实行赋税征银，并无穷无尽地从事各种搜括金银的活动，于是白银不足的现象，便逐渐发展为重要的社会货币问题，并终于在明清之际形成所谓"银荒"。

白银不足的现象很早就出现了。穆宗隆庆时（公元1567—1572年）靳学颜就曾说："天下之民，皇皇以匮乏为虑者，非布帛五谷不足也，银不足耳。"[①] 但使得白银不足这一货币流通现象成为重大社会问题的事实，则主要与明代后期沉重的赋税征银直接相关。

在明代后期，社会危机严重，国内土地兼并剧烈，人民流散，外则满族崛起，扣关内侵之势已成，在这种阶级矛盾与民族矛盾交织的情形下，贪婪腐败的明王朝却在疯狂地肆行搜括金银的活动。

促使明朝统治者漫无止境地搜括金银的，首先是皇室奢侈淫逸的生活享受及惊人的浪费。如神宗皇帝采办珠宝，营造三殿，为皇太子举行婚、冠礼等事，耗银动辄达数十、百万两;[②] 其次，浩大的军费更成为明朝政府最后几十年难以负荷的重担。万历年间，在"援朝抗倭"战争以后，明朝的边防费便日益增加，而辽东战起，

---

① 《明史·靳学颜传》。
② 参见谢肇淛:《五杂俎》卷十五《事部三》。

至万历四十六年（公元 1618 年）骤增辽饷三百万两；① 迨至崇祯年间（公元 1628—1644 年），陕北农民大起义后，军费开支的增加就更无止境了。因而在封建王朝财政匮乏并日益陷于困境的情况下，肆行搜括金银的活动也随之愈加剧烈了。

搜括金银的直接途径不外增税、开矿二途，对此，先是万历二十四年（公元 1596 年）以后，神宗派出大批宦官充作矿监税使，就是为了广开银矿，搜括金银，可是事与愿违，结果却弄得全国骚然，"万民失业"②，最后引起了各地大小不下数百起的市民暴动，而终结了这次公开劫掠金银的活动。这样一来，搜括金银的活动便集中于加重赋税一途；而在明末土地占有高度集中的基础上，封建政权与农民之间的矛盾，却主要就集中暴露在赋税问题上，因而通过加重赋税聚敛金银的活动，便使货币问题与当时的社会危机联系起来，而由此在明清之际促成的银荒，也就作为一个重要的社会问题而出现了。

自从辽东战起，封建政府便对田赋实行加派，前后三次加派，最后辽饷成为每亩加征九厘，年达银 520 万两。天启、崇祯时更有关税、盐课、"助饷"、"均输"、"剿饷"、"练饷"等，而以"辽饷""剿饷""练饷"三项为主要的加派，仅此三饷就先后约增赋至一千七百万两。③ 因而，崇祯帝即位以后，物价便逐渐上涨，银价也日昂，银荒便终于出现了。本来，从整个明代的银价（银、钱比价）看来，由于银的供给增加，银价一直是趋于跌落的，从明初一两白

---

① 参见《明史·食货志二·赋役》。

② 《明史纪事本末》卷六十五《矿税之弊》。

③ 参见《明史·食货志二·赋役》。

银值钱 1 000 文，而降至明中期以后的每两值制钱七八百文，以至三五百文；① 到万历后期，朝鲜之役过后，银价就开始由 500 文回升到 600 文②；及至明末崇祯时，银价就骤然上升了。以江南的松江地区为例，崇祯五年（公元 1632 年）时白米每斗价钱 120 文，值银一钱；到崇祯十一、十二年，则斗米 300 文，计银则一钱八九分；而到崇祯十五年春，其时钱价更贱，每千值银不过四钱几分，而白米每石要纹银五两，合钱则十二千有奇；自此以后，米价以银二三两为常价。③ 所以，在明末崇祯短短的十余年间，银价从每两值钱 1 200 文，上升至约 2 500 文，米价则由每石银一两，涨至银二三两，二者均上升了二倍多，而与人民日常生活直接相关的铜钱价格却大为跌落了。这一银贵钱贱情况，入清朝以后，仍然在继续着，如在顺治八年（公元 1651 年），松江地方每千铜钱不过值银四钱八分。④

清初，经过了长时期的农民战争及民族战争，国内经济又受到一次重大的破坏，许多地方都是人口稀少，土地荒芜，呈现出一派荒凉凋敝的景象，因而以满洲贵族为首的清王朝建立以后，仍然面临着严重的财政问题。在顺治九年（公元 1652 年），其时南方的抗清斗争犹在继续，据记载，全国的钱粮收入为 14 859 000 余两，支出为 15 734 000 余两，收支相抵尚不敷银 875 000 余两，而该年各省兵饷即达 1 300 余万两。其后，财政开支继续扩大，到顺治十三年（公元 1656 年）后，军饷已增为 2 000 万两，嗣又增至 2 400 万

---

① 参见《宪宗实录》卷三十三；《孝宗实录》卷十一；《武宗实录》卷九；《续文献通考》卷十《钱币考·明·钞》；《续文献通考》卷十一《钱币考·明·钱》。

② 参见《神宗实录》卷四八八；《熹宗实录》卷八。

③ 参见叶梦珠：《阅世篇》卷七《食货一》。

④ 参见叶梦珠：《阅世篇》卷六《钱法》。

两，而其时额赋所入，除存留款项外，仅 1 960 万两，不计各项经费，即缺额达 400 万两。[①] 康熙初，抗清战争虽基本结束，可是又发生了"三藩之乱"（公元 1673—1681 年），因而财政问题仍未解决，沉重的赋税负担仍然压在广大的农民身上。所以，在清初的四五十年间，物价虽然开始跌落，但银荒问题却因赋税征银、海禁等原因，反而在许多地方变得更加突出了。

当时，江南等原来经济发达的地区，由于战火的破坏，更加上"海禁"的影响，以致造成市面萧条、物价下跌的不景气情形；而北方一些经济比较落后的广大地区，则因田赋征银，以及与此相关的所谓"火耗"等弊端，使广大农民陷于非常困难的境地。关于当时银荒的情形，顾炎武记述说："往在山东登莱并海之人，多言谷贱，处山僻不得银以输官。今来关中，自鄠以西，至于岐下，则岁甚登，谷甚多，而民且相率卖其妻子，至征银之日，则村民毕出，谓之'人市'。"[②] 唐甄描述江南的情形则说："清兴五十余年矣，四海之内，日益困穷，农空、工空、市空、仕空"；"当今之世，无人不穷，非穷于财，穷于银也"；"至于今，银日益少，不充世用，有千金之产者尝旬日不见铢两，……枫桥之市，粟麦壅积，南濠之市，百货不行，良贾失业，不得旋归，万金之家，不五、七年而为窭人者，予既数见之矣"[③]。面对这一银荒情形，清朝政府也曾采取一些措施希图予以缓和：如顺治十四年（公元 1657 年）下令各地钱粮的征收，采取"银七钱三"的银钱兼收办法；[④] 一些地方的

---

① 参见《皇朝经世文编》卷二十九，张玉书：《纪顺治间钱粮数目》。

② 《亭林文集》卷一《钱粮论上》。

③ 《潜书》下篇《存言》《富民》《更币》。

④ 参见《清文献通考》卷十三。

田赋征收中，实物部分也较以前扩大了。如徽州的歙县、山东的汶上等地的田赋，在明代已经全部改为折银；在清初，歙县的田赋中又征米7 500余石、豆420石，汶上又征麦958石、米8 652石。①可是，在银荒时期，如田赋按"银七钱三"征收钱、银之类的办法所起的作用是不大的。因为所谓"钱三"所收的铜钱，只能存留地方，而不能上缴中央，所以它在事实上便很难贯彻，以致"皆纸上空文，未见有实在纳钱者"。②

银荒只是在康熙中叶以后才逐渐好转。这时，遭到严重破坏的国内经济终于恢复了，国家财政在三藩之乱后，由于军事支出减少也逐渐充裕起来，到康熙六十一年（公元1722年）国库已有800多万两的存银；③加之，从康熙二十三年（公元1684年）起，持续近二十年的海禁也解除了，因而国外的白银又开始流入；原来分散在民间的藏银也逐渐恢复流通了，这样，到康熙末，延续半个多世纪的银荒才和缓下来。

明清之际出现的银荒，在我国货币流通史上有着重要的意义。因为，它反映着贵金属白银在整个社会经济中的作用更为加强了，标志着白银作为流通中主要货币的地位已经确定无疑，清封建王朝一贯奉行的以银为主，钱、银并行的货币政策，就正是在这一客观货币经济发展的背景下确定的。

---

① 参见赵吉士撰：《徽州府志》卷十六《赋役》；闻元炅撰：《续修汶上县志》《康熙五十六年》。
② 参见《皇朝经世文编》卷五十三，任源祥：《制钱议》。
③ 同上书，卷二十六，阿桂：《论征兵筹饷疏》。

四、清初至鸦片战争前的白银流通制度

清代的币制，银、钱兼用，但以银为本，以钱为末，在流通中大数用银，小数用钱，政府的财政收支，自始就是以银为准。所以，清朝重银轻钱，以银为主要货币的态度是很明显的。这在清廷的谕旨中更可获得正式的法律上的根据：乾隆九年（公元 1744 年）谕旨称"用银为本、用钱为末"；① 乾隆十年，清帝又谕："朕思五金皆以利民，鼓铸钱文原以代白金（银）而广用，即如购买什物器用，其价值之多寡，原以银为定准，不在钱之低昂，……使钱价低昂以为得计，是轻重倒置，不揣其本而唯末是务也。"②

所以，清廷的货币政策，明白地规定为"用银为本、用钱为末"；而百物价值的标准、交易支付的手段，则都应以白银为定准，白银作为流通中主币的地位是很明确的。

以银为主以钱为辅的银、钱并行流通情形，是明代中叶以后，白银发展成为人们普遍通用的货币以来，早已存在的货币流通事实，而这一事实，在清代却更进一步地明确了，所以，《清文献通考》的编者说："本朝始专以银为币。"③ 可是清代以银为主、以钱为辅的货币流通制度，与近代意义的银本位制度并不完全等同。因为，它并不存在严格意义上的主币、辅币之分，铜钱在民间的交易支用在数额上并无法律上的限制，银、钱之间也无正式法定的比

---

① 参见《皇朝经世文编》卷五十三，陈宏谋：《申铜禁酌鼓铸疏》引。
② 《清文献通考》卷十六《钱币四》乾隆十年上谕。
③ 《清文献通考》卷十三《钱币一》。

价，所以，白银虽然已经取得了主要货币的地位，而作为银本位制度来看，它还是不完整的，实际上，还未脱离银、铜二种金属并行流通的阶段。

清朝虽然以白银为主要货币，可是并不铸造银币，白银长时期都是作为称量货币而流通行使。关于清代白银流通制度，《清文献通考》的编者按语说："其用银之处，官司所发，例以纹银；至商民行使，自十成至九成、八成、七成不等，遇有交易，皆按照十成足纹递相核算。……今民间所有，自各项纹银之外，如江南、浙江有元丝等银，湖广、江西有盐撒等银，山西有西镨及水丝等银，四川有土镨、柳镨及茴香等银，陕甘有元镨等银，广西有北流等银，云南、贵州有石镨及茶花等银，此外又有青丝、白丝、单倾、双倾、方镨、长镨等名色；……因其高下轻重，以抵钱之多寡，实可各随其便，流转使用。"①

这是乾隆（公元 1736—1795 年）时的情形，可见在十八世纪时，全国各地贵金属白银的流通是非常普遍的。可是各地银的名称及形式却是种类繁多，封建地域色彩浓厚，流通情形至为复杂。所谓纹银，它是习惯上对白银的泛指名称，实际上它乃是一种全国性的假设的标准银，它的成色为 935.374‰；至于上述各种白银名称，如元丝、盐撒、西镨等，则是各地流通中实际行使的银块的名称。

流通中实际使用的白银，最基本的形式是约五十两重的"元宝"。这种流通的宝银，从明代以来，银锭的两端往往稍卷起，以至向上高翘，呈船形，而整个银锭若马蹄形，所以又称马蹄银。各地流通的元宝，在形制上也不是完全相同的，如所谓长镨、方镨

---

① 《清文献通考》卷十六《钱币四》。

等，就是根据形状上的特点而起的名称。

除元宝以外，还有所谓中锭、锞子、碎银等。中锭，重十两，或五两、三两，也有单指重十两者称为中锭；它又有多种形式，多作锤形，也有作元宝形的，叫作小元宝。锞子，或称小锞、小锭，指重一二两到三五两的小块银子，多为小馒头形状。碎银则指一两以下的散碎银子，又有滴珠、福珠等名称。

银两的流通，由于各地宝银的成色、重量各异，而各地的秤砝也不统一，因而在实际使用上非常复杂与不便，充分显示出货币流通的封建地域性质。到鸦片战争、五口通商以后，银两流通已发展为所谓"上海规元"等虚银本位的流通制度，可是这已是属于我国近代货币流通史范围的事了。

明清时期，外国银元已经流入我国，最初是由我国商民从南洋一带携回的。[①] 因为，在十六世纪，西班牙人已经占据了吕宋（菲律宾），而且后来，葡萄牙商人也来到我国的澳门、广州等地，因而，在明末闽广沿海一带已开始有外国银元的流通。

流入我国的外国银元，在康熙年间，有"双柱"（西班牙）、法国银元、荷兰银元等；乾隆初，最多的是"马钱"（荷兰银元，或称"马剑"）、花边（即有花边的双柱）、十字钱等。但是，外国银元的流通，在乾隆中叶以前，还只限于闽广沿海一带，到嘉庆初（公元1796年），则江浙一带也已流通，而且有时还发生"番银之用、广于库银"的情形。[②] 到鸦片战争前夕，洋钱则已开始深入内地，从闽广到黄河以南都有流通。当时流通中洋钱的名称有：大

---

① 参见顾炎武：《天下郡国利病书》卷九十三《福建三》。

② 参见汪辉祖：《病榻梦痕录》卷下。

髻、小髻、蓬头、蝙蝠、双柱、马剑等。

在我国西藏地方，市面上原来有一种称作"章卡"的银币流通，从乾隆五十八年（公元 1793 年）起，根据清政府与西藏地方政府的《二十九条协议》，铸造了新"章卡"，即"乾隆宝藏"银币。这种银币，"依旧制，每一章卡重一钱五分，以纯银六枚章卡换一两汉银；……章卡正面铸乾隆宝藏字样，边缘铸年号，背面铸藏文"①。现在遗存的西藏章卡，有"乾隆宝藏""嘉庆宝藏""道光宝藏"等银币，这是我国境内流通最早的本国正式的银铸币了。

五、明清时期白银的生产与流入

我国不是一个银产量丰富的国家。在明初，洪武二十四年（公元 1391 年）时政府的矿冶收入只有银 24 740 两；到宣德五年（公元 1430 年）曾到达 320 297 两。② 以后，有时停止开采。但到天顺年间（公元 1457—1464 年）才又广开银矿。最初，白银的产地主要是福建、浙江，而这时，云南已成为主要的产银地了。据记载，天顺四年（公元 1460 年）云南产银课额为 10 万多两，而该年全部银产课额则为 183 000 余两。③

进入明中叶以后，随着封建经济内部商品货币经济的发展及资本主义萌芽的产生，对贵金属的需要日益增加了。马克思说："资本主义生产方式……要在国内已经有一个货币总额，为流通的目的

---

① 乾隆五十八年《二十九条协议》第三条。

② 参见顾炎武：《日知录》卷十一《银》。

③ 参见《明史·食货志五·坑冶》。

以及因此而一定要有的货币贮藏（准备基金等）的目的都已经足够的地方，方才能够以比较大的规模和比较完全的程度发展。这是一个历史的前提"；又说："资本主义生产是与其条件的发展同时发展的。其条件之一，便是贵金属的充分供给"。① 所以，从明中叶以后，封建政府在货币经济发展的刺激下，也力求增加银矿的开采。如嘉靖及万历年间，都曾大肆开采银矿。可是，由于官矿经营的腐败，各处矿冶却反而趋于衰落。万历二十四年（公元 1596 年）以后，当时曾派出大批矿监税使"无地不开"，可是自二十五年到三十三年也仅获银 300 万两，② 而且弄得天下骚然，并激起了各地市民的暴动。

在官银矿衰落的同时，民间采银增多了。由于封建政府为了垄断金银，一般不准许民间经营银矿业，所以，民间银矿的开采，主要都是以"盗矿"的形式发生的。这是因为"山泽之利，官取之则不足，民取之则有余；……山场虽闭，而其间尤不能无渗漏之微利遗焉，此不逞之徒所以犹囊橐其间以竞利起乱也"③。所以，从英宗正统（公元 1436 年）以迄明末，所谓"奸民私开矿穴"的事件就一直不断发生。如"正德中顺德豪民勾引势家，纠集逃叛及白水贼徒，伪控朝旨执照，乃开矿采煮，……每岁得银渐至千余两；嘉靖甲辰苗脉已尽，贼徒乃散"④；"嘉靖初年，……怀柔县民胡臻等，家道殷实，专一出钱供给矿徒，在于蓟州以西接连平谷地名瀑水，偷矿为生"⑤；万历十六年（公元 1588 年）内臣奏言："紫

① 参见马克思：《资本论》第二卷，人民出版社 1964 年版，第 367 页。
② 参见《明史·食货志五·坑冶》。
③ 邱濬：《大学衍义补》卷二十九《山泽之利下》。
④ 顾炎武：《天下郡国利病书》卷一〇四《广东八》。
⑤ 《明经世文编》卷一〇三《梁端肃公奏议·驳议差官采矿疏》。

荆关外昌灵邑，可定矿砂作银冶，奸民张守清擅其利……"① 所以，明代白银生产数量的不断增加，其时地主、富商等之违禁采矿就是其中的一个重要原因。

进入清朝以后，清初鉴于明时采矿的骚扰，对于银矿曾"听民采取，输税于官"；可是从康熙二十二年（公元 1683 年）以后，所有银矿悉行封闭，而且从此以后，除铜矿外，对各地金银矿冶一般都禁止开采，所以国内银矿开采不多，而且多是旋开旋闭，兴废不常。② 根据不完全的统计，清代在鸦片战争前的将近二百年间，国内先后报开的银矿共 89 厂，每年在采厂数，从公元 1727 年起达 20 厂以上，尤以 1746—1752 年每年都达到 30 厂以上的高峰；银的年产量 1754 年最高达 556 996 两，1800 年左右，年产银不过 439 063 两。③

海外白银的流入，是我国明清时期贵金属增加的相当重要的途径。

在明代，由于同南洋各地的交易频繁，一直都会有白银的流入。张燮《东西洋考》记载说："东洋吕宋，地无他产，夷人悉用银钱易货，故归船自银钱外，无他携来，即有货亦无几，故商人回澳，征水陆二饷外，属吕宋船者，每船更追银百五十两，谓之加征；……万历十八年量减至百二十两。"又说，福建征收的水、陆、加增饷，万历四年（公元 1576 年）为银 10 000 两，十一年增至 20 000 余两，二十二年曾达到 29 000 多两。④ 所以，历年由中国商

① 《明史纪事本末》卷六十五《矿税之弊》。
② 参见《清史稿·食货志五·矿政》。
③ 参见彭泽益：《鸦片战争后十年间银贵钱贱波动下的中国经济与阶级关系》，《历史研究》1961 年第 6 期。
④ 参见《东西洋考》卷七《税饷考》。

人从菲律宾携回的白银的数目是不少的。① 另外，从日本等地也流入

① 参见《东西洋考》卷五《吕宋·物产》。

按：关于从菲律宾流入的白银，没有确切的估计。王士鹤：《明代后期中国—马尼拉—墨西哥贸易的发展》一文言：明代后期，每年从菲律宾输入我国的墨银，总共约五千三百万比索之多。(《地理集刊》第七号，科学出版社1964年版) 彭信威云："自隆庆五年 (公元1571年) 马尼拉开港以来，到明末那七八十年间，经由菲律宾而流入中国的美洲白银，可能在六千万比索以上，约合四千多万库平两。"(《中国货币史》第七章第二节四"美洲白银流入中国的开始"，上海人民出版社1965年版)

这些银币，在福建沿海地区不时有所发现，如1971年以来，福建泉州地区就曾出土五批：

(一) 1971年，晋江县 (今晋江市) 安海公社后桥村出土一个黑色小陶罐，罐内存放有10枚外国银币，都系银片打制，呈不规则圆形，币面简朴粗糙，每枚大小、轻重、厚薄都略有差别，重24.9—27.45克，平均重26.45克。

(二) 1972年春，官桥公社后田村出土一个陶罐，罐内存放外国银币1.04公斤，绝大部分是完整的手工铸币，还有少数银片和碎银。根据十一枚标本，其中大型6枚，重25.8—27.4克，平均重26.78克；中型2枚，重13.6克；小型1枚，重7克；最小型2枚，分别重3.2、3.3克，平均重3.25克。即分别为1比索 ("黄币峙" Uno Peso)、半比索 ("突唇" Mitad)、2里尔 ("罗料厘" Doe Real)、1里尔 ("黄料厘" Uno Real) 的银币。

还有银片四片，方形，约一平方厘米，每片打印一汉字，单面打印，分别为"金" (重0.12克)、"鸡" (0.15克)、"落" (0.29克)、"井" (0.19克)，这种银片，应是我国制造。

(三) 南安县诗山公社蓬岛大队郭氏祠堂废址，第一次在1972年11月出土白釉瓷罐两个，内装银币1.43公斤；第二次在1973年3月，原地又出土瓷罐两个，内装银币1.15公斤，两次共2.58公斤。其中大多数是完整的银币，少数是碎银，系从手工铸币切割下来；有些银币或残币，面上 (包括正面、背面) 还有汉字小戳印，印文可辨识的有"元""王""士""正"等字。

(四) 1973年10月，惠安县旧城内，北门街处出土一枚机制外国银铸币，直径3.8厘米，重26.8克，系1763年造的西班牙"双柱"银元。

(五) 1975年1月，泉州新门外浮桥街满堂红中心医院工地，发现一件粗糙的陶罐，内装外国银币37枚，总重715.27克，多呈不规则的不方、不圆的银片，厚薄不等，最厚5毫米，最薄0.5毫米。一般2毫米左右。

泉州地区出土的这些西班牙银币，除1763年惠安出土的双柱银元外，皆为手工铸币，银币正面冲印西班牙国徽，图样中央是一个大"十"字，左上右下、左下右上为"双狮双城"；这些银币，通常称为"十字钱"，都是16世纪后期至17世纪前半期造的，估计大多是天启、崇祯年间 (公元1621—1644年) 以前经由菲律宾华侨商人携回的。它们流入中国后，都不是论枚数、而是凭重量流通的，所以有许多被剪凿成残块，有的还在币面上刻画或打印汉字钤记。如南安诗山出土的银币有"元""王""士""正"等字，这些钤记汉字的外币，就正是在中国市场流通过程中打印的记号。(庄为玑：《福建南安出土外国银币的几个问题》；泉州文管会、泉州海外交通史博物馆：《福建泉州地区出土的五批外国银币》，《考古》1975年第6期。)

不少的白银。《天下郡国利病书》曾记述说："日本无货，只有金银"；由于从日本回来，必须候九、十月间的风汛，所以，"凡船至九、十月间方回，又无货物者，明系展转交倭。"① 当时，明政府严禁与日本交往，因而日本的白银，往往是经由吕宋、琉球流入中国。

明中叶以后，西方商人也开始来中国贸易，如正德年间（公元1506—1521年）葡萄牙人即已来我国广东、福建等地，而且在嘉靖三十六年（公元1557年）获取明朝政府的允许，在澳门居住；可是，葡萄牙人和西班牙人在他们早期的贸易中，运入中国白银的确实数目却无法知道。以后，英国的东印度公司代替了西、葡商人在东方贸易的优势，据记载，在万历二十九年至四十八年间（公元1601—1620年）东印度公司运往东方的银条和银币，用英镑计价，达548 090镑，② 这些白银就大多流入中国。至于英国船只第一次来中国，则是崇祯十年（公元1637年）的事，这次东印度公司来中国的收获是"没有卖出一件英国货，只是抛出了八万枚西班牙银元"。③

西方商人，主要是英国的东印度公司，输入中国白银的数量是不断增加的，特别是康熙二十三年（公元1684年）开放了海禁，康熙五十六年（公元1717年）广州商人组织公行以后，英国以及荷兰、西班牙、瑞典、丹麦、法国、美国等国的商船来中国的就逐

---

① 《天下郡国利病书》卷九十三《福建三》。
② 参见［美］西·甫·里默：《中国对外贸易》第二章《1870年前的贸易概况》，生活·读书·新知三联书店1958年版。
③ 参见［英］格林堡：《鸦片战争前中英通商史》第一章《旧的对华贸易》，商务印书馆1961年版。

渐增加了。当时，中国的茶叶、生丝、土布等物美价廉，为世界市场所普遍欢迎；可是中国人却很少需要西方的货物，所谓"天朝物产丰盈，无所不有，原不借外夷货物，以通有无"。[1] 英国人也说："中国人有世界上最好的粮食——米，最好的饮料——茶，最好的衣料——棉布、丝织品及皮货。拥有这些主要物品和数不尽的其他次要产物，他们不需要向任何其他国家购买价值一个便士的货物。"[2] 所以，当时外国船来中国采买丝、茶等货，货物的 2/3 甚至 3/4 的价款都是要用白银支付，而可用本国货物抵付的甚少，因此，一个时期外国船来中国所带的物品，有的 90% 都是白银。这样，中国人民就以勤劳的双手、精练的技艺所辛勤生产的大量丝、茶等物，换取了大量的白银。根据东印度公司的记录计算，自康熙二十年到道光十三年（公元 1681—1833 年）152 年间，欧洲船只输入中国的白银，有确实数字或可约略估计出来的，总计 7 000 万两以上；但由于道光初我国的白银已经外流，所以，道光以前的一百四十年间，流入我国的白银则当在 8 000 万两以上，如加上菲律宾和日本等地的白银，则恐怕有几亿两之多。[3]

六、明清时期白银的购买力

伴随着明清时期，贵金属白银数量的增多，白银的购买力总起

---

[1]　参见王庆云：《熙朝纪政》卷四《敕谕英吉林国王二道》（乾隆五十八年八月）。

[2]　［英］罗伯特·赫德：《这些来自中国的人们》。（引自里默：《中国对外贸易》）

[3]　参见彭信威：《中国货币史》第八章，第二节，四"白银的流入中国"，上海人民出版社 1965 年版。

来看，一直有下降的趋势。

从银、钱比价来看，如前已言，明初白银一两值钱 1 000 文；自成化（公元 1465 年）以后，约为 800 文；弘治（公元 1488 年）以后又减为 700 文；万历年间（公元 1573—1620 年）为五六百文；嘉靖金背钱还曾涨至 400 文一两；天启（公元 1621 年）以后一两白银也只换得 600 文以上。

清代初，因受明清之际银荒的影响，在康熙以前，银一两换制钱的数目，曾由 700 文增至 1 400 文，嗣后，大致皆在千钱以内。康熙、雍正年间（公元 1662—1735 年），银、钱二者保持"时贵时贱"的局面；但到乾隆（公元 1736—1795 年）时则"钱价平时少，而贵时多"了；嘉庆初（公元 1796 年）"钱仍贵"，只是进入十九世纪以后，因鸦片输入而致白银大量外流，银价才又复上涨。①

至于金银比价，明朝两百多年间，白银对黄金也有逐渐跌价的倾向，自明初的一比四或一比五，减至明末的一比十及一比十三；②清初仍为十换多些；但到乾隆中叶，已逐渐涨至二十换以上；以后，则总在十八九、二十换之间。③

从米价上看，在明朝宣德年间（公元 1426—1435 年），米每石值银二三钱；但成化（公元 1465 年）以后米价就由每石三四钱逐渐涨至明代后期的五钱至八钱，荒歉年头，米价一向均在一两以上，尤其是明末崇祯时，因战乱关系，米价更为上升。如松江地区，米价即以二三两为常价，最高曾涨至四五两以上。入清朝以

---

① 参见王庆云：《石渠余记》卷五《纪银钱价值》。
② 参见顾炎武：《日知录》卷十一《黄金》。
③ 参见钱泳：《履园丛话》卷一《旧闻·银价》。

后，在顺治初，江浙之米每石仍在二两以外，康熙时，米价回落至五六钱以内，以后，相当一个时期米价都比较平稳；但是到乾隆十年（公元 1745 年）以后，米价又显著上升，到乾隆末，米价每石已为二两内外。①

所以，从银钱比价、米价等方面看来，由于白银的供给量增加，明清时期的白银购买力都是趋于下降的。

---

① 明清时期以银表示的米价水平，一直逐渐上升，但材料不够系统，尤其是明代的材料。兹选择一些可供参看的书目列下：

《明史·周忱传》；《宪宗实录》卷七十一、卷一一一；余继登：《典故纪闻》卷十五；顾起元：《客座赘语》卷一《米价》；叶梦珠：《阅世篇》卷七《食货一》；董以宁：《白粮本折议》（《皇朝经世文编》卷二十九）；杨锡绂：《陈明米贵之由疏》（《皇朝经世文编》卷三十九）；冯桂芬：《显志堂稿》卷十一《袁胥台父子家书跋》。

第 三 节
明清的铜钱流通与制钱制度

一、明代的铜钱流通；明中叶的钱价波动与明末的铸币膨胀

　　明朝称本朝所铸的钱为制钱，清代仍因袭之，因而铜钱遂有制钱之名。可是，在明代，由于制钱数量不足，所以，流通中一向是制钱与前代旧钱并行。

　　如前所言，明初洪武建元（公元 1368 年）时，曾颁行洪武通宝钱制，铸造洪武通宝钱，共有小平、折二、折三、折五、当十钱五种；小平钱一文重一钱，依次递增，当十钱则重一两。可是自从洪武八年实行钞法，停止铸钱以后，直到孝宗弘治中，约一百二十年间，就一直很少铸钱，仅只是永乐、宣德二代曾铸造过钱。①

---

　　① 参见《续文献通考》卷十一《钱币·明·钱》。

随着纸币制度的瓦解，铜钱及白银却逐渐广泛行使起来，并在英宗正统（公元 1436 年）以后开始形成了大数用银、小数用钱的钱、银并行流通的制度。由于贵金属白银主要用于政府收支及大额交易，而民间日用则主要是铜钱，所以，明中叶以来商品货币经济的发展，不但对贵金属白银，而且对铜钱的需要也增加了，这样，到孝宗弘治十六年（公元 1503 年）时便终于因纸币制度早已不能再维持下去，而正式恢复了铜钱的铸造。① 从此，各朝改元以后，都铸造有以新年号为名的制钱。铸钱比较多的是嘉靖、万历二朝，所铸的制钱也比较精整，有所谓金背、火漆、旋边等钱。②

明中叶铜钱恢复广泛流通以后不久，就发生了钱价波动问题。

钱价波动是与官铸制钱不足而私铸铜钱广泛使用相联系的。在明代，作为货币材料的铜的生产，是落后于货币经济发展需要的。邱濬说：“我朝坑冶之利，比前代不及什之一二。”③ 所以，明代自从宣德十年（公元 1435 年）以后，由于官矿普遍衰落，极大数量的铜多是掌握在民营矿业手中，因而政府铸造铜钱时，便需要向民间采买铜料；可是由于铜料价高，铸钱无利，因而封建政府制钱铸造的数量一直是不足的。如嘉靖三十二年（公元 1553 年），世宗命铸钱 1 900 万锭（每锭五千文），便因采买铜料的工料银不足，而改为“每年陆续造进”；而在两年后则有人指出：“两京所铸，以铜价太高，得不价（偿）费。”④ 此后一个时期，两京以外各地皆不铸钱，直到万历二十七年（公元 1599 年）后，铸钱数量才逐渐多

---

① 参见《续通考》卷十一《钱币·明·钱》。
② 参见《明史·食货志五·钱钞》。
③ 邱濬：《大学衍义补》卷二十九《山泽之利下》。
④ 《世宗实录》卷四〇五、卷四二一。

起来。所以，从明初直到 16 世纪末的约两百多年间，政府所铸的铜钱，据估计，总共仅一千多万贯，[①] 加之，政府所铸的制钱还往往有相当数量一直积存在官库中，长时期并不参加流通。如孝宗弘治二年（公元 1489 年）时有人言："国朝有洪武、永乐、宣德钱，皆积不用，宜疏通之"；武宗正德二年（公元 1507 年）时又有人言："洪武、永乐等钱，贮库虽多，给赏尚少"；直到万历四年（公元 1576 年）时还有人说："银库贮钱累千百万，壅积何益？"[②] 除此，在明代，仍有相当数量的铜钱，包括永乐、宣德钱、宋钱及私钱流入日本以及南洋的爪哇、三佛齐、锡兰等地，[③] 所以，明中叶以后，流通中制钱的数量一直是不足的，民间实际使用的多是旧钱和私钱，而劣质私铸钱的泛滥，则不可避免地促使钱价的波动，以及铜钱流通的混乱（见图 8-1）。

由于流通中铜钱数量不足，明政府对于私铸及私钱流通，一般只是禁止私铸，而不禁止私钱的流通，所以，在封建社会中本来就无法杜绝的私铸问题，在明代便更为普遍了。

私铸和私钱流通，是伴随着铜钱流通的恢复而发展起来的。到

---

① 参见彭信威：《中国货币史》第七章第二节二 "各朝的铸造数额"。
② 《孝宗实录》卷二十九；《神宗实录》卷五十七。
③ 参见马欢：《瀛涯胜览》；《成祖实录》卷三十九、卷四十九；《英宗实录》卷二三六。

关于明代铜钱外流的情况，在文物考古方面也可获证。如 1974 年 3—5 月，在我国南海西沙群岛的调查中，在北礁礁盘所发现的一明代沉船残迹处，曾打捞起汉至明代的铜钱 403.2 公斤，经过整理，能够看出文字的单个铜钱中，有 149 公斤（49 684 枚）是明代的永乐通宝，其他 148.5 公斤（31 022 枚）则为新莽、东汉至元的旧钱，还包括 2 800 余枚洪武通宝钱以及朱元璋建立明朝前的大中通宝钱（47 枚）及元末农民起义军的铜钱：韩林儿的龙凤通宝（1 枚）、徐寿辉的天启通宝（2 枚）、天定通宝（1 枚）、陈友谅的大义通宝钱（3 枚）等。（《西沙文物》，文物出版社 1975 年版）

图 8-1　西沙群岛北礁礁盘发现的"永乐通宝"铜钱（1974）

弘治十六年（1503 年）时，已发生"伪钱盛行"，致使钱价跌落，京师钱价从银一钱值 80 文，跌至银一钱值 130 文。[①] 其时，京师就几乎专用私钱，以私钱二文当好钱（宋钱等旧钱）一文，称为"倒好"；而到正德年间（公元 1506—1521 年）由于盗铸更为盛行，则更有所谓"倒三""倒四"等钱。[②] 可是，私钱流通及与之相关的钱价波动问题，要以嘉靖时最为恶化了。《明史·食货志》记述说："先是民间行滥恶钱，率以三四十钱当银一分；后益杂铅锡，薄劣无形制，至以六七十文当银一分，翦楮夹其中不可辨用。"在这种情形下，明政府便于嘉靖三十三年（公元 1554 年）规定：嘉靖钱及洪武等制钱均以七文准银一分；其余的钱则按品质高下分为三等：或以十文、或以十四文、或以二十一文准银一分，不堪行

① 参见《宪宗实录》卷二一〇，成化十六年十二月甲子，户部言。
② 参见陆深：《燕闲录》。

用的滥恶钱则禁止流通。但是，政府文武官俸发钱时，却不论新旧美恶，悉以七文折算，这样一来，文武官员们便也以七文的行市强迫商民接受，而致"民亦骚然"！结果，封建政府又允许民间使用小钱，以小钱六十文当银一分，并重新规定：嘉靖钱七文、洪武等钱十文、前代旧钱三十文当银一分。然而，这样一来，由于制钱定价太高，人们又纷纷私铸嘉靖通宝钱，最后，政府只好取消了官定比价的办法，而任令各种钱在市场上自由作价流通了。但是，从此以后，课税及官俸都更多地使用白银，而少用钱了。到隆庆（公元1567—1572年）时，钱价波动，私钱充斥的现象仍继续着，而致银贵钱贱，铜钱壅塞。对此，政府曾允许"课税银三两以下，复收钱"；并命令民间交易，银一钱以上者银、钱兼用，不足一钱者则专用铜钱，而且规定制钱及旧钱均以八文准银一分。但是，最后仍是实行各种钱在市场自由作价与流通的办法，并在增铸隆庆通宝制钱投入市场流通以后，钱价波动问题才暂缓和。[1]

明中叶的钱价跌落问题，主要是指私钱；官钱，即制钱，由于供给不足，它的购买力一直都是比较高的。如明初白银一两值铜钱一千文，但到成化、弘治时，已减为七八百文；嘉靖时，官价虽定为七百文，但民间使用好钱的价格曾高至三百文。在万历四年（公元1576年），初铸万历钱时，金背钱十文值银一分；但是十年以后，万历金背钱五文、嘉靖金背钱四文就能抵银一分了。[2]

可是，从万历末年以后情况便不同了。明政府从万历二十四年（公元1596年）援朝抗倭战争以后，财政状况便紧张起来，及至万

---

① 参见《明史·食货志五·钱钞》。
② 参见《明史·食货志五·钱钞》。

历四十六年（公元 1618 年）辽东战事起，财政状况便更趋于恶化；与此相关，在货币政策方面，也开始肆行铸币膨胀政策了，不但私铸更为盛行，官铸钱也迅速趋于滥恶，官钱、私钱价格便同时跌落下去。

在朝鲜之役以后，明政府便开始增加铸钱，两京钱局皆增炉鼓铸。这时，铜钱的价格开始由战前的银一钱约五百文跌落至六百文；① 而天启（公元 1621—1627 年）以后铸币贬损与膨胀政策，便加紧施行了。

天启年间开始就大肆铸钱，由于铜料不足，还包括古钱以充铸，并还铸造大钱，② 这时，"开局遍天下，重课钱息"。如天启二年、天启三年时，南京用银 209 054 两为铸钱本钱，获息却为128 606 两；天启四年用本银 143 441 两，竟获息 128 932 两，铸钱的溢利高至七八分不等。③ 这样一来，许多地方流通的天启小钱，都是铜只二三，铅砂七八，以至"其脆薄则掷地可碎也，其轻小则百文不盈寸也"④。

到崇祯（公元 1628—1644 年）时，越发肆行铸钱，并大量收销旧钱充铸。⑤ 这时，官钱、私钱都更趋滥恶，而且名目繁多，钱价也日趋于纷乱与跌落。在崇祯六年、七年以后，京钱逐渐跌至百文值银五分，外省钱百文则仅值四分；而在末年，白银一两，竟至易钱五六千文，而流通中的钱币，则有所谓煞儿、大眼贼、

---

① 参见《明史·食货志五·钱钞》；《神宗万历实录》卷四八八。
② 参见《明史·食货志五·钱钞》；冯梦龙：《甲申纪事》卷十二《钱法议》。
③ 参见孙梦泽：《春明梦余录》卷三十八《宝泉局》。
④ 《续文献通考》卷十一《钱币考·明·钱》。
⑤ 参见《明史·食货志五·钱钞》。

短命官等名号。①

在明王朝瓦解的时候，农民起义军以及南明诸王，也都铸造过铜钱。农民起义军所铸的钱有：李自成的永昌通宝、张献忠的大顺通宝钱等。南明诸王所铸的钱则有：鲁王的大明通宝、福王的弘光通宝、唐王的隆武通宝、永明王的永历通宝等。②

二、清朝的制钱制度与流通

清朝的货币制度，虽然是以银为主，银、钱并用，可是民间使用的主要还都是铜钱。由于白银未发展成为铸币形式，因而人们手中虽有时保有一些小块银锭或碎银，但当实际使用时，则仍多是先到钱铺或商店兑换铜钱，然后才用于购买日用什物或各种零星支付。所以，铜钱是与人民日常生活最为密切的货币。

清朝仍称本朝所铸的铜钱为制钱。还在入关以前，清朝已经铸造过铜钱了，如努尔哈赤于公元 1616 年建国后，曾铸"天命汗钱"（满文）、"天命通宝"（汉文），后来又有当十的满文"天聪汗之

---

① 参见王逋：《蚓庵琐语》；傅维鳞：《明书》卷八十一《食货志》。
关于崇祯时钱币流通的混乱情况，从出土的崇祯钱币也可获知。如 1975 年 5 月在安徽合肥市天王寺旧址附近，发现一个明代窖藏，出土铜钱 448 枚，其中除 2 枚万历通宝外，其余都是崇祯通宝。这些崇祯钱铸式一致，大小却分为七种：直径分别为 2.5、2.4、2.3、1.9、1.7、1.6、1.3 厘米；重量分别为 3.35、2.72、2.70、1.15、0.92、0.65、0.53 克。最小的一种，面积只及最大的一半左右，重量只及其 1/17。(《越来越小的崇祯通宝》,《文物》1976 年第 9 期)

② 南明诸王称号，皆仅年余，唯永明王在肇庆改元永历（丁亥年，公元 1647 年）后至十六年。后来，郑成功父子在台湾仍一直用永历年号，并铸行永历通宝钱。(参见刘献廷：《广阳杂记》卷一)

钱"等。

入关以后，于顺治元年（公元 1644 年）仿照明制，在京师设宝泉局（户部）、宝源局（工部），开铸顺治通宝钱；除此，各省也多开局铸钱。从此以后，历朝都铸造以年号为名的制钱，一直持续到清末，制钱才为近代机器制造的铜元所代替。

制钱行使的区域非常广阔，西北直到新疆的伊犁；西南则直到打箭炉；新疆的天山南路各城行"普尔钱"，即以红铜铸造的而文"乾隆通宝"的方孔钱，故又称红钱；至于西藏，则由驻藏大臣监造薄片的"乾隆宝藏"银钱——章卡，在境内流通使用。

清代银、钱并用，可是二者并无固定的比价。顺治元年（公元 1644 年），铸重一钱的顺治通宝钱，以七文准银一分；以后，又铸重一钱二分及一钱二分五厘的制钱，仍以七文准银一分，但新钱一当旧钱二使用；顺治十年（公元 1653 年）铸"一厘"钱，以十文准银一分，企图以千文一两的钱银比价作为定制，可是因患钱轻，于是顺治十四年（公元 1657 年）又更铸一钱四分重的制钱，仍以新钱十文准银一分。从此以后，很长时间，制钱的重量一直在一钱与一钱四分之间变动，直到雍正十二年（公元 1734 年）定制钱的法定重量为一钱二分以后，才比较长期地稳定下去。[①]

千文一两的银钱比价标准，由于白银及铜钱二者，都是有内在价值的金属实体，而且银、铜两种金属本身的价格又皆受到供求的影响而变动，因而，企图以法律形式将银钱二者的比价长期固定下来是很困难的，它直接与货币作为价值尺度职能的要求相矛盾。加之在当时封建经济的条件下，一方面，官府所铸造的制钱的重量、

---

① 参见《清文献通考》卷十三、卷十四、卷十五。

成色往往因京师及各省的铸钱以至一地铸钱因时间先后而有歧异，另一方面，由于民间盗铸，官局私钱的流通等原因，于是银钱比价或钱价经常发生波动，也就是不可避免的事情了。由于铜钱是民间日常使用的最普遍流通的货币，与人民生活紧密联系，所以，钱价波动问题也就成为清初一二百年间的比较麻烦的货币流通问题了。

为了保持银、钱比价的稳定，清政府通常使用的方法是：增减制钱的重量、增减铸钱数量以及变更对铜钱的搭收搭放成数等。

清初制钱法定重量变动频繁，主要就是因为钱价常有变动而引起的。可是，为调节钱价而经常改变制钱的法定重量，显然是很不方便的，所以，更多的则是增减铸钱的数量。清代的铸钱还是比较多的，大致是每年三四十万串（千文）至六七十万串，[①] 为了增减铸钱数量而调节钱价，对于京城铸钱一般只是采取增减铸钱的"卯数"，以调节铸钱的数量；对于各省铸局，则不仅随时增减铸钱的炉数以及铸炉的卯数，甚至还有时采取停闭铸厂的措施。如顺治十四年至十七年（公元 1657—1660 年）、康熙元年至六年（公元 1662—1667 年）、乾隆五十九年至嘉庆元年（公元 1794—1796 年）曾三次停闭铸厂铸钱；[②] 至于一般的"停炉、减卯"就更是常事了。

至于增减铜钱的搭收搭放方法，在搭收方面，如顺治十四年（公元 1657 年）曾定钱粮的缴纳，以银七、钱三为准，但有名无实，多成具文，所以，主要是利用铜钱的搭放作为调节钱价的手段。如顺治十二年（公元 1655 年）开始令以制钱搭放俸饷，康熙

---

① 参见《清文献通考》卷十三，康熙六十一年编者按语。
② 参见《清文献通考》卷十三、卷十四；《清续文献通考》卷十九。

初令各省存留杂支配钱三成；从此以后，铜钱的搭配增减，一直随时变动。在康熙五十八年、六十年，嘉庆六年时，由于钱贵，均曾令银、钱各半搭饷发放。①

除此，有时还采取平粜等方法以平抑钱价。如康熙中期，由于钱价上涨，曾增发五城平粜米所得的钱用以易银，以期提高银价而平抑钱价；后来，还曾经设立过官钱局听民兑换铜钱，以及设立钱行经纪等办法，以求平抑钱价的波动等。②

与钱价波动问题相联系，则有铜钱的私销与私铸问题。所谓"铜重则滋销毁，本轻则多私铸"，或"铜贵钱重，则有私行销毁之弊，铜贱钱轻，则滋私铸射利之端"，③ 就是我国封建社会铸币流通的最常见的现象。如康熙二十三年（公元 1684 年）时就因制钱法定重量过重，而引起了私销。当时人述说："今铜价每千值银一钱四五分，计银一两仅买铜七斤有余；而毁钱一千，得铜八斤十二两，即以今日极贵之钱，用银一两换钱八九百，毁之为铜，可得七斤八两……"④ 所以，人们销钱为器的就很多了。至于私铸，如乾隆五十八年（公元 1793 年）时，在四川、云贵及湖广当地所私铸的小钱就很多，这些钱曾通过私贩贩运到湖广及沿江一带流通。⑤ 不但铜贱钱轻时容易引起私铸，而且铜贵钱重时，有时也会发生毁大钱、铸小钱的事情。如康熙四十五年（公元 1706 年）时，在山

---

① 参见王庆云：《石渠余记》卷五《纪银钱价值》。

② 同上。

③ 参见《清文献通考》卷十五，雍正十二年清帝谕；《皇朝经世文编》卷五十二，海望：《请弛铜禁疏》。

④ 《皇朝经世文编》卷五十三，陈廷敬：《杜制钱销毁之弊疏》。

⑤ 参见《清续文献通考》卷十九，乾隆五十八年清帝谕。

东的一些地方，就发生过毁大钱铸小钱的事。① 不过，从清初到乾隆的百余年的时间，主要是铜贵钱重的问题，因而私销制钱的问题较之私铸问题往往更重要些，所以，清政府时常申严铜禁，主要是禁止人民使用黄铜器皿等；只是到乾隆时，由于云南铜矿得到大量开采，国内铜的供给比较充足了，才解除了禁铜为器的禁令。②

一般说，在清初到嘉庆约百多年间，银钱比价及铜钱购买力都还是比较稳定的。白银与制钱的比价，均保持在银一两值钱 1 000 文左右，无太大幅度的变化或波动。在顺治时期（公元 1644—1661 年）制钱准银之数，从银一分值钱七文增至十四文，铜钱有日趋于贱的情势；但在康熙、雍正时（公元 1662—1735 年），银钱比价已保持均衡。这时，政府每年铸钱要用铜料一千八百万斤，但由于国内铜的供给不足，因而在康熙二十二年（公元 1683 年）开放海禁以后，每年都需要进口洋铜，这些洋铜主要来自日本；加之制钱的法定重量一般偏重，所以银、钱的比价一般也就偏低，即银一两多不足 1000 文。及至雍正以后，滇铜已大量开采，国内铜的供给量增加了，从乾隆二年（公元 1737 年）以后，国内铸钱的铜料已基本上获得解决，到乾隆三四十年间，滇铜的生产则多达一千四百余万斤。③ 不过，这时大量的白银也从海外流入，而且由于康、雍、乾以来国内生齿日繁，人口增加较快，对于日常支付用的铜钱

---

① 参见《清文献通考》卷十四，康熙四十五年上谕。

② 乾隆元年，户部尚书海望疏陈禁铜四弊（参见海望《请弛铜禁疏》），于是收铜、禁铜之令皆停，唯南洋私贩铜者有禁。

③ 参见严中平：《清代云南铜政考》七，统计附录第二表："云南全省铜产销量统计表"。

的需要也增加了，所以在乾隆一代铜钱仍一直保有较高的购买力；而且是"钱价平时少而贵时多"，在乾隆十年时（公元 1745 年），钱价曾高至 720 文。① 总起来看，清朝最初约一个半世纪，由于国内银、铜两种币材都还比较充裕，所以，千文一两作为长期、正常的银钱比价，大致上是一直保持住的；只是到鸦片战争前夕，因鸦片输入、白银大量外流，这一比价才受到了破坏。

三、云南贝币的使用与消失

云南地区，从南诏国以来，一直仍用贝为货币。

入元以后，最初，推行钞法，但因民不便，所以元朝政府允许云南仍保持用贝的习俗，规定赋税用金为准则，以贝折纳，每金一钱值贝二十索。② 所以，《元史·食货志》记载每岁酒课收入之数，各行省皆为钞锭，唯云南行省则为"贝二十万一千一百一十七索"。到元中叶时，在云南虽然也已参用纸币了，但贝币仍一直是云南地区流通的主要货币。③

在明代，云南仍使用贝，将贝呼为海肥，海肥一枚曰庄，四庄曰手，四手曰苗，五苗一索，一索即八十贝。④ 关于贝币的使用情况，史籍中多有记载。如《明史·食货志》云，洪武十七年（公

---

① 参见《皇朝经世文编》卷五十三，陈宏谋：《申铜禁酌鼓铸疏》。

② 同上。

③ 参见《元史·成宗纪四》。

昆明西山《初建华亭山常住功德碑》记载至治三年（公元 1323 年）以后各施主捐钞锭买置田地，与捐贝买田同在一碑，说明这时已是贝、钞兼用了。（李家瑞：《古代云南用贝币的大概情形》，《历史研究》1956 年第 9 期）

④ 参见朱国桢：《涌幢小品》卷三十《西南夷》。

元 1384 年）诏许"云南以金、银、贝、布、漆、丹砂、水银代秋租";再如，师范《滇系·赋产系》记载，到万历六年（公元 1578年）时，云南的税课中尚有"海贝五千七百六十九索";而许多地方志①及传世的碑记中②，有关赋役征发、田产地业的买卖等情况，则往往记述得更为翔实、具体。

关于云南使用贝币的事实，在许多地方的考古发掘中也有反映，如 1978 年，云南省文物考古部门在维修南诏国时期的大理崇圣寺的千寻塔时，在塔墓座里就出有海贝；③ 在清理大理国时期的

---

① 《万历云南通志》中纪及海肥之处甚多。如卷二《地理志》大理府桥梁安固桥注：成化间（公元 1465—1487 年）知府李逊建有碑，其略曰：天顺甲申岁（天顺八年，公元 1464 年）七月甲寅夜，旧桥为蛟怪所坏，荡尽无复存者，同寅或守杨君规划经理，得海贝六千缗云云。卷六《赋役志》：云南布政司课程酒课银米外有海肥六百六十索；差发有海肥三十七万二千三百三十七索；云南府课程街税有海肥一百六十索；大理府民役站役赵州有站肥一十一万四千一百六十一索一十五手；临安府差发海肥一万四千九百七十二索一十手；鹤庆府民役站役在城驿肥一万八百七十索；镇沅府课程商税肥二千四百一十二索；明代云南通行贝币，于是可以概见。(向达校注：《蛮书校注》卷八《蛮夷风俗第八》。)

② 从元朝起，寺庙里的常住田碑及建筑寺庙、桥梁的功德碑，捐的功德多半是贝币，并多半是买成田产地业。昆明西山《初建华亭山大圆觉寺常住功德碑》记捐肥买田地的多到十一项，都是至治癸亥（至治三年，公元 1323 年）以后的账，其中田价最贵的一项是"信士刘伯庭并男刘仲安，布施肥一万五千卉，买到晋宁州水地二双"，一双地的价要合 7500 卉；而最贱的一项是"昆阳州杨□□公施肥二千索，买到大迦桥村水田地壹双"，其中以用肥二千五百索或三千索买一双地的为多。一双是两牛耕一日的田。明代到清初用贝币买田地的碑记比较多，情况与元代差不多。(李家瑞：《古代云南用贝币的大概情形》，《历史研究》1956 年第 9 期)

③ 参见方国瑜：《云南用贝作货币的时代及贝的来源》，《云南社会科学》1981 年第 1 期。文中引《云南日报》1978 年 11 月 6 日文物消息。按：大理崇圣寺塔，建于南诏昭成王丰祐（公元 824—858 年）时。

洱源火焰山砖塔时，也出有海贝;① 至于元、明时期的遗址及墓葬中，所出土的海贝就更多了。如从滇西北的丽江起，向东南至鹤庆、剑川、洱源、邓川、大理、下关、宾川、蒙化、楚雄等地方的元、明火葬墓中，几乎任何一个里面都用贝来殉葬，其数量多到百枚以上，少的也有三四十枚，都放在小罐里面。②

关于云南使用贝币的地区，主要是省会昆明及滇西、滇南的许多地方，如滇西的永胜、鹤庆、安宁、保山、大理、腾冲、邓川、剑川、楚雄、凤仪（赵州）、禄丰等，滇南的晋宁、宜良、泸西、玉溪（新兴）、通海、广南、建水等，即云南的迤西、迤南地区。

至于贝与银两者的比价关系，康熙《新兴州志》引闵洪学的奏疏说:"云南开化最迟，明初仍多用贝，其名曰𧵣，……二十索曰袋，五袋值银一两，已八千枚矣"；到明中叶以后，谢肇淛《滇略》说:"一索仅值银六厘耳。"到明末，据隆武二年（顺治二年）艾自修的《邓川州志》说:"滇俗用贝，今开钱局，将银撤去，贵至二百五十一索一两。"进入清朝以后，康熙《新兴州志》记载说:"明末银一两敌贝三五百索，清顺治四年每两至七百索。"即贝币价值已跌至 56 000 枚了。③

至于铜钱，直到明万历年间，云南仍未通行铜钱，④ 以后也都

---

① 参见方国瑜:《云南用贝作货币的时代及贝的来源》,《云南社会科学》1981 年第 1 期。文中引 1977 年 6 月云南博物馆《云南文物简报》第七期《洱源火焰山砖塔出土文物简记》。[按:洱源火焰山塔砖多模印有梵、汉文字，塔砖文字发现有"大宝七年，岁次乙亥（公元 1155 年）正月十五日"字样，大宝，系大理国十七代段正兴时的年号。]

② 参见孙太初:《云南西部的火葬墓》,《考古通讯》1955 年第 4 期。

③ 参见李家瑞:《古代云南用贝币的大概情形》,《历史研究》1956 年第 9 期。

④ 参见《明史·食货志五·钱钞》。

是旋铸旋停，直至明末、清初，云南的铜钱才渐渐多起来。据云，近年来基建中常大量出土有永历、兴朝（孙可望钱币）、大顺（张献忠钱币）、昭武（吴三桂钱币）、洪化（吴世璠钱币）等钱。随着铜钱的大量流行，于是贝币亦逐渐退出流通，但到乾隆时，檀萃《滇南虞衡志》还记有"一索之贝，准钱二百四十"，即一贝当三钱，这是云南贝币流通最末期贝币与铜钱间的比价。[①]

关于贝币在云南的消亡，大致说来，直到明清之际才逐渐趋于消灭，但在各地消亡的时间则有所不同。首先是在大城市，如首府昆明在明末就不行使了。康熙时修的《云南府志》云："市中贸易昔多用贝，俗称肥子，至明天启、崇祯间，贵银钱，肥遂呆滞不行；本朝钱法流通，民称便益，久不用贝"。至于滇南通海、新兴等地，滇西邓川、赵州等地，到明末清初贝币还在行使。如通海光明寺现尚存在的"普光山智照兰若记碑"，碑阴后段补刻的崇祯六年（公元1633年）寺里诵经积资的文字，所积的资还是贝币；直到乾隆时，边远的泸西、广南、腾冲等地，贝币也还在行使。如乾隆元年（公元1736年）汝水里人万时化撰的《广西府抚州众客商捐万寿宫钟铭》，还有罗幼素、胡季文等十二人助贝的记载。[②]

① 参见李家瑞：《古代云南用贝币的大概情形》，《历史研究》1956 年第9 期。

② 同上。

第 四 节
明清时期的信用与金融事业

一、钱庄、银号及票号

明中叶以后商品经济的发展，资本主义因素在封建经济内部的萌生与增长，促使信用关系与金融事业也显著发展，并且出现了钱庄、银号、票号等金融组织。

钱庄的发生，与铜钱、银两的兑换业务有关。明中叶以后，由于白银、铜钱的流通广泛，因而还在嘉靖时就出现了商人贩卖铜钱，辗转射利的事情；在嘉靖八年（公元 1529 年）时，还发生所谓"奸党私相结约，各闭钱市，以致货物翔涌"的事件。[①] 这时，钱市中经营兑换业务的，大概是指钱桌或钱铺。及至万历以后，以

---

① 参见《世宗实录》卷八十三、卷一九一。

钱币兑换为业的，所谓钱桌、钱铺、钱庄、兑店、钱米铺等就更为普遍了。许多规模大、资金多的钱桌、钱铺，它们除经营金银、铜钱的兑换外，还经营放款、吸收存款，并允许顾客签发"帖子"取款,① 因而接近近代金融业性质的钱庄便产生了。除此，"会票"，即汇票一类的东西，也在民间流通了。②

　　入清朝以后，随着社会经济的逐渐恢复及发展，商业、货币经济以及资本主义因素又复发展了；与此同时，金融事业也有相应的发展。例如，在北京，自康熙年间至道光十年（公元 1830 年）以前，开设的钱铺共有 389 家，至于金店、参店及绸布等商店附带经营兑换银钱而没有挂幌的，则不计在内;③ 在上海，据钱业公所"内园"碑记所载的钱庄名数，在乾隆四十年至嘉庆十年（公元 1775—1805 年）间则达 106 家。④ 这些钱庄（钱铺、钱店、钱局）以及银号、票号等，事实上已成为当时中国商业、金融的枢纽；特别是上海的钱庄，它们与沙船、豆米、土布等行业有很多联系，因而在资助商人、促进物资交流，扩大国内市场方面是起到一定作用的。

　　银号是与钱庄相类似的金融组织，最早约出现于清初，可能是由银铺发展来的，所经营的业务与钱庄类同，所以，人们对钱庄、银号多不大加以区分。

　　在乾隆年间，钱庄和银号已都很活跃，当时钱价的波动就往往

---

　　① 参见范濂:《云间据目抄》卷二《记风俗》;《熹宗实录》卷七十一;《醒世姻缘传》第一回。

　　② 参见《云间据目抄》卷三《记祥异》;《日知录》卷十一《钞》。

　　③ 参见彭泽益:《鸦片战争后十年间银贵钱贱波动下的中国经济与阶级关系》,《历史研究》1961 年第 6 期。

　　④ 参见《上海钱庄史料》,上海人民出版社 1960 年版，第 11—12 页。

与它们的操纵有关，所以，清当局平抑钱价，也往往以它们作为管理对象。如乾隆九年（公元 1744 年）十月，因钱价昂贵，鄂尔泰等所拟疏通钱法的措施就说："……查正阳门外，多商贾云集之地，应令（钱市）经纪等聚集一处，每日上市招集买卖铺户商人遵照官定市价，公平交易，以杜私买、私卖之弊"云云。①

至于票号，则系以汇兑业务为主，而发展成为全面经营存款、放款等的金融组织，大约产生于乾隆、嘉庆年间，② 多为山西人所开，最初与山西商人的活动有密切的关系。在鸦片战争前后，人们记述票号的活动情形说："山西钱贾，一家辄分十余铺，散布各省，会票出入，处处可通。"③ 可见，票号及其所经营的汇兑业务，已是很发达了。

由于钱庄、票号等金融机构在全国各地普遍的设立，因而票据流通在南北各省都也较广泛地流行了。如钱铺、钱庄发行的钱票（钱帖、庄票）在鸦片战争前，在南北各省都已行使，而尤以"西北诸省为盛"④。当时如直隶的京、津以及奉天、山西、山东、河南、甘

---

① 参见《清高宗实录》卷二二六，乾隆九年十月壬子。

② 关于票号的创始，陈其田：《山西票庄考略》引《晋商盛衰记》云：在乾隆、嘉庆年间，山西平遥人雷履泰在天津开设日升昌颜料铺，因所贩颜料中的铜绿产于四川，运送现银时有被劫之虞，于是在四川设立分号，创办汇兑办法，吸收现银以抵购买铜绿之款。

杨荫溥：《上海金融组织概要》引《中外经济周刊》第 119 期《山西票号商盛衰之调查》云：票号之起源，实始于有清乾隆之际。

范椿年：《山西票号之组织及沿革》云：嘉庆二年，日升昌颜料号经理雷履泰创立日升昌票号。（《中央银行月报》四卷一号）

卫聚贤：《山西票号之最近调查》云：日升昌于道光十年由颜料行改为票号。（《中央银行月报》六卷三号）

③ 冯桂芬：《显志堂稿》卷十一《用钱不废银议》。

④ 清代钞档《道光十八年七月初七日山东巡抚经额布折》（引自《中国近代货币史资料》第一辑，中华书局 1964 年版。所引清代钞档，下页同）。

肃、广东、广西、福建、浙江、江苏，安徽、江西、湖南、四川、云南等地，皆有钱票行使；而且多是"钱票之行，相安已久""随时取用，商民久已相安"。① 京师北京有钱铺千余家，钱铺大者，所开发的钱票皆不下一二十万串；中等钱铺，少亦不下数万吊。② 这些钱票，便于携取，"票到即行发钱"。如在山西，行用的钱票，"有凭帖、兑帖、上帖名目，凭帖系本铺所出之票，兑帖系此铺兑与彼铺，上帖有当铺上给钱铺者、有钱铺上给当铺者。此三项均系票到付钱，与现钱无异"。"又期帖，系易银时希图多得钱文，开写迟日之票，期到始能取钱。"③ 在京内外一些地方的钱票，还往往于票上加写"外兑或换外票"字样，"收买银货盈千累万，互相磨兑，不付现钱"④。而在南方的上海，更是"钱庄生意，或买卖豆、麦、花、布，皆凭银票往来，或到期转换，或收划银钱"⑤。所有这些，都可反映出当时国内商业及信用关系日益发展的情形。

二、典当业

钱庄、银号及票号，都是我国封建社会后期新产生的金融组织，直到鸦片战争以前，它们仍都主要是为封建商业资本服务的旧式金融行业。可是就当时整个金融业方面看，更为普遍存在的还是

---

① 参见《道光十八年七月初七日山东巡抚经额布折》；《道光十八年七月初二日署理直隶总督琦善折》。

② 参见《道光二十年三月二十九日御史祥璋折》。

③ 《道光十八年六月二十九日山西巡抚申启贤折》。

④ 《道光十六年三月十四日盛京将军奕经折》。

⑤ 《道光二十一年闰三月二十二日上海县告示碑》。(《上海钱庄史料》上海人民出版社1960年版，第12页。)

典当业。

典当业在明代较前更为普遍，名目也极繁多，如解库、解铺、典库、典铺、解典铺、当铺、质库、印子铺等，而且多系山西、陕西及徽州人所开，是当时商业资本以及官僚、地主们的一个重要投资场所。在明万历三十五年（公元 1607 年）时，单是河南一地就有当铺 213 家，多系徽商所开，资本多为银数千两。[①]

入清朝以后，典当业又有发展，而且在康熙以后，在称谓上就多称为当铺或典铺了。当铺最多的地方为直隶的京、津及山西、广东、福建、甘肃、贵州、陕西等省，在乾隆九年（公元 1744 年），仅北京京城内外，官民大小当铺就有六七百座；[②] 资本的规模也增加了，多者数万两、十数万两或更多，一些村镇当铺的资本也有千余两。[③] 其时，清朝政府及地方各库款项往往都存放于典当生息。[④] 由于典当业一向以盘剥贫民为生，一些城市贫民"揭其败衣残褥、暂质升合之米以为晨炊计者"，就是城市中非常多见的事情。[⑤]

三、农村中的高利贷

至于最广大的农村地区，农民们则仍是处于高利贷的压榨之下，几千年来，可以说是一直没什么变化。吕坤说："二、三月赤

---

① 参见《明神宗实录》卷四三四。

② 参见《清高宗实录》卷二二六，乾隆九年十月壬子，大学士鄂尔泰等奏。

③ 参见陈其光：《庸闲斋笔记》卷九；薛福成：《庸庵笔记》卷三，《查抄和珅住宅、花园清单》；《清高宗实录》卷四三〇。

④ 参见《皇朝政典类纂》，《钱币九》。

⑤ 参见林西仲：《抱奎楼选稿》卷一《劝当议》。

春正穷，四、五月青黄不接，贫民办纳（赋税），必须揭债"；① 顾炎武说的"凤翔之民，举债于权要，每银一两，偿米四石"②，就是最一般的现象。

关于明清时期农村中的借贷关系的情况，据中国科学院（今中国社会科学院）经济研究所藏刑部档案所存的直隶、山西、陕西、四川等十八个省的借贷材料统计，公元1796—1820年（嘉庆元年至二十五年）的411件借贷材料中，货币借贷就有388件，其中借制钱的285件，借银两的85件，借银元的18件，其余23件则为粮食借贷；而从借贷利率看，在上述时期的388件借贷材料中，年利或月利三分以上者为234件，即达60%强，而利率在二分以下的仅27件，即只占6%多。③ 在农村的借贷关系中，货币借贷较前增长了，反映着明清时期的货币经济又有所发展。

综观几千年来的我国古代货币与货币流通的历史，早在春秋战国时期，已出现了独立发展起来的灿烂多彩的高度货币文化，其时货币经济发展的状况，就整个世界范围看，也是发展得非常早的，所达到的水平也特别高。在秦、汉统一封建帝国建立后长两千多年的地主经济制为基础的封建社会中，我国货币经济发展的水平，依然长时期居于世界的前列，而只是到了十六、十七世纪以后，才逐渐为西方迅速成长起来的资本主义国家所超越。这一历史现象的出

---

① 参见吕坤：《实政录》卷四《民务》。
② 顾炎武：《亭林文集》卷三《病起与蓟门当事书》。
③ 参见《清代鸦片战争前的地租、商业资本、高利贷与农民生活》，《经济研究》1956年第1期。

现，其原因很是复杂，它根源于多方面的因素，而且许多因素的作用，又往往是双重的。

首先，就其荦荦大者言，从封建生产方式两种基本类型看，封建地主经济制是高于领主经济制的形式，它较后者更利于商品、货币经济的发展。可是，地主阶级对农民极为残酷的剥削和压迫，所造成的农民的极端穷苦和落后，则构成"中国社会几千年在经济和社会生活上停滞不前的基本原因"①。所以，虽然在事实上，地主经济制为支配形式的中国封建社会经济结构并不是完全僵化的"顽石"，而仍是在不停地继续向前发展着，可是我们所可见到的历史现实的基本情形则是："社会基础不发生变动，同时将政治上层建筑夺到自己手里的人物和种族则不断更迭"；② 一次次地改朝换代，往往使得整个社会经济遭受剧烈的震荡和破坏，然后，又复在被破坏后的废墟上，经过少则数十年甚至更长得多的时间，复苏、恢复，才又越过原来的基础而继续向前发展。整个封建经济，以及商品货币经济的发展情形，都是这样，这也就大为延缓了它的发展速度，并使封建社会存在的时间也异常地持续了。

其次，就与货币经济和货币流通发展有直接联系的商业和城市的发展情形看，由于我国古代商业和商人资本超越一般经济发展的"独立的和优势的发展"，因而相应在春秋战国时期，也就形成了我国早熟的高度发达的货币经济和金属货币流通。城市是货币经济和货币流通的中心，早在春秋战国时期，在南北各地，名城大邑就皆

---

① 《毛泽东选集》（四卷合订本），人民出版社1966年版，第619页。
② 参见马克思：《中国事件》,《马克思恩格斯论中国》，人民出版社1953年版。

不乏见，而且出现了齐之临淄这样的拥有人口七万户之"车毂击、人肩摩、连衽成帷、举袂成幕、挥汗成雨"如此"甚富而实"的大商业城市。① 后来，汉、唐的京城长安，不论是从人口数量、城市规模和商业的繁盛情形，在古代世界也都是无与伦比的。隋唐时期，城市中开始有了"行"的组织出现，进入宋代以后，城市的结构和面貌已基本上与近代的城市相同。这时，大城市的市场交易已打破了时间的限制，街市买卖昼夜不绝，而且交易也不限于市区，而是随处街面皆有店铺。及至明代，到宣德年间（公元1426—1435年）国内包括北京、南京、苏州、杭州、福州、广州、桂林、武昌、南昌、开封、济南、太原、成都、重庆等三十三个新兴商业城市，在地区分布上基本与近世无异了。

可是，中国古代城市的地位和作用与西方不同，它从来就是封建统治的政治、经济中心，从京师到州府县治，就是各级封建政府的驻地。这样的城市，虽然经济繁荣程度非欧洲中世纪的城市所能比，然而封建政权对城市的直接控制，还有战国以来的传统的重农抑商政策，它们所加于商业和货币经济的封建政治束缚，也就十分强而有力，因而也就使得我国封建社会中商品货币关系的发展余地，被赋予了极大的局限性；而且使在封建经济结构内，资本主义萌芽的产生和获得进一步迅速发展，也都是十分困难的事了。

除此，与中国封建社会发展延缓及影响货币经济发展状况的一个重要因素，是中国所处的地理环境。创造了古代灿烂文化的祖国，有着广袤的土地，它们生息着汉族和各兄弟民族；但广袤领域内各地区的经济发展状况和水平，是有很大差异的。在这种情形

① 参见《战国策·齐策一》。

下，两千多年来的地土土地占有形式为主要内容的封建生产关系，在其外延上也就有着比较广阔的发展余地。

从总的发展的进程看，我国的封建生产关系是从封建经济成熟较早的黄河流域的中原地区，向四周、主要是自北而南地扩展。从唐代中叶，封建地主经济体系进入后期以后，南方经济开发的深度和速度都增长了，进入宋代以后，全国经济的重心也南移了；而最南部边远地区的封建化过程，则迟至十三世纪才基本完成。与封建经济的扩展相伴行的货币经济及金属铸币流通的发展状况是：虽然古代汉、唐的五铢钱和开元通宝钱的流通，也曾扩及西北、西南和南方的边远地方，但是货币经济和金属货币流通在这些地区持续而真正切实地发展，则还是唐、宋以后的事。如在唐中叶以前，处于边裔的岭南地区仍是杂用金银、丹砂、象齿等；而西南的云南地区，从古滇国时期所通行的海贝流通，竟中经包括唐、宋时的南诏、大理国时期，直到明清之际才由铜钱代替了贝呸。因而封建生产关系在外延上的扩展，自必会使封建社会的持续时间延迟或缓慢了发展的速度，同时也影响着封建经济结构内部的货币经济和货币流通的发展状况。

总之，我国的封建社会之长期发展迟滞，以及受其制约的货币经济和货币流通的具体发展状况的变化，其原因是复杂而多方面的，而许多因素的作用往往又是双重的，所以，在事实上，如何对这些原因和因素作更加全面的分析，直至今日，仍然是一个包括中国经济史研究者在内的历史学界，需要更进一步深入探讨的课题。